『善の研究』の百年

世界へ／世界から

藤田正勝 編

京都大学学術出版会

西田幾多郎著

善の研究

東京　弘道館發行

初版『善の研究』（弘道館，1911年）

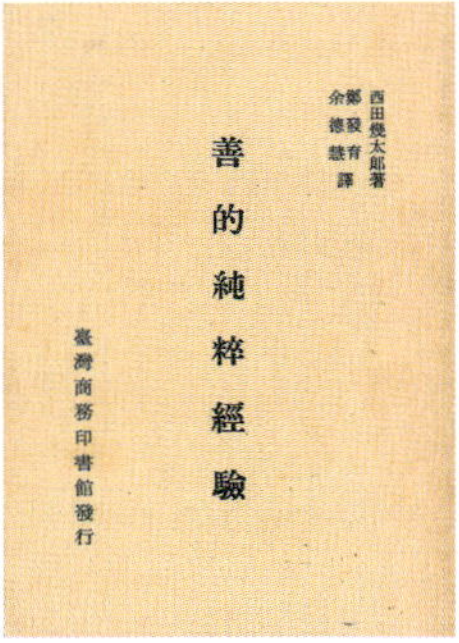

中国語訳
（鄭発育・余徳慧訳，台北，1984）

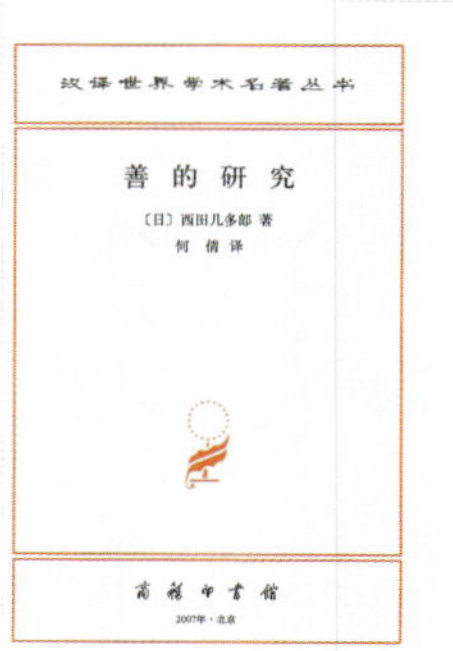

中国語訳
（何倩訳，北京，1965）

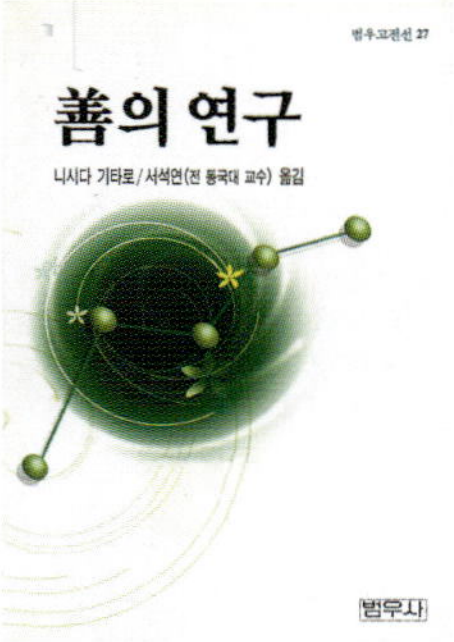

韓国語訳
（徐石演訳，ソウル，1990）

スペイン語訳
（A. L. Bixio, Barcelona, 1995）

英語訳
（M. Abe & C. Ives, New Haven, 1990）

英語訳
（V. H. Viglielmo, Tokyo, 1960）

イタリア語
（En. Fongaro, Torino, 2007）

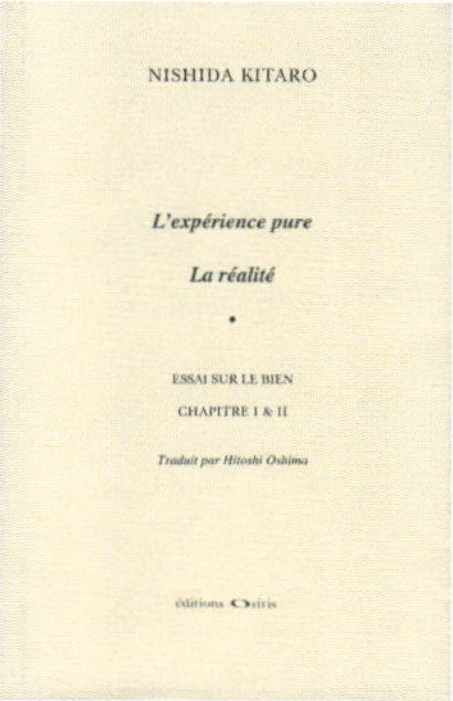

フランス語訳
（H. Oshima, Paris, 1997）

ドイツ語訳
（P. Pörtner, Frankfurt am Main, 1989）

各国語訳『善の研究』（本文183頁以下）

凡例

一、西田幾多郎の著作については、竹田篤司、クラウス・リーゼンフーバー、小坂国継、藤田正勝編『西田幾多郎全集』（岩波書店、二〇〇二―二〇〇九年）から引用し、巻数と頁数とを本文中に記す。

一、引用にあたっては、旧漢字は新漢字に、旧仮名遣いは現代仮名遣いに改める。

一、引用文に筆者が補足説明を加える場合には、［　］を付して表記する。

一、『西田幾多郎全集』第一五巻の〔　〕を付した「編者による補足説明」はそのまま表記する。

目次

まえがき　赤松明彦　1

序章　『善の研究』をめぐる研究の百年とその将来　藤田正勝　3

第一部　『善の研究』はどういう書物か

第一章　『善の研究』という書物——著者・西田幾多郎の位相　井上克人　17

第二章　純粋経験と意味　日高明　40

第三章　経験をめぐって——西田幾多郎の「基礎づけ主義」　張政遠　61

第四章　『善の研究』における独我論の論駁　城阪真治　76

アンソロジー　『善の研究』はどのように読まれてきたか　藤田正勝 編　95

柳宗悦／高橋里美／倉田百三／芥川龍之介／戸坂潤／三木清／高坂正顕／林直道／竹内良

知／唐木順三／金子梅子／古田　光／北森嘉蔵／鈴木大拙／猪野謙二／アンセルモ・マタイス／寿岳文章／西谷啓治／上田閑照／久松真一／下村寅太郎／クラウス・リーゼンフーバー／高山岩男／中村雄二郎

第二部　『善の研究』と自由・悪・神の問題

第五章　『善の研究』と後期西田哲学──自由と悪の問題をめぐって　守津　隆　107
第六章　西田幾多郎の倫理思想──絶対者の呼声をめぐって　太田裕信　125
第七章　西田「倫理学草案第一」における意志の自由とキャラクター──ヴント、グリーン、ヘフディングの文脈において　中嶋優太　144
第八章　西田の神秘主義と神の概念の変化──晩年の西田宗教哲学への批判　アンドレーア・レオナルディ　164
コラム　『善の研究』の諸相1　183
『善の研究』の翻訳（藤田正勝）／『善の研究』とデカルト（城阪真治）／『善の研究』とヘーゲル（守津　隆）／『善の研究』とW・ジェームズ（熊谷征一郎）／『善の研究』とベルクソン（日高　明）／『善の研究』とT・H・グリーン（水野友晴）

第三部　西田哲学との対話

第九章　身体と種——西田哲学と田辺哲学　竹花洋佑　199
第一〇章　京都学派の宗教哲学の一考察——西田哲学と田辺哲学の「逆対応」をめぐって　廖欽彬　218
第一一章　西谷啓治における経験と覚　満原健　238
第一二章　善と道徳——西田幾多郎と新儒家　林永強　255
第一三章　西田哲学と牟宗三の仏教的存在論　朝倉友海　272

コラム　『善の研究』の諸相2　293
『善の研究』と現象学（満原　健）／『善の研究』と禅（杉本耕一）／『善の研究』と親鸞（竹花洋佑）／『善の研究』とキリスト教（太田裕信）／『善の研究』と儒学（中嶋優太）

第四部　シンポジウム
『善の研究』はどのような意味をもったか、どのような意味をもつか

第一四章　『善の研究』と西田哲学における失われた場所　ジェームズ・ハイジック　307
第一五章　哲学と神秘の間《はざま》——海外より見た西田哲学　遊佐道子　327
第一六章　西田における一性への志向——『善の研究』の宗教哲学的意義　氣多雅子　347
特別寄稿　西洋哲学と東洋哲学との対話——哲学の中心はどこにもある／ない　李　光来　369
まとめと展望　藤田正勝　383
あとがき　佐藤昭裕　397
人名索引

まえがき

西田幾多郎博士は、一九一〇年（明治四三年）八月に京都帝国大学の文科大学に助教授として着任しました。文科大学の創設が一九〇六年（明治三九年）ですから、創設五年目にあたります。一九一三年に教授となり、一九二八年（昭和三年）に定年で退職するまでの一九年間を文学部で過ごしました。『善の研究』が出版されたのは、一九一一年の一月ですから、着任早々であったことになります。それがいまからちょうど一〇〇年前のことです。博士が退職の年に書いた「或教授の退職の辞」には、「回顧すれば、私の生涯は極めて簡単なものであった。その前半は黒板を前にして坐した、その後半は黒板を後にして立った。黒板に向って一回転をなしたといえば、それで私の伝記は尽きるのである」という、よく知られた言葉が残されていますが、その生涯の後半のはじまりの頃の思索の結晶が『善の研究』という著作であったわけです。

このたび、京都大学文学部・文学研究科では日本哲学史研究室が中心となって、『善の研究』刊行百周年を記念しての国際シンポジウムを開催しました。二日間にわたるシンポジウムでは、この『善の研究』をめぐって、この本がどのように読まれたのか、そこで展開された「純粋経験」をどのように理解することが可能なのか、そしてその現代的な意義は何かといったことが、世界的な視点も交えて様々に論じられました。その成果がここに一冊の本として公刊されることは、本当に喜ばしいことです。

哲学における京都学派の創始者である西田幾多郎の哲学の現代的な意義が、あらためて問われることは、京都大学につどう者にとってひときわ関心のあることに違いありません。経済的な繁栄の表舞台から緩やかに退場しつつある今日の日本の状況は、西田博士にならって思惟を深めていくのに絶好の時をわれわれに与えつつあるように思います。このシンポジウムの論集をきっかけにして、西田哲学、ひいては「哲学」というものが現今の世界においてもつ意義がさらに一層高く認識されることになることを願っています。

京都大学理事・副学長

赤松　明彦

序章　『善の研究』をめぐる研究の百年とその将来

藤田正勝

『善の研究』は一九一一（明治四四）年一月三〇日に弘道館という出版社から出版された。ちょうど西田幾多郎が学習院から京都大学に倫理学担当の助教授として赴任してきた翌年であった。それから百年という歳月を閲した。百年を長いとするかどうかは、もちろん人によって違うであろう。それ以上に長く読み継がれてきた古典も多数存在する。しかし、明治になって哲学という学問が日本に紹介されてから一四〇年ということを考えれば、やはりこの百年という年月は重みをもったものとして意識される。ただ私自身の印象を記すならば、とてもそのような長い時間が経過したとは思えない。すぐそこで西田幾多郎が思索しているという印象が強くする。それは、私が西田の思想をつねに対話の相手として意識してきたからかもしれない。しかし客観的には、百年という月日が経過したことは動かすことができない。

この百年のあいだに、『善の研究』という著作の思想的な意義をめぐってさまざまな研究がなされてきた。具体的にどのような研究がなされたのか、『善の研究』のなかにどのような意義が見いだされてきたのか、あるいはそれに対してどのような批判がなされたのか、さらには、その研究が今後どのように発展していくのか、このような観点から研究の見取り図をこの序章では描いてみたい。もちろんすべての論点を網羅することはできないが、重要な問題をピックアップして論じたい。

一

『善の研究』をめぐる研究の基礎をなすのは、何と言っても、この『善の研究』という著作が何を語ろうとしたのかということを、テクストに即して理解することであろう。テクストの内在的な理解を目ざす研究と言ってもよい。代表的なものとして上田閑照が一九九一年に岩波書店から刊行した『西田幾多郎を読む』を挙げることができる。筆者も一九九八年に講談社から『現代思想としての西田幾多郎』を出版した。その他にも、このような観点から書かれたものは多数存在する。

テクストの内在的理解という課題を掲げたときに、すぐに問題になるのは、その「内在的」という言葉をどう理解するかという問題である。テクストはそれに即して、言いかえれば客観的に理解されるべきものとしてわれわれの前にあるか、あるいは、テクストは解釈者の先理解を前提にして、別の言い方をすれば、それと交じりあうことによってはじめて理解されるのか、という問題が浮かび上がってくる。

西田哲学をめぐってはこれまでも多くの浩瀚な研究書が発表されてきたが、末木剛博の『西田幾多郎――その哲学大系』全四巻（春秋社、一九八三―一九八八年）もその一つである。そこで末木は、いま述べた問題を強く意識して西田の思想の解釈を行った。末木が根本的な方針として掲げたのは、解釈者の予め持っている理解が入り込むことを可能なかぎり排除し、ただ純粋に「西田の著作の内部脈絡をたどる」ということであった。そのような解釈の立場を末木は「純粋内部分析」と呼んでいる。

しかし、客観的に前もって、その「内部」、あるいは「純粋な内部」というものが存在していると言えるであろうか。もちろん動かしがたいテクストが存在することは言うまでもない。それを理解しようとするとき、われわれは恣意的であることはできない。しかしこのテクストがそのまま「純粋な内部」と言えるであろうか。むしろ内部は外部との関わりのなかではじめて存在するのではないだろうか。解釈者が有する知識を前提にして、あるいは解釈者が立つ哲学的な立場を前提にして、テクストは読解され、その読解を通してはじめて「内部」が浮かび上がってくるのではないだろうか。テクストの内部とその理解とは相関的であり、独立した「純粋な内部」というものは存在しないのではないだろうか。

ある作品——哲学的な著作だけでなく、文学作品や宗教的な著作などを含めてのことであるが——を理解するということは、たとえばシュライアーマッハーが考えたように、ただ単に作家の作業の内的過程を「追構成する」ということではありえないと考えられる(1)。解釈者は、どのように試みても、作品の内部をそのものとして把握できるような客観的な——あるいはもう少しラディカルに表現すれば、「特権的」な——地点には立ちえないからである。われわれは、『真理と方法』(一九六〇年)を著したハンス・ゲオルク・ガダマーが言うように、われわれ自身が立つところを離れて、まったく自由なところから作品を眺めることはできないように思われる。われわれはわれわれが立つ所につねに結びつけられているからである。そのことをガダマーは「置かれた立場への拘束性(Standortgebundenheit)(2)」という言葉で表現している。

それは、作品の理解ということがなされるためには、それを可能にする「地平」(Horizont)が予め形成されていなければならないということでもある。理解は、その地平の上で、——ガダマーの表現を使えば——「伝承の運動」、つまり解釈を迫ってくる作品の力と、解釈者の解釈の運動が互いのなかに働きあうことによって成立する。別の言い方をすれば、理解は、「過去と現在との全面的媒介(3)」として成立する。

したがって、テクストに即した理解ということが目ざされる場合においても、当然、ガダマーが言う「地平の融合」ということが生じうると考えられる。上田の『西田幾多郎を読む』で言えば、その第三講において上田は、西田の「純粋経験」論と禅の問題を重ね合わして論じているが、この読解なども「地平の融合」の一つの典型的な例と考えることができるであろう。

そこで上田は、たいへん興味深い仕方で、西田の言う「純粋経験」、そして禅の体験の「A―B―C連関」についで語っている。ごく簡単にしか紹介できないが、「A―B―C連関」というのは、「純粋経験を唯一の実在としてすべてを説明して見たい」という西田の『善の研究』に込めた意図のなかに、「純粋経験」（Aレヴェル）と「純粋経験が唯一の実在である」（Bレヴェル）、そして「純粋経験を唯一の実在としてすべてを説明して見たい」（Cレヴェル）という三つの次元がたたみ込まれているということを言い表したものである。そのうえで上田は、この三つのもののなかに、禅から始まるAからCへという展開と、哲学から始まるCからAへという展開という連関、この二つの運動の交徹を見てとろうとしている。一つの融合としてテクストが解釈された例をわれわれはそこに見てとることができる。それは、テクストの解釈が、同時に一つの創造でもあることを示している。

二

さて、テクストの内在的な理解を目ざした研究と並んで、テクストの――ここでは『善の研究』の――成立史的な研究というものも、重要な研究として無視できない。

そういう観点から大きな寄与を行った研究者の一人は茅野良男である。茅野は『善の研究』について、それにいわば前史があることを、つまり、単行本にまとめられるに先だって、それぞれの部分がまず論文の形で発表され、そしてそれを推敲し、まとめあげることによって『善の研究』が成立したことを明らかにした。(4) 従来、『善の研究』の出発点になったのは、第四高等学校教授時代に作成された「西田氏実在論及倫理学」であるとされてきたが、それ以前に生徒たちによって「実在論」および「倫理学」という小冊子が作られていたこと、そしてこれらの小冊子が評価され、学術雑誌にそれらを発表する道が開かれていったことなどが茅野によって明らかにされている。

このような『善の研究』の成立の事情について、筆者も二〇〇二年から二〇〇九年まで八年をかけて出版された新版の『西田幾多郎全集』第一巻の「解説」で詳しく記しておいた。そこでも記したが、最近明らかになってきたのは、西田が当初、この『善の研究』のタイトルを、「純粋経験と実在」とするつもりであったことである。『善の研究』を読んで、なぜこの書のタイトルが『善の研究』とされているのか疑問を抱いた人も多いであろう。そのタイトルと内容とのあいだには、あるそぐわなさが存在する。その疑問ないし不調和を明らかにする手がかりが近年発見された。それは西田と出版元である弘道館とのあいだで交わされた契約書である。この契約書は、この書物が最初「純粋経験と実在」というタイトルで出版される予定であったことを示している。しかし、その表題が抹消され、「善の研究」という新しい表題がそこに記されている。西田は学習院を辞し、京都大学に赴任する際に、この書物の出版を、かつて第四高等学校の講師であったときの教え子の一人であり、当時『哲学雑誌』の編集を担当して弘道館と強いつながりをもっていた紀平正美に依頼した。やはり最近新たに発見された西田の紀平宛書簡（一九一〇年十月二十一日付）から、おそらくは出版社の意向を配慮して、紀平から「善の研究」という表題に改めるよう提案があったことが知られる。西田はその紀平の提案を受け入れるとともに、タイトルと内容との不釣り合いを回避するために、「第一編実在、第二編善、第三編宗教、第四編純粋経験」という配列にすることを紀平に提案している。しかし、おそらくすでに版組みが終わっていたためであろうと想像されるが、『善の研究』は実際にはもとの配列のままで出版されたのである。これらのことが最近の研究から明らかになってきている。

『善の研究』がどのような特徴、あるいはどのような意義をもった著作であるのかも、もちろん西田哲学研究の重要なテーマの一つである。その点をめぐってこれまでも研究がなされてきたし、これからも研究の一つの核になっていくと考えられる。

三

西田が「純粋経験」という概念のもとに何を理解していたかをもっともよく示すのは、『善の研究』第一編第一章「純粋経験」の冒頭の記述である。そこで「経験するというのは事実其の儘に知るの意である。全く自己の細工を棄てて、事実に従うて知るのである」（一・九）ということが言われている。しかし、われわれはものを見るとき、わざわざ対象をゆがめて見ているわけではなく、むしろそれをあるがままに見ていると思っている。それにもかかわらず「細工を棄てて」と言うのは、どうしてなのであろうか。

そのように言われることにはわれわれの知の構造が深く関わっていると考えられる。われわれはものをそのものとして見る特権的な場所に立ち、自由に知を手にしうるのではなく、知が知として機能するための枠組みをも同時に成立させながら、ものを認識する。主観と客観の対立、つまり認識の担い手である主観と認識される対象である客観という対立図式を描き、その枠のなかで認識するということもその一つである。しかしもしほんとうに事柄の実相を捉えようとするのであれば、この知の枠組み自体を問題にする必要があるのではないか。われわれが仮設したもの――それを西田は「人工的仮定」という言葉で言い表している――を取り除くことによって、はじめてわれわれは事柄の実相に迫りうるのではないか。このような問いから西田は出発したと考えられる。このような、われわれが、あるいは哲学――西洋の哲学――がこれまでその妥当性を十分に吟味することなく前提としてきたものを問い直し、どこまでも事柄に肉薄していこうとする姿勢が西田にはあった。『善の研究』の「純粋経験」論には、そのような姿勢がきわめてよく現れている。

そしてそういうことを西田が問題にしえた背景に、東洋の思想的伝統の存在を指摘することも可能であろう。たとえば『老子』などに見られるように、東洋の伝統的な思想のなかには、「知」というものを前提し、その枠組みのなかで事柄を把握するのではなく、むしろ「知」というものを一つの制限として捉え、その根底に――つまり「知」以前のところに――帰りゆこうとする傾向が強くあったと考えられる。

西田はもちろん、西洋哲学が問題にしたものに正面から向き合い、その議論のなかに身を投じ、どこまでもその地盤の上で思索を深めていった人である。しかしその過程で、この自らの思索の営みと東洋の思想的な伝統とが交差するということを意識したように思われる。そういう意味で、東洋と西洋の「はざま」というのが、西田の思索がなされた場所であったと言ってもよいであろう。そのような「はざま」で思索するということは、もちろん、それまで誰も立ち入らなかった荒野に足を踏み入れるような試みであり、緊張を強いられる営みであったであろう。しかし西田は、そのような緊張をはらんだ場に立つことによって、さらに言えば、その緊張をバネとして、そこから新しい眺望を開いていったと言えるのではないだろうか。『善の研究』は、日本の哲学の歴史のなかで、そのような眺望を開いたはじめての著作であったと言えるであろう。

四

西田がどのような思想から――それは東洋・西洋にわたり、また古代から同時代の思想にまでわたるわけであるが――どのような影響を受けたのか、そしてそれとの思想的な対決のなかからどうように自らの思想形成をおこなっていったのか、という点に関しても、近年、多くの研究が発表されている。

それとは逆に、西田が田辺元など同僚や後世の人々にあたえた影響の歴史もまた、一つの大きな研究テーマである。田辺や西谷啓治、滝沢克己など、西田の哲学から強い影響を受け、それに対する批判をバネとして独自の思想を構築していった思想家は枚挙に暇がない。科学哲学者として知られる大森荘蔵も、彼が最晩年に辿りついた立場を、「天地有情」という言葉で言い表している。それは、「純粋経験」とは「知情意」が一つになった経験であるという西田の理解に非常に近いものであったと言うことができる。西田の影響は国内にのみとどまらない。今後は海外における西田哲学の受容史、影響史ということも研究の視野の中に入ってくるであろう。

また、直接的な影響関係を離れて、西田哲学と別の哲学とを比較し、そこから新たな思想の展開可能性を探ることも重要な課題の一つである。そのような研究は無数に考えられるが、たとえば西田哲学と新儒家と呼ばれる人々の思想との比較ということも、今後いっそう追究されるべき課題であろう。中国の思想家との関係で言うと、これまで、たとえば宋学や陽明学と西田哲学との関わりなどが問題にされてきたが、新儒家と呼ばれる近代の思想家との比較も近年新たな課題として浮上してきている。

その代表的な思想家である熊十力《ゆうじゅうりき》（一八八五―一九六八年）を取り上げれば、熊十力はその著『新唯識論』のなかで、実体は対象的な、あるいは客観的な認識によってではなく、「実証」によって、つまりそれの直接的な自覚によって捉えられることを述べ、その「実証」について「自己が自己を認識して少しも蒙蔽のないことをいう」[5]という説明を加えている。先に記したように、西田幾多郎が『善の研究』において「純粋経験」について加えた説明もまた、「経験するというのは事実其儘に知るの意である。全く自己の細工を棄てて、事実に従うて知るのである」というものであった。

また『新唯識論』では、実体の体得について次のように言われている。「真に体を悟る者は、内心に反窮する。そこでは自・他の間隙がなく、物・我の同源に徹し、動・静が一如となり、時空の観念も消滅している」。これは西田の、やはり「純粋経験」に関する記述に対応する。「自己の意識状態を直下に経験した時、未だ主もなく客もない、知識とその対象とが全く合一している。これが経験の最醇なる者である」というように、西田は「純粋経験」について記している[6]。西田幾多郎の「純粋経験」論にせよ、熊十力の「実体」論にせよ、主観と客観の対立の構図を描いた上で認識や存在の問題を考えようとする哲学に対する批判を含むものであった。そのような観点から両者を比較し、その意義と射程とを明らかにすることは興味深い課題の一つであろう。

これまでは比較研究という場合、欧米の思想との比較研究が中心であり、そういう研究に関心を示す海外の研究者も欧米が中心であったが、この傾向に一つの大きな変化が生じてきていると言ってもよい。つまり、東アジア諸国の哲学研究者が西田哲学や、西田哲学とそれぞれの国における哲学との比較哲学的な研究を行うということがさかんになされるようになってきた。このことも近年の西田研究の一つの大きな特徴であると言えるのであろう。

五

『善の研究』の現代的意義をめぐる研究もまたきわめて重要な意味をもった研究である。われわれの思索はまさにこの「いま・ここ」においてなされるのであり、『善の研究』をめぐる研究も、われわれは現代という時代においてこの西田の著作から何を学びうるのか、それを現代においてどのように生かしうるのか、それは現代の哲学のさまざまな課題に対してどのような貢献をなしうるのか、という問いと切り離されたものではありえないからである。

『善の研究』における西田の思索と、現象学がめざしたものとが深い関わりを有するということは、これまでも指摘されてきた。たとえば、客観的世界の手前にある「事象」そのものに、あるいは「生きられる世界」そのものに立ち戻ろうとしたメルロ・ポンティの思索と西田の思索とのあいだには、まちがいなく共通するものが見いだされる。そのような二人の思索の交わりからどのような創造的な対話が可能になるのか、といったことも問われるべき一つの問題であろう。

本論集は二〇一〇年一二月に京都大学で開催された『善の研究』刊行百周年記念国際シンポジウムでの発表を踏まえて編集されたものであるが、そのゲストの一人であった韓国江原大学のイ・グァンネ（李光来）氏の著作の一つに『韓国の西洋思想受容史』がある。ちょうど同じ時期にその翻訳が御茶の水書房から出版された。この著作には「哲学的オーケストラの実現のために」というたいへん興味深い副題がついている。この「哲学的オーケストラの実現のために」という副題が、この著書にイ・グァンネ氏が込めた意図がよく表されているように思われる。

この本においてイ・グァンネ氏は西洋と東洋の哲学の対話ということを問題にされているが、そうした問題について考えるときに、すぐに思い浮かぶのはヘーゲルの哲学史についての理解である。ヘーゲルの『哲学史講義』はそれ以後の哲学に大きな影響を与えた著作であるが、そこでヘーゲルは、東洋においてはその思考が単なる主観的な思いにとどまっており、客観的、実体的なものに高まっていないとして、哲学史から排除し、ギリシア哲学から哲学史の叙述を始めた。

それと比較すると、イ・グァンネ氏も指摘しているように、たとえばメルロ・ポンティの東洋の哲学に対する見方は大きく異なっている。それは、彼の『シーニュ』という著作のなかの「哲学の中心点はどこにでもあるが、その周辺はどこにもない[7]」という言葉からも知ることができる。イ・グァンネ氏はこの変化の大きさを認めるとともに、この変化がまだはじまりであることを主張している。

もちろん世界の哲学は、「東西が互いに決して同一ではない」ということを認識するだけでも豊かになりうる。それによって「盲目と偏見」を除くことができるからである。しかし現代において、哲学に課せられた課題は、「差異を認めることや尊重することといった、消極的な和解だけではない[8]」というのが、イ・グァンネ氏の見解である。あるいは、「体系化・総体化・巨大化した近代的理性から多様化・破片化・微視化された脱近代的理性（ポストモダニズム）への変化」だけが求められているのではないとも記している。求められているのは、単なる差異性の強調ではなく、異なったものの調和、ハーモニーであり、それをイ・グァンネ氏は「哲学的オーケストラの実現」という言葉で表現するのである。

筆者はイ・グァンネ氏がたいへん重要な問題提起をしていると考えている。そしてこの「哲学的オーケストラの実現」という課題を考えたとき、東洋と西洋の「はざま」に立って、そしてその緊張のなかで新しい眺望を開いていった西田幾多郎の思索は大きな役割を果たしうると考える。そのような視点から西田の思索の意味を考えることが今後いっそう求められるであろう。

〔注〕

（1）Schleiermacher, *Hermeneutik*. Hrsg. v. Heinz Kimmerle. Heidelberg 1974. S.135.

（2）Hans-Georg Gadamer, *Wahrheit und Methode*. 4.Auflage, Tübingen 1975, S.221.

（3）Gadamer, *Wahrheit und Methode*. S.328.

（4）茅野良男「『善の研究』について――『西田氏実在論及倫理学』をめぐって――」『本』（講談社、一九八二年一〇月）、「『善の研究』の初出誌について」『本』（講談社、一九八二年一二月）。

（5）熊十力『新唯識論』（吾妻重二訳注、関西大学出版部、二〇〇四年）一五頁。

（6）拙稿「京都学派と新儒学の現代世界における役割」（台湾中央研究院中国文哲研究所『国際学術研討会論文集　跨文化視野的東亜宗教伝統』、二〇一〇年）参照。

（7）Maurice Merleau-Ponty, *Signes*. Paris 1960, p 161. メルロ・ポンティ『シーニュ』（竹内芳郎ほか訳、みすず書房、一九六九年）二一〇頁。

（8）李光来『韓国の西洋思想受容史――哲学的オーケストラの実現のために』（高坂史朗・柳生真訳、御茶の水書房、二〇一〇年）二八一頁。

第一部

『善の研究』はどういう書物か

第一章 『善の研究』という書物——著者・西田幾多郎の位相

井上克人

一

「結局のところ、世界は一冊の美しい書物へと到るために作られているのです。」マラルメ（一八四二—九八）のこの有名な言葉は、一八九一年三月に『エコー・ド・パリ』紙上で連載が始まった、探訪記者ジュール・ユレによる一連の会見記「文学の進化についてのアンケート」のなかの、マラルメ会見記の結びの言葉である。マラルメ自身、この会見記に満足していたようだが、この発言はもちろんマラルメ自身のものではない。思うに「美しい」という形容詞は余計な語であろう。それから四年後に発表したエセー『書物、精神の楽器』では、マラルメ自身、次のように表現している。「この世界において、すべては、一巻の書物に帰着するために存在する」と。(1)ともかく、このマラルメの言語至上主義はハイデガー（一八八九—一九七六）の「存在の家としての言葉」という発想に通じる。「存在は、自らを明るくしながら、言葉へと到来します。存在は、絶えず言葉への途上にあるのです。……かくして言葉はそれ自身存在の開かれた明るみのなかへと高められるのです。(2)」つまり、ハイデガーによれば、言葉とは人間が自由に駆使する所有物ではなく、むしろ「存在の家（das Haus des Seins）」なのであって、人間は〈言葉〉という存在の家に住みながら、存在の真理を見守りつつ、存在の真理に属しており、かくして人間は脱自的に-存在している(ek-sistiert)のである[3]。つまり語るのは、人間ではなく、「言葉が語る(Die *Sprache spricht.*)[4]」のである。言葉は人間存在の根源的地平であり、私たちの経験は言葉というエレメント、云うなれば〈言葉の海〉の中にあって、そこから出ることはない。私たちの世界経験とは要するに言語的経験にほかならない。言葉のあるところにのみ世界はあるのである。しかもそうした私たちの経験の深層的地平である言葉には、言葉自身の意味の深みへと垂直的に関わってゆく自覚的・翻転的な方向があるのであって、それが、「言葉が語る」ということにほかならない。そうした言葉の語りに聴き入ることとそのことが人間の〈語る〉という行為、また〈書く〉という行為へとつながってゆくのである。ハイデガーは云う、「いかなる時、いかなる仕方で人間が語っても、人間が語るのは、ただ前もって彼がすでに言葉に耳を傾けているということによってのみである[5]」。「本来、語るのは言葉であって人間ではない。人間は、彼がその都度言葉に応えつつ——語る（ent-sprechen）限りに於いてはじめて、語るのである[6]」と。

マラルメも同様、彼にとって世界は書かれるべき一冊の書物なのであり、書くという行為によってのみその存在意味を付与されるのである。マラルメは、〈書物〉を個人の署名を離れた、いわば非人称の〈開かれた書物〉として想い描いていた。書物という言語構造体は結局ひとつの場にほかならず、読書という営みを通じてその場の上に生起する〈イデー〉にこそ〈書物〉の核心を眺めたのである。ヴェルレーヌ宛の書簡体自叙伝（一八八五年十一月十六日）のなかでも、自分の個人的な仕事は無名のものとなり、〈テクスト〉がそこで、自ら自身を、作者の声なしに、語り出すのだ、と書いている[7]。

ところで、読書という営みにとって、一冊の書物とはすでに汲みつくしえぬ対象である。私たちは自己の歴史、経験の総体、言語意識をもりこみながら書物を紐解いてゆく。かくして一冊の書物は、或るとき、誰か一人の読者によって読み返され、そのたびに修正を受け、書物＝テクストは、その読者の個別性と、その時々の読書の時間と空間から切り離しえぬ作品へと変わってゆく。作品とは読むという地平で活字から立ち現われてくるものである以上、作品の示す時間性もそうした地平に於いて捉えられねばならぬはずであろう。一冊の書物が与えてくれる時間感覚は、どことなく夢に似ているのではないだろうか。夢とは言葉へと分節される以前の何ものかなのだが、結局は言語へと変貌させられた夢、つまり作品を読むという行為は、ひとつの夢を追う営みに似ていよう。夢と、それを読む行為との隠れた基層部には、共通のエネルギー源として〈エロス〉があるだろう。レヴィナス（一九〇六—九五）の顰に倣って云えば、一冊の書物を読むという行為は、どこか《神秘＝女性的なるもの＝他者》との「愛撫（la caresse）」に似て、それはいわば「遁れゆく何ものかとの戯れ（un jeu avec quelque chose qui se dérobe）」であり、そこに切迫した生き生きとした時間が流れている。(8)

二

マラルメはまた、次ぎのように語る。「人間はだれしも自己のうちに〈秘密〉を持っているものだが、多くの者はそれを見出さずに死んでゆき、発見せずじまいとなるだろう。死ねば、その当人もそうだが、その〈秘密〉ももう存在しなくなってしまうのだから。(9)」しかし、西田幾多郎（一八七〇—一九四五）は、その秘密の鉱脈を探り当てたのである。それが「純粋経験」と呼ばれる「真実在」であった。しかしその西田は昭和二〇年、敗戦間近の六月七日に急逝して、もはやこの世にはいない。当然のことなのだが、もはや著者は不在でありつつも、彼が発見した〈秘密〉は、言葉となって紡ぎ出され、作品として残されている。著者はいまや非人称となり、かつて「西田幾多郎」と名づけられていた哲学者を通して、〈真実在〉が自己を開き明らめつつ言葉となり、一冊の「書物」へと至ったのである。西田もまた、そうした根源的出来事のひとつの場でしかなかったのかもしれない。

『善の研究』という一冊の書物の内側、黒い活字のヴェールの奥に秘密の暗闇が秘められている。「西田幾多郎」という一人の哲学者の思索の跡が、そこにうやうやしく秘蔵されているという意味で、それはまさしく〈魂の墓場〉であろう。しかし書物は読まれなければならぬ。読者となって、書物を読むという行為そのものが、すでに「純粋経験」であり、私たちはすでに純粋経験の真只中に誘われているのであって、そこは同時に西田の思索の現場にほかならず、私たちはそれに立ち会うことになるのである。そこはいったい何処なのか？　真実在が自己顕現している現場！

しかしながら、〈テクスト〉を通じて自らを語りだす〈真実在＝純粋経験〉は、その直接性のゆえに、絶えず思索から遁れゆくものでしかない。哲学的思索の営みは、結局のところ、絶えず遁れゆくものとの関係にほかならない。「純粋経験を唯一の実在としてすべてを説明してみたい」という意図のもとに思索を展開する西田自身の純粋経験と、そのテクストを読んでいく私たちの純粋経験とが、〈現在〉という時間に於いて重なり合う。そこは〈真実在〉が著者と私たちの思索へ向けて自らを顕わならしめながら、自らを覆蔵し遁れゆく現場である。『善の研究』という書物は百年という歴史的時間を超えて、いつもこの〈現場〉に在り続け、常に現在してやまない〈出来事〉である。

書物には確かにそれが書かれ、読まれるべき主題として、〈中心〉がある。中心は、絶えず私たちに語りかけ、思索を促してくる。著者はそれを狙って執筆してゆく。『善の研究』の〈中心〉は、著者西田によって主客未分の「純粋経験」として捉えられた〈真実在〉である。しかし大切なことは、その経験の主客未分ということが抑々どのような経験なのかを追跡することであるよりは、そうした直接的経験の中にこそ露堂々として顕現している「統一的或者」そのもの、そしてやがては西田によって自覚の「場所」、「絶対矛盾的自己同一」、「逆対応」の論理として、その正体が顕わになってくる〈真実在〉そのものを究明することではないだろうか。私たちが一冊の書物に対するとき、その中心的主題への接近を企てなければならないのだが、著者自身に関する研究は、その限りに於いてのみ、有益であるかも知れない。著者の身辺を洗い、日記や書簡にまで研究を及ぼし、著者の生きた時代精神をも知っておく必要もあろう。しかしこのようなテーマの迂回は著者がその著書に於いて何を中心としたかという中心設定の事実確認のための参考資料とはなりえても、それ以上には出ない。重要なのは、私たちがその書物の中心的主題にどこまで肉薄し接近しうるか、ということであろう。しかし留意すべきことは、著者が何を自分の著書の中心としていたかが仮に明らかになったとしても、それは必ずしもその書物そのものが開示しようとする〈中心〉に於いて妥当するとは云えない、ということである。著者の力点はあったであろうが、しかし、書物はそれ自体、その著者の狙いとは別にその中心を持っていることもありうるのである。云い換えれば、著者から見直す研究がその著書の解釈にとっての正統的研究であるとは必ずしも云えないのである。著者から独立してすでに「作品」として成立している存在者に対して、私たちは、著者とともに、その主題とされている中心へ向かって接近してゆかねばならない。ディルタイ（一八三三―一九一一）が云っていたように、「私たちはしばしば作者の意図以上のものを作品に於いて汲み出さなければならない」のである。それが彼の解釈学の理念であった。

三

万象にはそれらをそう在らしめている統一的原理があって、そうした究極的原理に遡り、そこから演繹的に存在を根拠付けて論証してゆくところに「形而上学」の成立があった。しかしその一方で、そうした万象を存在せしめている究極的な原理そのものは、いかなる言葉で以ってしても届き得ない或る超越性をもっている。哲学の営みがすべてを根拠付けて語ることにあるとするならば、その「語る」ということはどういうことなのか。語りえざるものを語ることは不可能なのではないか。それ自身語りえざる究極のものは、しかしどこまでも語りえぬものとしての超越性を保ちつつも、同時に自らをまさにそのようなものとして、いわば〈沈黙の言葉〉として自らを開示し、私たちに語りかけてくる自己内発的な性向をも併せもつものなのではないだろうか。語りえざるものは、それ自身のうちに自らを言葉として紡ぎ出す自ずからなる力がこめられているのであり、それが私たちをして哲学的思索へと駆り立てるのである。思うに、沈黙ほど饒舌なものはないのかもしれない。言葉が果つるところ、そこに真の言葉が生れるということの不思議さ！　真の実在はそこにこそ打ち開かれてくるのであり、言葉が真の言葉として自らを語り出すのはこうした〈意味の深さの次元〉に於いてであろう。西洋では、すべての事象を思考の対象として、それを実体論的に根拠づけて把握する様式を特色としてもち、それが「形而上学」へと展開させていった。しかしながら、それとは別の仕方で、語りえざるものを、語りえざるものとしてその覆蔵的超越性を留めておきながら、いわば「沈黙と測り合える」ような仕方でそれを際立たせ、真の言葉へともたらす哲学的方法があるのではないだろうか。

「言葉へもたらす」という言い回しを、じつはハイデガー自身も zur Sprache bringen[10] という風に使っている。ハイデガーにあって、言葉の本質は〈語る〉ことによって存在を顕わにすることにあった。だが存在は〈語り尽くされるもの〉ではなく、どこまでも〈語られぬままに留まらざるを得ぬもの〉なのである。したがって語ることは、そうした〈語られざるもの〉を基盤にして、その領域内に於いてのみ可能なのである。語ることと語られざることとはどこまでも内面的な一つの関係を有している。人間は、存在そのものによって、存在の真理のなかへと投げ入れられている。それは、人間がそのようにして、脱自的に存在へと身を開き、そこへと出で立ちながら、存在の真理を損なわれないように見守るためなのであり、こうしてその結果、存在の光の中で、存在者が、それがそれである存在者として〈あるがままに〉現出してくるようになるためなのである。(11)

〈有りの儘〉こそ真の実在だとする西田幾多郎にとっても、哲学的思索とはそういうあるがままの真実在を究明していく営みであり、また彼の哲学そのものがその道を辿っていった軌跡だったのではなかったであろうか。西田は、すべてを対象的に見る西洋の表象定立的な形而上学とは別の「思惟」を模索し、語りえぬ〈真実在〉をまさに語りえぬものとして示しつつ、私たちに哲学的思索を促してくる真実在の論理を究明しようとしたのではなかったであろうか。西田における「純粋経験」に基づく「思惟」と、ハイデガーのいわゆる「思索の経験（die Erfahrung des Denkens)」とは、ひとつに繋がるところがあるのではないであろうか。

四

真の実在を究明すること、それは真実在があるがままに立ち現れるような仕方でなくてはならない。真実在の如実なる現前、それをそのまま捉えようとする思惟は、ハイデガーの「思索の経験」と照らし合わせて見るとき、真実在のおのずからなる現前と、それが反省的思惟の対象として、つまり思惟されるべき事柄としての現前との、一にして二に非ざる「二重襞（die Zwiefalt beider aus ihrer Einfalt)(12)」に関わる仕方で進められねばならない。この端的如実なる現前は、思惟されるべき事柄としての現前となるに及んで、それ自身はその背後に身を閉ざし引きこもる。こうした露現と覆蔵との二重襞への関連、それは真実在からの呼びかけ、思惟への促しを、それとして守り続ける「道」としての性格をもっていよう。この真実在の非一非異なる二重襞としての現前が、西田をして「自覚における直観と反省」という思惟の道へと誘った当のものであった。つまり直観と反省的思惟との間の「と」にこの二重襞が集約され、それが「自覚」という場において開演されるのである。後になって、『働くものから見るものへ』（一九二七年）後編の「場所」論文執筆の頃、初期ハイデガーに「存在論的差異（die ontologische Differenz）」の考えに影響を与えたエミール・ラスク（一八七五―一九一五）の判断論、すなわち判断以前の、いわば主客未分の「超対立的原形象（ein übergegensätzliches Urbild）」と、それが判断的思考の内における論理的妥当性の衣を纏った対象との区別に西田が着目したのも故無しとしない(13)。更に云えば、西田は『働くものから見るものへ』の「序」の最後で、東洋文化の根柢には「形なきものの形を見、声なきものの声を聞く」（三・二五五、傍点引用者）といったことが潜んでおり、そこに自らの哲学的根拠を置きたいと語っていたが、今かりに傍点を付した「の」のところ、すなわち目撃されている「形」、聴取されている「声」のなかに、こうした非一非異なる〈二重襞〉が見て取られるのであり、一言で云えば〈露現と覆蔵との同時生起〉が看取されるのである。これこそ西田が晩年に言葉として表現した「逆対応」の論理、云い換えれば〈内在的超越・超越的内在〉の論理であったと云っても過言ではない。

ともかく、『善の研究』のなかで、最も直接的な主客未分の純粋経験として捉えられた〈真実在〉は、私たちの自己にとって原初から親密なるものであり、自己の〈今・此処〉の経験として端的に現前していながら、それはまた親密であるがゆえに、却って「密有必ずしも現成に非ざる」（道元『正法眼蔵』「現成公案」）仕方で、それはどこまでも「何必《かひつ》」（同）として覆蔵されたものなのである。

五

では、『善の研究』で説かれる「純粋経験」は、どのような特質をもつのであろうか。西田自身の説明に即しながら以下に列挙してみよう。

(1) 現在意識

「純粋経験」とは、「未だ主もなく客もない、知識と其対象とが全く合一して居る」(新一・九)最も直接的な意識であって、それは「現在意識」として特徴づけられ、すべての精神現象がこの形において現われることが強調される。過去の記憶も、一般概念の現前も、快・不快の感情もすべてが「現在意識」でないものはない。「純粋経験はいかに複雑であっても、その瞬間に於ては、いつも単純なる一事実である。たとえ過去の意識の再現であっても、現在の意識中に統一せられ」(一・一〇)ており、「意識上の事実としての現在にはいくらかの時間的継続がなければならぬ」(一・一二)のである。「我々が幾日にも亙りて或一の問題を考え、又は一の事実を計画するという場合には、明に同一の意識が連続的に働くと見ることができる」(一・六〇)のであって、「意識の根底には時間の外に超越せる不変的或者がある」(一・六〇)のである。「時間の経過とは此発展に伴う統一的中心点が変じてゆくのである、此中心点がいつでも〈今〉である」(一・六一)。

(2) 直接性——具体的意識としての無意識

したがって、純粋経験の直接性は「具体的意識の厳密なる統一」にあるのである。それは元来「一の体系」を成しており、この中より多様な種々の意識状態が分化発展して来るのである。こうした意識の体系は「有機物のように、統一的或者が秩序的に分化発展し、其全体を実現する」(一・一二)のだが、統一が厳密である間は、この作用は「無意識」である。彼は云う、「統一作用が現実に働きつつある間は無意識でなければならぬ」(一・一八)。たとえそれが「思惟であっても、そが自由に活動し発展する時には殆ど無意識的注意の下に於て行はれるのである」(一・一八)と。要するに、「我々が自己の好む所に熱中する時は殆ど無意識」であって、「自己を忘れ、唯自己以上の不可思議力が独り堂々として働いて居る」(一・一五七)のである。

(3) 差別相の内在

純粋経験が「具体的」意識統一である以上、それが無意識であるといっても、渾沌無差別の状態ではなく、そこには自ら既に差別相を具えている。種々の意味とか判断とかいうのは、純粋経験の内に既に伏在する差別相、つまり具体的な意味内実があってこそ、事後的にそれらが生じ起こってくるのである。青いものを見て、それを「青」と判定できるのは、その判定に先立ったアプリオリな次元で、青と青ならぬ他の色との比較・区別が既になされていてこそ可能なのである。つまり「意味或いは判断の中に現われたる者は原経験より抽象せられたるその一部」(一・一四)に過ぎず、「意味とか判断とかいう如き関係の意識の背後には、此関係を成立せしむる統一的意識がなければならぬ」(一・一五)のである。要するに、事後的に分化発展するものは、それに先立つ直接性の中に既に内在しているのであって、「知の直接性」は、その自己展開に先立った次元で常に既にさまざまな分化発展の契機を内に持っているのであり、逆に云えば、こうした内在的契機が原初の直接性として既に何らかの意味で存しなければ、事後の展開それ自身が成り立つことはないのではなかろうか。

(4) 主意的性格——動的時間的な無限の発展

純粋経験が主客未分なる意識の根源的統一であるということは、決してそれが受動的であることを意味せず、むしろそれは潜勢的一者が己れ自身を発展させてゆく独立自全の活動であって、つねに能動的であり、衝動をもってはじまり意志をもって終わる。まさに意志こそが純粋経験の事実であり、真の実在である。「我々に最も直接なる意識現象はいかに簡単であっても意志の形を成して居る。即ち意志が純粋経験の事実である」(一・四九)。つまるところ、西田にとって純粋経験における意識の統一力というのは意志の統一力にほかならない。「純粋経験の事実としては意志と知識との区別はない、共に一般的或者が体系的に自己を実現する過程であって、その統一の極致が真理であり兼ねてまた実行である」(一・二九)。したがって、いわば知即行としての純粋経験がもつ根源的統一性は、一なるものの時間的動性として無限の発展性をもったダイナミックな実在であり、そこに不断に種々なる体系の分化と衝突とを蔵し、これがより大きな統一へと進んでいくのである。

(5) 超個人的・客観的性格

西田によれば純粋経験の世界は単に個人的・主観的なものではなく、一般的普遍的性格を持った客観的実在の世界である。第一編第二章の「思惟」では、我々の思惟の進行が我々の個人的・主観的遂行によって行われるものではなく、思惟が思惟として己自身を発展せしめてゆくものであることが明らかにされている。我々の思惟が真に客観的思惟として発揮しうるためには、「我々が全く自己を棄てて思惟の対象即ち問題に純一となった時、……自己をその中に没する」(一・一八)のでなければならない。思惟には自ら思惟の法則があって自ら活動するのであり、それは単に個人的意識上の事実ではなくて客観的意味を持つ。それは唯一実在たる純粋経験の自発自展的な分化として我々の意識体系の中に一定の必然的位置を占めているからである。西田は云う、「我々の純粋経験は体系的発展であるから、その根柢に働きつつある統一力は直に概念の一般性其者でなければならぬ、経験の発展は直に思惟の進行となる、即ち純粋経験の事実とは所謂一般なる者が己自身を実現するのである。……その背後に潜在的統一作用が働いて居る」（一・二二）。

六

ところで、ここで念頭に入れておきたいのは次のことである。すなわち「意識の本来は体系的発展であって、此の統一が厳密で、意識が自ら発展する間は、我々は純粋経験の立脚地を失わぬ」（一・一二）ということ、つまり純粋経験と云っても、とかくよく誤解されるような反省以前・分別以前の単に知覚的意識だけを指すのではなく、「反省的意識の背後にも統一があって、反省的意識は之に由って成立する」のであり、「即ちこれも亦一種の純粋経験」なのであり、したがって「我々の意識の根柢にはいかなる場合にも純粋経験の統一があって、我々はこの外に跳出することはできぬ」（一・一四八）という点である。「馬が走る」という判断は「走る馬」という一表象を分析するように「判断の背後にはいつでも純粋経験の事実がある」（一・一六）のであり、「思惟の作用も純粋経験の一種である」（一・一七）。要するに「純粋経験と思惟とは元来同一事実の見方を異にした者であり」（一・二二）、「純粋経験は直に思惟である」（一・二二）。

更にもう一つ問題にしたいのは、西田が「意識は一面に於て統一性を有すると共に、又一方には分化発展の方面がなければならぬ」（一・一五）とか、「唯一実在は、……一方に於ては無限の対立衝突であると共に、一方に於ては無限の統一である」（一・七八）と云っている点である。換言すれば、純粋経験がもつ不変的自己同一的な統一性の保持の側面と、思惟や判断の分化発展の方向との関係である。つまり自発自展的にいわばそこからそこへと垂直的に湧出してやまない純粋経験の自同的な絶対現在的性格と、更に矛盾・対立を媒介としてより大なる統一へ向けて時間的・過程的に自己展開していく側面との関係である。見る主観もなければ見られる客観もない独立自全の最も直接的な純粋経験にあっては、真実在の統一性は〈顕在的〉に現前しているのに対し、それが反省的思惟や判断へ移行すると、その顕在的統一は隠れて潜在的となり、その思惟や判断を含めたすべての経験を可能にするアプリオリな潜勢力となる。このように真実在としての純粋経験は脱自的発展の方向と同時に、いわば自己内還帰的に翻り、自らを覆蔵する二つの方向があるのである。

七

さて、西田は『善の研究』の序で「純粋経験を唯一の実在としてすべてを説明してみたい」と述べているが、ここで留意したいことは、彼の「説明」がどこでなされているのか、ということである。本書に頻繁に出てくる「純粋経験の立脚地より見れば」とか「純粋経験の立場より見れば」という表現からもわかるように、西田は自らどこまでも「純粋経験」に立脚しながら、彼独自の思索を展開させている。つまり西田は「純粋経験」の外に立って、それを対象的に捉えて論述しているのではないということである。西田は「思索の時は一身に汗流るる事がある」と語っていたそうだが[14]、それほどまでに思索に没入していることそのことが、すでに主客合一の純粋経験にほかならず、西田はそうした純粋経験の真只中で、まさにほかならぬ純粋経験としての〈真実在〉を自らの思惟の事柄とし、それを説明しようとする。いわば純粋経験そのものが純粋経験しつつ純粋経験を語ろうとしているのである。それは純粋経験そのものの自覚的反省にほかならず、それは彼の云う「知的直観」の立場に立ってそれが営まれるのである。それはどういうことなのか。

西田によれば、「知的直観」とは我々の純粋経験の状態を一層深く大きくしたものであり、「意識体系の発展上に於ける大なる統一の発現をいう」（一・三四）。「真の知的直観とは純粋経験に於ける統一作用其者」であり、「生命の捕捉」（一・三五）である。例えば「技術の骨」のようなものであり、画家の創作活動のように、「主客合一、知意融合」の状態である。「物我相忘じ、物が我を動かすのでもなく、我が物を動かすのでもない、ただ一の世界、一の光景あるのみ」（一・三五）である。とはいえ、「知的直観」は何か意識を超越したものを直観する神秘的能力を謂うわけではない。むしろ意識の無限な統一機能そのものを認識せんとする〈自覚〉の最高形態なのである。云い換えれば、それは主客合一した無意識の境地であると同時に、またそれは高度に目覚めた行為なのであって、そのことに没入しつつもそれを絶えず意識化することによって、そのこと自体に刺激を受けて、一層、主客合一的な行為に没入していくことができるのである。すべて熟練した人、練達の士の行為はこのような特質をもつ。「知的直観」に基づく西田の思惟も事情は同じであって、西田は「思惟」について次のように述べる。「思惟の根柢には知的直観なる者の横はつて居ることは明である。思惟は一種の体系である、体系の根柢には統一の直覚がなければならぬ」（一・三五―三六）。そして「説明」というのは、西田によれば、「根本的なる直覚に摂帰し得る」（一・三六）という意味だと云うのである。

八

では、ここで、西田が「根本的なる直覚に摂帰し得る」と云う場合の「摂帰」とはどういうことなのか。説明するとは、その語り出し叙述することとそのことへの自己内反省に於いてなされるものであることは注意されてよい。直接的な純粋経験のうちに顕在し、その分化発展においてはその全過程のアプリオリな根柢をなすものとして潜在的なかたちでそれを可能にする〈統一的或者〉を、決して対象論理的にではなく、どこまでも自らに対して、自ら自身の根柢として対自化し、それを「自らのもの」としてゆく反省的思惟こそ、西田の企図する「説明」にほかならなかったのではないか。そして、このような「知的直観」に基づく自覚的説明を通じて、真実在は初めてそのようなものとして、自らを示現してくるのではないであろうか。しかもこうした自覚的説明における直覚への「摂帰」と、真実在そのものの対自化的自己示現とは、何か継起的に起こる二つの運動ではなく、それらはそのまま一つのことなのである。

そしてここで私たちにとって決定的に重要であるのは、西田の遡行的思惟が問題にした「そのまま」ということ、すなわち純粋経験の「直接性」ということの正確な把握である。しかもそれは自覚的思惟における自己関係性、再帰性というものの把握と一つに連なる問題である。問わねばならないのは、直接的な真実在へ遡行的に立ち帰ってゆく哲学的思惟の営みそのものが、じつは真実在の覆蔵的統一的な「超越性」を証している、という構造である。こうした自覚的思惟の遡行的自己内反省が、取りも直さず真実在そのものの実在的自覚、つまりその超越的な覆蔵的自己内還帰と一つにつながっているのである。

かくして、哲学的思惟の自覚的反省のプロセスは、常に既にその底に働いている潜在的統一力としての純粋経験の直観に基づきながら、純粋経験そのもの、すなわち〈真実在〉は、絶えず反省的思惟から遁れ去るものとして超越的に覆蔵されてしまう。説明するということ、書くということは、じつはそうした遁れゆくものとの戯れでありまた格闘であり、隠れたる〈真実在〉をまさにそのようなものとして顕わならしめる高度に目覚めた〈意識化〉の営みなのではないだろうか。そしてまた、それが思惟をますます促してくるのである。〈事実そのまま〉という真実在がもつ直接性は、このように、遡行的思惟に対して、常に既に先んじているのであり、そうした意味で思惟に対してどこまでも超越的なものなのであって、その絶えざる現前は、思惟にとってはいつも既にその「痕跡」でしかない。それがまた更なる思索へと促すものとなるのである。次にこの点について、更に突っ込んで考察してみたい。

九

そこでまず注目しておきたいのは、純粋経験の直接性それ自身がもつ〈既在性〉である。真実在の覆蔵的自己内還帰と云っても、それは反省的思惟や判断の過程、プロセスを経た後の還帰ではなく、そうしたプロセスそのものに常に統一的全体として内在する可能根拠としての自身への翻りであり、つまり外化してゆくプロセスが同時に自己内還帰にほかならない、ということである。純粋経験が脱自的に分化発展してゆくその進行の端緒において常に既に自らのうちへと翻り、還帰する方向があるのである。つまり事実そのままを知る直接的な純粋経験にあっては顕在的な統一作用であったものが、それが次位的に思惟や判断へと発展してゆくそのプロセスにあっては常に「潜勢的な」統一作用となって働くのである。それは外化してゆく過程を経て、どこかの折り返し点で自己還帰するのではない。上述したように純粋経験は絶えず「現在意識」なのであって、つねに一へと統べる営みであることに変わりはない。それは、云うなれば間断なき流動的発展と一つになって生起し、その流動性をまさに間断なきものとして可能にすべく、自らの内に引きこもる覆蔵的契機として考えられるべきものであろう。それはあたかも渦巻がその見えざる中心から湧出してくるその動きが、同時に、その見えざる中心へ向かって吸収され帰入してゆくごとき同時的な動性なのである。

したがって純粋経験のもつ直接性は、自らが自ら自身であるということのいわば原初的直接性であり、「自発自展」と云われる如く、それがそれへと展開する運動として、既にそれ自身の内に立ち帰ってしまっている直接性、単純性という契機を内に含んでおり、次位的展開もまたそれを前提している、とでも云えよう。すなわち純粋経験の原初的直接性は〈自ら運動する自己同一性〉として先取的に既に自己同一を保持していなければならないのである。

しかもこのような〈脱自的統一〉とでも云うべき自己同一性は、「無限の統一力」として、すべてを一に統べる根源的働きであり、云い換えれば決してそれ自身〈統一せられた対象〉とはならず、常に既にその手前で現前しているものであって、事後的に分化発展してきたものに対しては常にそれに先んずるものとしてどこまでも超越的であり、時間的経過の中では常に既に過ぎ去ってしまっている。つまり直覚に基づく反省的思惟にあって、常に既に潜在的・覆蔵的な仕方で現前してしまっている純粋経験の統一性は、思惟を可能ならしめながらもそれ自身思惟の統一の対象にはならずに自ら覆蔵し、そうした意味では、現在意識である純粋経験は、云うなれば絶えずその直接性を〈痕跡〉としてしか与えない〈絶対的過去〉として既在的自己同一的な性格をもっていると云えよう。

したがって、そうした純粋経験を唯一の実在として「説明する」という哲学的営みは、どこまでも純粋経験の現在に立脚しながら、それを反省的思惟そのものに既在的に潜在する覆蔵的な〈含蓄〉として捉え、それを将来へ向けて遡行的に開陳してゆくことになる。

一〇

そもそも哲学の前提の一つは、探究されるべき目標である究極的なものが、〈既に現にある〉ということであり、もしそうでないなら、それはどのようにして探究せられるであろうか。西田の場合、哲学的要求として掲げられた「真実在」は、第一に純粋経験の「そのまま」と云う直接性に内在する「自己同一」の構造として、「既に現にあるそのもの」であり、第二に、かかる有機的全体としてどこまでも自己同一を保持する「統一的或者」である。この「統一的或者」は、私たちの多様な意識現象に先立ち、それらを可能にする超越的でアプリオリな存在としてどこまでも「既に現にある」のである。それ故に、反省的思惟の営みとしての「哲学」は常に己の根拠に向かう自覚的な運動たらざるを得ない。つまり思惟は純粋経験における統一的或者によって、そのつど己の存立を支えられつつも、その直接性からいわばいつも既に歩み出てしまっており、己の存立の根拠を常に己の外に持たざるを得ないのである。云うなれば、純粋経験の直接的な現在意識は、既に現にあるものとして自らを立ち遅らせ、そうした〈差異化〉が自覚的反省を促し、思惟に対してどこまでも超越的なものとして将来的に現前しているとでも云えるのではないだろうか。純粋経験のもつ「直接性」とは、こうした時間的構造をもつ。

現象学が強調する「志向性（Intentionalität）」の概念が、自己を超えて他なるものへと向かう意識のダイナミックな運動だとすると、「純粋経験」、すなわちそれぞれのものがそれ自身においてあるような〈あるがままの真実在〉の真只中に私たちは常に既に居ながら、自己を超えてその根底へと向かって行く思索の関係構造は、どこまでも超越論的志向性という性格をもっていよう。こうした、純粋経験のなかに居ながら、その根源へ向かってその構造を究明するということ、云い換えれば、〈のなかの存在〉と〈への存在〉とのダイナミックな関係は、自己の根底にある自己を超えた〈他なるもの〉に対して常に志向的に方向づけられているということであり、要するに、哲学的思惟を営む私たちの全実存は、自己の内なる超越的他者への移行であって、自己がつねに於いてある場所に居ながらも、その根源へと向かう姿勢において、それはどこまでも超越論的である。

敷衍して云えば、こうした超越的他者への関係こそ「時間」であると云っても過言ではない。それは、レヴィナスの言葉を借用すれば、一つの全体化しえない「隔‐時性（dia-chronie）」であり、それに追いつき、合致することはありえない。時間が意味するのは、他者が永遠に自己の彼方にあり、〈同じもの〉の共時性には還元されえない、ということである。「……に向かって（towards, à）」という前置詞に含意された関係は、時間から派生した一つの関係にほかならない。〈絶対他者〉に対する関係は相互対応的関係に還元することはできず、どこまでも隔時的な特質をもっている。それが、西田にあっては、晩年の「逆対応」の論理へと展開してゆくことになる。

二

『善の研究』という書物の内に書かれている事柄はすべて一貫して、〈思惟の経験〉より理解され、解釈されねばならない。西田幾多郎が自らの思惟の何を語るにしても、結局それは彼の思惟の経験から語られる言葉にほかならない。では、彼は自らの思惟の経験からいったい何を語ろうとしているのか、いや、逆にいったい〈何〉が西田にそのような思惟を促しているのか。私たちは、その何（Was）にひたすら聴従する「道」を西田とともに彼独自の思惟の経験から読み取らねばならない。「思惟の経験」と云われた場合の「経験」も「思惟」も、通常の意味のそれではない。「経験」は、いわゆる経験主義の謂う経験、つまり感覚的知覚に基づく個物についての印象と観念ではないし、「思惟」は事物を自己の前に且つ自己の方へ向けて立てる表象定立的な理性的思考ではない。「思惟の経験」は、それぞれの有り方が根本から変えられつつ、一に合する如き仕方で思惟され経験されていなければならない。それは、語り尽くせざる〈真実在〉と言葉となって紡ぎ出される〈真実在〉との一にして一に非ざる「二重襞」を最後まで耐えて持ちこたえてゆくような思惟、云い換えれば「純粋経験」としての〈真実在〉がもつ存在論的差異を差異として耐え忍ぶ姿勢が要請されるであろう。

「純粋経験」に於いて現前する個々のものを、一つの全体に取りまとめている〈統一的或者〉、それは個々のものを一つの風景として取りまとめつつ顕わならしめ現前させている当のものとして、それは根源的な〈時〉である。この〈統一的或者〉そのものの、叙述を絶する如き仕方での現前は、その真実に於いて覆蔵されてある存在の現前にほかならないのだが、思惟が既在せる本来的なる〈真実在〉をまさにそのようなものとして将来へ向けて現前化＝現在化させる営みであるならば、思惟もまた〈時〉的性格をもっていよう。もしそうであるならば、こうした思索へと促す〈真実在〉からの呼びかけと思惟の応答とを区別し両者をそれぞれで有らしめつつ、両者を一つに繋いでいるもの、それはつまるところ、〈時〉である。

『善の研究』というテクストは、一つの〈時〉を打ち開いているのだ。西田の執筆における思惟の経験と、私たちの読書による思惟の経験とが、〈時〉において重なっている。上梓されて以後百年という時を隔てて、今なお、それは一つの〈時〉を開示している。

二

今回、『善の研究』刊行百周年を記念する会が開催されたのだが、しかしいったい何を私たちは記念するというのか？　記念とは、過ぎ去りしものを懐かしく回顧することではない。それは、ハイデガーの顰に倣って云えば、思いを致すこと、思い回らすこと、すなわち「回想（Andenken）」ということでなければならない。回顧とか想起ということが、過去の事物を現在のうちに対象として立てる限り、それは対象化的思考の一つの様相にすぎない。それに対して、「回想」とはそういう主観的な自己を中心とした対象化的思考が翻され、転回されるところに於いて初めて成立する思惟である。それは〈呼びかけ（Ansprechen）〉という仕方での〈既在的なものの到来（die Ankunft des Gewesen）〉(15)に〈聴き入る〉如き思惟である。要するに、西田が発掘した〈秘密〉、すなわち既在せる〈真実在〉からの呼びかけに耳を傾け、将来へ向けて聴き入るということでなければならない。「由来は常に将来に留まる（Herkunft bleibt stets Zukunft.）」[16]のである。

最も直接的にして純粋なる原初的経験＝真実在は、万象を滾々と湧出させる源泉であるがゆえに、それはどこまでも根源として、必然的にまず自らを閉ざすという風にして到来する。なぜなら、源泉は先ず自らを顕現しつつも、そこに顕現させてくるものそのものにおいて自らを示さずに、それの出現する背後に自らを隠し遠ざけるという風にして、顕現したものを己れから去らせてしまう。直接的なる経験＝真実在は私たちそれぞれの自己にとって最も親密なものであろう。しかしその親密なるもの、親密性は、一切に先んじて最初のものであり、かつ一切を自らのうちに保留するものである。そうした意味で諸々の時間よりも古いものである。即ち原初的なものはどこまでも原初的なものとして自らの内に留保されてある〈絶対的過去〉にほかならない。原初にして直接的なる純粋経験＝真実在にとって、その「自発自展」は決してその純粋性の喪失、もしくは逸脱ではない。それはいよいよもって原初の到来なのである。テクストを読む「今」とはこうしたものの到来の時間である。回想〈Andenken〉することによって、この原初なるものは、いよいよもって自己開顕するのである。真実在は自らを照らしつつ自己自身のもとに翻り、自己を隠すことによって真実在はまさに自己の因ってくる所以のもの（来歴）を却って逆に告げ知らせるということになる。留まるもの、立ち去らないものこそ不滅である。消え失せないがゆえに留まるのである。不滅なるものは、常に存続するもの（das Immerwährende）として顕現する。留まることは永続的な現前という意味での持続において成立するのである。そうした意味で、『善の研究』という書物に込められた言説は留まるもの、不滅なるものであろう。たとえそれが「電子書籍」となって時空を飛び交うものとなっても、そして今それを読む私たちが、やがてこの世から居なくなり、そして今まだ生れていない未来世代の人々の世の中になろうとも、この『善の研究』という書物は、「永遠なる記憶」として、未来永劫にわたってここにあり、原初の〈時〉を開示していることに変わりはない。

〔注〕

（1）『マラルメ全集』Ⅱ「ディヴァガシオン他」所収二六三頁、筑摩書房、一九八九年。
『同全集』Ⅲ別冊「解題・註解」所収、清水徹「〈書物〉について」三六六―三六七頁、筑摩書房、一九九八年。

清水徹『書物の夢　夢の書物』所収「マラルメと書物」五―四二頁参照、筑摩書房、一九八四年。

（2）*Brief über den Humanismus*, GA. Bd.9, S.361-362.

（3）*ibid*. S.333.

（4）*Der Weg zur Sprache*, GA. Bd.12, S.243.

（5）*Hebel–Der Hausfreund*, in: *Aus der Erfahrung des Denkens*, GA. Bd.13. S.148.

（6）ebenda.

（7）『マラルメ全集』Ⅲ「言語・書物・最新流行」三八七頁、筑摩書房、一九九八年。

（8）Emmanuel Lévinas, *Le temps et l'autre*, p.82, Quadrige/Presses Universitaires de France, 1979. 邦訳：『時間と他者』（原田佳彦訳）九一頁、法政大学出版局、一九八六年。

（9）テオドール・オーバネル宛書簡。一八六六年七月一六日、『マラルメ全集』Ⅳ「書簡Ⅰ」二九五頁、筑摩書房、一九九一年。

（10）*Brief über den Humanismus*, GA. Bd.9, S.361.
Der Weg zur Sprache, in: *Unterwegs zur Sprache*, GA. Bd.12, S.230.
Hebel–Der Hausfreund, in: *Aus der Erfahrung des Denkens*, GA. Bd.13. S.147.

(11) *Brief über den Humanismus*, GA. 9, S.330.

(12) *Aus einem Gespräche von der Sprache*, GA. 12, S.116.

(13) Emil Lask, Gesammelte Schriften. Bd.2.（Hrsg. E. Herrigel）, Verlag von J.C.B.Mohr（Paul Siebeck）Tübingen, 1923.

(14) 狩野直喜『讀書纂餘』一九四頁、みすず書房、一九八〇年。

(15) *Aus einem Gespräche von der Sprache*, GA. 12, S.146.

(16) *ibid.*, S.91.

第二章　純粋経験と意味

日高　明

序

『善の研究』（一九一一年）では、純粋経験が真の実在であるとされており、この真実在は「何等の意味もない、事実其儘の現在意識あるのみである」（一・九）と説明される。しかしながら逆に「真実在は……単に存在ではなくして意味をもった者である」（一・五〇）とも言われる。高坂正顕は、この純粋経験の二義性が『自覚における直観と反省』（一九一七年、以下『直観と反省』と略記する）への導きの糸となったと解説している。具体的には、次のようにまとめられている。『善の研究』においてもすでに純粋経験の世界は意味を持ち価値を孕んだものであったものの、やはり純粋経験の重心は存在や事実の側に置かれていた。しかし次の著作『思索と体験』（一九一五年）では、純粋経験の重心は意味や価値の側に移っており（高坂正顕、一九七一、八〇頁）、真の純粋経験は意味に対立する事実ではなく、意味即事実であるとされる。そして「この即の構造が『善の研究』に於いては主客の合一としての純粋経験の中に求められていたものが、より深刻に自覚の中に求められるに至ったところに

――即ち自覚に於いて直観と反省が相即するという自覚の構造の中に求められるところに、――『善の研究』から『自覚に於ける直観と反省』への発展があるのである」（高坂正顕、一九七一、七八頁）。

本章は純粋経験と意味をめぐる西田の思索の展開について、大筋ではこの高坂の理解に沿う。そのうえで問いたいのは以下の二点である。第一に、『善の研究』においては主客合一の純粋経験のなかに、後の『直観と反省』においては直観と反省が相即する自覚の構造のなかに、求められていた意味即事実とはどのようなものか。第二に、この即の構造は、なぜ純粋経験ではなく自覚に求められたることになったのか。

第一の点については、『善の研究』の冒頭からの議論を参照することで、比較的容易に理解できる（第一節）。しかしここでの純粋経験と意味とをめぐる西田の議論は、純粋経験概念そのものが孕む曖昧さのために不十分なものとなっている（第二節）。そのため、本稿はダイレクトに二つ目の問いを検討するのではなく、純粋経験から自覚へと至る西田の思索の変化を追う。まず高橋里美による『善の研究』批判を見ることによって、純粋経験概念そのものの問題点を明らかにする。西田は高橋の批判に対して応答するが、ここにはなお問題が残されていた（第三節）。『直観と反省』において自覚概念を得て、一応の解決が図られる（第四節）。ただし、この自覚概念のひとつの原型を、『善の研究』においてすでに見ることができる。それは、「思惟も純粋経験である」という発想である（第五節）。以上の考察から得られた解釈をもとにして、二点目の問いへの回答を試みたい（おわりに）。

本章は「『善の研究』において西田は思惟を純粋経験と考えていた」と主張することになる。先行研究では、思惟は『善の研究』において積極的な位置づけを与えられないものとして扱われている。実際、西田もある箇所では思惟を不統一な非純粋経験と見ており、思惟を純粋経験のなかに数え入れる場合であっても、それは矛盾衝突によって進展していく意識体系の一要素でしかないかのようである(1)。しかしながら、『善の研究』における思惟を積極的に位置づけることによって、純粋経験から自覚への展開にも新しい見通しが開け、また事実即意味ということの内実もより具体的に理解できると思われる。

一　純粋経験と意味との関係

まずは『善の研究』序盤での議論において西田が純粋経験をどのように特徴付けているかを確認しておきたい。

第一に、純粋経験は判断以前の主客未分の直接経験である。『善の研究』本論冒頭の有名な一節で、西田は純粋経験を「色を見、音を聞く刹那」におこる判断以前の直接的な経験であると説明している(2)。このような経験の例として、たとえば一生懸命に断崖を攀じ登る、音楽家が熟練した曲を演奏するといったような連続的な知覚状態、あるいは動物の本能的動作や初生児の意識などプリミティブな意識状態が挙げられている（一・一一）。西田によれば、「自己の意識を直下に経験した時」、認識する主体としての「私」や認識対象としての物はない。つまり主客未分であり、知識とその対象とが完全に合一している（一・九）。

第二に、純粋経験は統一的な状態である。われわれの直接的な意識状態を考えようとすると、通常はバラバラの要素的なセンスデータがイメージされると思われるが、しかし純粋経験は単に要素的な感覚ではない。西田によれば、心理学者の言う「単一感覚」とは分析のために仮定された概念であって、具体的な経験ではない（一・一一、四八）。純粋経験の本質は、その統一性にあると主張される。この場合の統一性とは、たとえば先に挙げた崖の登攀や曲の演奏の例では、意識が切れ目なく連続的に推移していく状態と説明される（一・一二）。

判断が生じるのは、この経験の統一性が破れ、純粋経験が対象化される時である。言い換えれば判断とは純粋経験から離れて純粋経験を分析抽象することにほかならない（一・一四）。純粋経験が統一的な状態であるのに対して、判断とは不統一な状態なのである（一・一四）。純粋な経験と非純粋な判断というこの対立は、そのまま事実と意味との対立にスライドする。というのも、意味とは判断によって抽象された純粋経験の一部だからである。純粋経験について詳説される『善の研究』第一編第一章では、「意味或は判断」「意味とか判断とかいうもの」という形で、意味と判断とはつねに並列で記述されており、意味は判断とともに生じるものであると理解されている。[3]そのため、第三に、純粋経験に意味はない（一・九）。ここでは意味が「事実其儘」である純粋経験の外部にあるものとして描かれている。

第四に、純粋経験はすべての判断や意味の本源であり、最も豊富なものである。いかなる意味も純粋経験という原経験からの抽象物に過ぎない。純粋経験が「経験の最醇なる者」（一、九）と呼ばれるのも、直接的な意識状態でありながら、これを分析することによってさまざまな内容を得ることができるからである。

こうして統一的かつ豊富な内容を持った純粋経験と事実、不統一かつ抽象的でしかない判断と意味という図式が強調される形で純粋経験が説明される。判断と対立するこのような純粋経験の特徴は、つぎの四つにまとめられる。[4]純粋経験は、一．判断以前の主客未分の状態である、二．統一的、連続的な状態である、三．意味を持たない、四．最も豊富な内容を持つ。

以上に見たような純粋経験の特徴から、純粋経験と意味との関係を図式的に見て取ることができる。意味とは、一方で、純粋経験の本質である統一を破り、純粋経験に対してこれを外から見る判断によって生じるものである。判断は言語を用いて純粋経験の一部を切り出したり、分節化したりする。こうして純粋経験から抽象された意味は、必然的に言語と結びついており、その内容はもとの純粋経験に比べると貧しいものである（一・一四）。のの場合の意味を命題的な意味と呼ぶことができるだろう。

他方で「真実在は……意味をもった者である」と言われるとき、「意味」は命題的なものではなく情意的なものと考えられている（一・五〇）。正確には、知情意の合一したものとして、まさに事実即意味と考えられているのである（一・四九）。この純粋経験としての真実在は「事実其儘の現在意識」であると同時に、単なる物理的な意識現象ではなく、事後的に知識や感情や意欲といった意識状態に分類されることになる原初的な意識である。後に西田はベルクソンの『意識に直接与えられたものについての試論』（一八八九年）における「薔薇の香りの中に幼児の思い出を嗅ぐ」という例を好み、(5)『意識の問題』（一九二〇年）から『芸術と道徳』（一九二三年）、さらに『働くものから見るものへ』（一九二七年）にかけて再三引用するのだが、西田が「真実在は意味をもった者である」という言葉で言い表そうとしているのも、そのようにさまざまな感覚や表象や感情が混在し、それ固有の質を備えた意識のあり方であると考えられる。さしあたってこれを質的意味と呼ぶことにする。

純粋経験が単なる事実ではなく意味を備えたものであるとする見方は、『善の研究』以降、事実と意味との峻別の必要を主張する新カント派に対して力説されるようになる（一・一八三）。当時新カント派と同じように事実と意味とを区別する立場から西田を批判した高橋里美に対しても、西田は「事実即意味、意味即事実」と意味と事実との相即を訴える（一・二四二）。

意味という語を上のように区別できるとすれば、西田が考えていた純粋経験と意味との関係は一貫性を持つ。つまり純粋経験と対立するのは命題的意味であり、「真実在は意味をもった者である」と言われるときの意味とは純粋経験がはじめから持つ質的な側面である。

しかしながら、「事実即意味」をいくら強調しても、実のところ「事実と意味との対立」は解消されてはいない。なぜなら、ここでは知情意合一した質的意味を持つ純粋経験（事実即意味）と、それを切り取る判断（命題的意味）との対立構造が維持されたままだからである。事実と意味との対立は、結局純粋経験と判断との対立として続いている。これは「純粋経験を唯一の実在としてすべてを説明して見たい」（一・六）という西田の所期に反するのではないだろうか。

二　純粋経験の二種——原初的精神状態と意識の発展的体系

純粋経験という用語を不可解なものにしているのは、純粋経験が上記のように思慮分別以前の統一的な意識の状態とされている一方で、純粋経験の不統一状態として生まれた判断やその他の意識状態すべてを内に含んで発展する意識体系の全体もまた純粋経験と呼ばれることである。たとえば、初生児の意識は明暗の区別すらはっきりしない混沌とした統一だが、この混沌とした主客未分の意識状態から多様な種々の意識状態が分化発展してくるのであり、この意識の体系的発展の全体が純粋経験である、と言われる（一・一二）。西田によれば、意識とは本来体系的なものであり、発展完成するのがその自然な状態である。この発展の過程で様々な体系の矛盾衝突が起こってくる。そして判断や反省的思惟はこのとき現れるのである。ただし、矛盾衝突と言っても、それはさらに大きな体系発展の端緒であるとされる（一・一二）。

以上のような二種類の純粋経験概念への思想史的影響として、マッハやジェームズやベルクソンといった独特の経験主義哲学とヘーゲル哲学が挙げられるが[6]、西田は、これらまったく異なる二種類の純粋経験を特に区別していない。純粋経験と判断、事実と意味との区別の基準となっていた「統一」や「不統一」というのも結局のところ「程度の差」でしかないと言われる（一・一四）。しかし、後述するように、純粋経験に程度の差を認めるということは高橋里美による批判を招くこととなった。また平山洋の研究が示しているように、判断や意味に対立する純粋経験と、分化発展する体系という純粋経験は別個に構想されたものであり、区別すべきであると思われる。平山は、精細な文献調査によって「心理学講義」（全集一四巻）、「倫理学草案第二」（同一四巻）、「純粋経験に関する断章」(同一六巻)といった初期草稿と『善の研究』各編との対応付けを行い、一九〇七年から一九〇八年の間に、前者の純粋経験概念に後者の純粋経験概念が加わったことを明らかにした(平山洋、一九九七、八二―一一五頁)[7]。平山は前者を「原初的精神状態」、後者を「意識の体系的発展全体」と呼んでいる。以下、本章でも二つの純粋経験について同様の呼称を用いる。

三　高橋里美による批判と西田の応答

『善の研究』の翌年に発表された高橋里美の論文「意識現象の事実とその意味―西田氏著『善の研究』を読む―」(一九一二年三、四月)は、純粋経験概念の不備を鋭く突いている。それに対して西田は「高橋(里美)文学士の拙著『善の研究』に対する批判に答う」(一九一二年九月、以下「答う」と略記)を発表して応答している[8]。高橋は西田への批判を五つに分けて提示しているが、純粋経験概念の矛盾を問題としているのは主にはじめの三点である。どれも相互に密接な関連を持っているが、それぞれ以下の論点にまとめることができる。

第一に、純粋経験の本質は統一にあったはずなのに、その統一と不統一との区別が程度の差に過ぎないならば、純粋経験はもはや純粋とは呼べないのではないか、という「統一」や「純粋」の意味を問うもの(三〇四)[9]。第二に、そのように純粋経験を程度的なものにしてしまうのならば、それは純粋経験概念を「希薄にし、かつ不純にし」、節操のないものとしてしまうことになる、というように純粋経験概念が概念として有効でないと指摘するもの[10]。第三に、思慮分別以前の直接的な意識状態と意識発展の活動的体系とを同一視することによって、本来その間に残っているはずの「広い罅隙」を無視し、経験主義とヘーゲル流の主知説との「新旧両思想の妥協」を急ぎすぎている、と異なる思想的背景を持つ二つの純粋経験概念の間に整合性がないことを指摘するもの（三一二）。

第一点目の批判は純粋経験の本質とされた統一概念に向けられており、二点目の批判はこの問題的な統一概念を基礎にしている純粋経験概念の有効性を問うものである。そのため高橋による批判の一点目と二点目への回答は、西田が考える統一概念を明確にすることによってなされることになる。実際西田も論文「答う」において、一点目と二点目を同様の問題としてまとめている（一・二四三―二四四）。まずはこの統一概念について考察し、次に西田が三点目の批判に対してどのような立場に立つのかを見る。

純粋経験が原初的精神状態と意識の体系的発展との二種類に分けられるとすると、当然純粋経験の本質とされる統一概念も異なったものになる。先の登攀や演奏の事例における統一とは、「思惟を入るべき少しの亀裂もない」（一・一一）ような主客未分の状態が維持されているという意味での統一であった。言わば「状態としての統一」である。しかし、そのような主客未分の統一状態は必ず破られる。曲を終えた演奏家は、自分の演奏を振り返って自己点検したり、聴いていた他人の評価を気にしたり、あるいはまったく無関係のことを考えたりもするだろう。ある様態の意識はどこかで途切れ、統一状態は破られ、新しい様態の意識が生起する。ただし、意識がさまざまに変化していっても、そこには継起する諸意識状態を連結している統一作用がある。このような統一を「働きとしての統一」と呼ぶことができる[11]。この統一作用がなければ、意識はそれぞれに一定の持続を持った個々別々の意識状態が独立に生滅するだけのものになり、演奏家は自分の演奏を自分の演奏として振り返ることもできないだろう。

「状態としての統一」と「働きとしての統一」との区別を当てはめるならば、高橋は純粋経験の統一を「状態としての統一」と受け取り、そのような統一は程度の差など許してはならないはずだと主張している。程度の差を持たない厳密な統一の状態こそ、高橋にとって純粋経験が純粋たる所以だった。そしてこのような理解は、西田が「純粋というのは、……毫も思慮分別を加えない、真に経験其儘の状態をいうのである」(一・九)と明記している以上、当然だと言える。

これに対して、西田は論文「答う」において、次のように弁解する。「余が純粋経験の根本的性質とした統一は、単に静止的直観的統一ではなくして、活動的自発自展的統一である」(一・二四三)。また、『善の研究』の始めに純粋経験を論じた箇所では、「活動的統一」の意味が十分に明らかになっていなかったと思う、と自省してもいる(一・二四三)。「静止的直観的統一」と「活動的自発自展的統一」が、上に状態としての統一と働きとしての統一とわれわれが呼んだものと同様のことを指しているのは明らかである。楽器の演奏のように同一の主客未分状態が持続している意識のあり方を純粋経験と見た高橋とは対照的に、論文「答う」における西田は、純粋経験の本質を「変化発展と共に其自身に同一であるということ」(一・二四三)、すなわち「働きとしての統一」に見いだしている(12)。

このことは、高橋の第三点目の批判に対する西田の応答につながる。経験主義とヘーゲル流の主知説との「新旧両思想の妥協」を急ぎすぎている、という批判に対して、西田は後者の立場を取ることにしたように思われる。すなわち、純粋経験を原初的精神状態ではなく意識の体系的発展全体のほうに強調点を置いて説明しようとしているのだ。実際、純粋経験の語られ方は『善の研究』と論文「答う」とで大きく変わっている。『善の研究』では、頻繁に「統一の状態」や「主客未分」と言われていたのに対して、純粋経験の本質が活動的統一にあると断言された論文「答う」では、それらの語はまったくと言っていいほど見られなくなる。

四　純粋経験から自覚へ

しかし、原初的精神状態としての純粋経験が意義のないものになったわけではない。高橋からの批判に対する西田の応答は、いまだ不十分なものであり、問題の解決は『直観と反省』において図られることになる。本節では、意識の体系的発展や働きとしての統一が持つ問題を概観し、その問題が自覚概念へと展開していくことを確認する。

高橋からの批判は、単に意識の体系的発展を強調するだけで反駁されるわけではない。なぜなら、この意識の体系的発展やその本質である働きとしての統一は一体どのようなものであるのか、という問題が依然残るからである。

もしこの統一作用が個々の意識状態を外部から連結するとすれば、西田がジェームズの純粋経験説にむけた批判、すなわち、その場合統一ということが「蝶番のようなもの」になってしまわないかという批判（一三・三四）[13]を、西田自身も被ることになってしまう。統一作用が蝶番であってはならないという理由は、その場合、個々の経験は互いに外面的なものとなってしまい、蝶番なしには意識状態相互の連絡がありえなくなってしまうからである。西田にとって、意識の体系的発展は、「決して突飛に無関係のものに移ってゆくのではなく、極めて「グラヂュアル」かつ「システマチカル」に進んでゆく」ものであり、また「断片的なものが段々に結合せられてゆくというよりも寧ろ一つのものが段々に分化発展してゆく風のもの」（一三・四〇）であった。しかしながら、他方で個々の意識状態が別物であるということもまた事実である。演奏中と演奏を終えてからの意識状態は明らかに違ったものである。意識の発展は、単に同一の意識状態が時間経過にしたがって進んでいくというものではない。意識には変化があるのであり、前の意識と後の意識とは区別されるべきである。

このように、純粋経験を意識の体系的発展して描こうとするならば、それは完全に離散的な諸意識状態の外面的な連結であってはならず、また同時に完全に連続的なひとつのものであってもならない。意識の体系的発展における個々の意識状態は、連続していなければならない一方で、ある意味では区別されなければならないという矛盾したあり方を求められる。

個々の意識状態間の「区別」と「連続」という矛盾的なあり方は、直観と反省との関係において特に際立ってくる。直観とは、「主客の未だ分れない、知るものと知られるものと一つである」という状態であり、これはまさに原初的精神状態としての純粋経験にほかならない。反省とは「この進行の外に立って、翻って之を見た意識である」(二・一三)。反省は思惟の一様態であると言えるが、その本質はある意識状態を外から見るということにある。その点で、見られる直観と見る反省とはまったく別の意識状態である。反省が反省たりえるには、見られる意識と見る意識との区別が前提される。にもかかわらず、それらは同一のものであると西田は主張する。

反省を心理学的に考えれば、第一の自己とそれを反省する第二の自己とは時間的に前後関係にあり、両者の間の類似は認めることができても同一とは言えないだろう。これに対して西田は、そのような見方はわれわれの意識を「間接に見た第二次的見方」に過ぎないと主張している(二・一四)。「自覚に於て、第一の自己とこれを反省する第二の自己と同一であるというのは、心理学者の考えるように、この二つのものを両ながら思惟の対象として見て、この二つのものが同一であるというのではない。考えられる自己が、直に考える自己其者に同一であるというのである」(二・一五)。

直観と反省とは別々の意識状態であるにもかかわらず同一のものでもある、というのが自覚概念の基本的な構図である。自覚概念のルーツのひとつはデデキントの無限の定義とそれを援用したロイスの自己表現的体系という概念にある。(14) 西田は論文「答う」と同年同月に発表された論文「論理の理解と数理の理解」(一九一二年九月)

において、このデデキントの定義を、「或体系が自分の中に自分を写し得る時に無限である(Ein System S heisst unendlich, wenn es einem echten Teile seiner selbst ähnlich ist.)」(一・二―三)と翻訳し、続けて「即ちロイスの所謂自己代表的体系 selfrepresentative system が無限である」と言っている。この「自分の中に自分を写す」という自覚の自己写影的なあり方は、『直観と反省』の冒頭では次のように主張されている。「自己が自己を反省する即ち之を写すというのは、所謂経験を概念の形に於て写すという様に、自己を離れて自己を写すのではない、自己の中に自己を写すのである」(二・一四)。

反省するということは自己が自己を写すことであるが、西田によれば、それは単に自己が自己を対象化するということではない。ロイスが自己表現的体系の例としてイギリスの「完全な地図」を制作することを挙げたように、「写す」という語にも、部分が全体を完全に再現しているということが含まれている。つまり、反省が自己写影であるということは、反省する自己が反省される自己そのものであるということを意味するのである。西田が、自覚を単に「自己が自己を写す」と言わずに「自己の中に」という文句を加えたのは、この反省する自己と反省される自己との同一性を表わすためと考えられる。

高橋の批判以後、論文「答う」で西田は純粋経験を意識の体系的発展と考えた。この意識の体系的発展としての純粋経験においては、さまざまな意識状態間の関係が「区別されながらも連続している」という矛盾的なあり方を示すという問題があった。そこで西田は『直観と反省』において「考えられる自己が直に考える自己そのものに同一である」という自覚概念を導入することにより、この矛盾を積極的に受容し、また主張していく。

しかし自覚というアイデアが西田の抱えていた根本的な問題の解決になるだろうという予想を彼自身に与えるには、あらかじめそれなりの下地が用意されていたはずである。『直観と反省』の冒頭で西田が確信を持って自覚概念を提出しているのは、そもそも純粋経験概念のうちに本質的に自覚的なものが含まれていたからだと言える。それは、考えられる自己と考える自己との同一性にかかわる。

次節では、もう一度『善の研究』に立ち返って「思惟」についての西田の考えを検討し直し、自覚概念の根本である「自己が自己の中に自己を写す」あるいは「考えられる自己が考える自己に同一である」という定式の原型がそこに見られることを明らかにする。それによって、「考えられる自己が考える自己に同一である」ということの具体的な内実や、論文「答う」で取り残されたかに思われた原初的精神状態の意義も、より理解しやすくなると思われる。

五　二種の純粋経験概念についての解釈

これまでのところ、判断や反省的思惟は、原初的精神状態としての純粋経験のスムーズな流れがどこかでとぎれ対立矛盾を生じるときに起こるとされていた。しかし西田は、知覚だけでなく思惟も含めたあらゆる意識状態を主客未分の直接経験、すなわち原初的精神状態とみなしてもいるのである。それは「純粋経験に関する断章」の次の一節によく表れている。「知覚、思惟、想像、意思、感情凡て直接経験上の事実である。此等の現象の現れ来る時、皆一度は直接経験の形式に於てするのである〔傍点は西田〕」（一六・一〇）。西田の真意は、原初的精神状態と思惟とを分けることではなく、むしろ様々なあり方をするすべての意識状態が主客未分の原初的精神状態と考えられることを示すというところにあった。

思惟はどのような意味で原初的精神状態と言えるのだろうか。西田は『善の研究』第一編第二章「思惟」において、次のように説明する。

「思惟であっても、そが自由に活動し発展する時には殆ど無意識的注意の下において行われるのである、意識的となるのは反って此進行が妨げられた場合である。……我々が全く自己を棄てて思惟の対象即ち問題に純一となった時、更に適当にいえば自己をその中に没した時、始めて思惟の活動を見るのである」（一・一八）。

思惟はそれ自身によって発展するものである。そしてこの思惟の発展的な活動は、われわれが思惟の対象や問題に純一になっているときである。つまりここでの西田の説明によれば、思惟が進行しつつあるときには状態としての統一が維持されている。思惟もその進行の直下においては、主客未分の原初的精神状態すなわち純粋経験である。何か真剣に物事を考えるとき、その思考の最中においてわれわれは思考の内容そのものに集中しており、「自分がそれを考えつつある」ということ自体は意識されない。たとえば一生懸命に計算を行うとき、私は目の前の数字と次に踏むべき手順に集中しているのであり、「次にこの数を百の位の数に掛けよう、と自分は思っているな」ということなどは考えない。それが意識されるのは、西田の言うように統一の状態が乱れたときである。判断以前の主客未分状態という点については、崖の登攀や楽器の演奏と何ら変わらないはずである。

このように見ると、第一節のはじめに挙げた原初的精神状態の四つの特徴のうち、「三。無意味」以外のすべては思惟にも当てはまる。原初的精神状態が判断や思慮分別の以前と言われる時、それは考えられた経験ではなく遂行の途上にある経験という意味であり、判断や思惟も遂行の途上にあっては、それ自身主客未分の統一的・連続的な状態にあるのである。それは考えつつある思惟であり、考えられた思惟ではない。

しかし、仮に思惟や判断がその進行の最中においては主客未分の原初的精神状態であるとしても、反省については話が別ではないか。曲を演奏しつつある自己と、曲を終えてから自分の演奏を反省する自己とは異なった意識状態である。反省を反省と呼べるのは、それがやはり「外から見る」という契機を残しているからではないか。この点が、まさに先に述べた「考えられる自己が考える自己に同一である」ということにかかわる。

反省はたしかに「外から見る」という契機を本質的に備えているが、同時に、進行中の思惟そのものが思惟対象に同一であったように、反省もその進行の最中においては反省される自己に同一なのである。たとえば演奏家が曲を終え、自分の演奏を振り返るとき、その時の演奏家はたしかに過去の自分の演奏を外から見ている演奏家である。しかしその時想起されている内容と想起しつつある演奏家自身とは別物になっているのではない。計算をしつつあるときと同じように、反省の最中においてわれわれは反省されている内容と反省している自分自身を区別しない。その区別が成立するのは、遂行中の反省のさらに外に立って、その反省をさらに反省したときである。反省的思惟が過去の自分の意識を振り返って見るという作業を行いつつあるとき、反省的思惟は過去の自分に成りきっていると言える。「過去の意識を想起する場合に於ても、意識した瞬間は直接経験である」(一六・九)と言えるのである。その意味で、考えられる自己は直に考える自己そのものに同一である。

それぞれの意識状態は、進行の途中においてはつねに主客未分であるという特徴を共有している。意識はさまざまに変化し、対立衝突を生じる。思惟や反省も一つの直観として、あらたな直観や反省を触発する。しかし、そこにはつねに主客未分という形で対象と合一する自己がある。決してそれ自身は捉えられることのない、この「能動的自己」を、西田はすべての意識状態を統一する統一作用と考えていたのである(二・一四―一五)。さきに西田が純粋経験の本質とした統一を、状態としての統一と働きとしての統一とに区別した。働きとしての統一が意識の諸状態を結合しうるのは、そのような働きが、主客未分の状態をつねに保持しつつ変化進展していく意識の中心であるからにほかならない。意識の体系的発展は、「変化発展と共に其自身に同一である」(一・二四三)ために、原初的精神状態としての側面を要請する。

思惟そのものも原初的精神状態としての純粋経験であるという考えを当初から持っていたにもかかわらず、西田が『善の研究』の第一章で思惟と原初的精神状態を対立的に描いていたのは、思惟の反省的機能によると思われる。原初的精神状態の外から翻ってそれを見るという反省的なあり方を強調するあまり、『善の研究』冒頭では、反省的な思惟や判断は原初的精神状態ではないという解釈を誘発するような記述の仕方をしていた。

本節においては、『善の研究』においても、思惟や判断は原初的精神状態であると考えられており、そのために「外から見る」という反省も、一面においては原初的精神状態として主客未分のものであると言える、という解釈を示した。西田が直観と反省との関係を明らかにするものとして、「考えられる自己が考える自己に同一である」という自覚概念に期待したのは、『善の研究』以前における上のような反省理解があったためと思われる。当時西田が新カント派やベルクソン、フィヒテといった外部からの影響を強く受けたのは確かであるが、自覚概念は純粋経験概念が持つ問題点や特徴をさらに考究することで用意されたものであり、西田自身の思索の必然的な展開であった。純粋経験から自覚へと至る道は、転回というよりは、なだらかな坂道のようなものである。

おわりに

以上、純粋経験概念から自覚概念への道のりを、思惟や反省に焦点を絞って見てきた。ここから、本稿の序において設定した二つ目の問い、すなわち「事実即意味の即の構造が純粋経験から自覚に求められたのはなぜか」という問いを考察したい。

『善の研究』の第一編第一章では、純粋経験と判断、事実と意味とが截然と分けられていた。しかし逆に真実在は意味を持ったものであるとも言われ、このような表現の仕方は、「認識論における純論理派の主張について」を経て、「答う」に至って「事実即意味である」という形でさらに強調される。事実と意味とを峻別する新カント派や高橋里美に対して西田がこのように事実と意味との相即を強調したことの意図は理解できるが、この

「事実即意味」とは結局のところ命題的意味に対立する質的意味であり、判断と純粋経験との対立を移し替えただけであった。

対象化的な反省の働きによっては純粋経験そのものを捉えることはできないということを強調するあまり、思惟や反省を純粋経験から締め出してしまった。このため、純粋経験をもとにしてすべてを説明するという目的は達成されなかった。思惟はせいぜい統一の度合いの弱まった純粋経験、あるいは「より大なる体系」に含まれる一要素にしかならなかった（少なくともそのような解釈を誘うような描き方をしている）。これに対して、『直観と反省』では純粋経験と判断との関係が、直観と反省との関係へと進展し、自覚概念による解決が図られた。ただしこのような進展が可能であったのには、『善の研究』においてすでに思惟や反省が原初的精神状態と考えられていたことが強く影響している。

思惟や反省あるいは判断を原初的精神状態と捉えることは、純粋経験と意味との関係について、西田自身明示してはいないが、おそらく彼の意図に適っていると考えることのできる解釈を引き出す。それは、判断によって得られる意味には、単に命題的な意味内容だけではなく、質的意味も含まれる、というものである。

純粋経験に対する判断は純粋経験の一部を抽象する。判断によって捉えられた意味は、いわば命題的な意味内容として一定の普遍性を持つものの、原経験を変質させた死物でしかないということになるだろう。もとの経験と判断とを比較するならば、このように言うほかない。語られた判断が貧しい抽象的な意味しか持ち得ないとすれば、そこからさらに新しい直観が発生することはないはずである。純粋経験について判断するという経験は、はじめの原初的感覚から出発してその意味を食いつくすようにして分化発展し、最後には枯渇することになる。

しかしながら、実際のところはそうではない。思惟や判断そのものに目を移せば、それらもまた一つの原経験なのである。判断に用いられる語や文は、たとえば各言語ごとに異なる分節構造や社会的に一般化した用法を背景として、それ独自の意味を持っている。判断をくだしたり聞いたりする人や状況に依存して、その意味が微妙に異なることもある。また、紅茶に浸したマドレーヌの味やバラの香りから昔のことを思い出すように、われわれは一つの言葉から、多くのエピソードや感情を思い出す。しかもその言語の命題的な意味からの推理によってだけでなく、その言葉が記述される文体や語られる声質、言葉遣いなどによって、ふと思い出すことが度々ある。さらに、われわれの思惟や判断は、書くことによって、あるいは話すことによって、次々と新しい思惟や判断を生み出していく。その際には、内容を考えてから表すのではなく、むしろ書くこと語ることが、そのまま私の思考であり判断なのである。

知覚的な体験と同じように、思惟や判断は固有の質的意味を伴った直観であり、事実即意味である。知覚も、意志も、思惟や判断や反省も、あらゆる意識状態が事実即意味であるからこそ、意味は枯渇することなく、つねに新たに創造されていくのである。

見てきたとおり、思惟や判断を含めたすべての意識状態を事実即意味の純粋経験とする見方は、すでに『善の経験』に現れてはいるが、やはり純粋経験概念の強調点は分裂しておらず抽象されていない統一状態におかれていた。そのため、事実即意味は自覚概念に求められることになったのである。

〔注〕

（1）「思惟は大なる意識体系の発展実現する過程に過ぎない、……思惟というのも大なる一直覚の上に於ける波瀾にすぎぬのである」（一・二一）。

（2）「例えば、色を見、音を聞く刹那、未だ之が外物の作用であるとか、我が之を感じて居るとかいうような考のないのみならず、此色、此音は何であるという判断すら加わらない前をいうのである」（一・九）。

（3）小坂国継（一九九一）四一頁。

（4）高坂正顕は『西田幾多郎先生の生涯と思想』のなかで、純粋経験の性格として超個人性、能動性、体系性、知情意の合一性を挙げている。

（5）ベルクソンは次のように述べる。「私が薔薇の匂いを嗅ぐと、ただちに幼い頃の雑然とした思い出が私の記憶に蘇る。実のところ、これらの思い出は薔薇の香りによって連想されたというのではまったくない。私は匂いそのものの内に思い出を嗅ぐのでありJe les respire dans l'odeur même、匂いは私にとってこのすべてなのである」(Bergson, 2003, p.121)。

（6）藤田正勝（一九九四）五三—五六頁。

（7）平山の分析によれば、純粋経験概念は原初的精神状態（特性Ⅰ）と意識の体系的発展全体（特性Ⅱ）のほかにも、「精神活動の根本形式」（特性Ⅲ）、「経験即実在論」（特性Ⅳ）、「神」（特性Ⅴ）という三つの特性を持っている。平山はこれら五つの特性のうちⅠ、Ⅲ、Ⅳをまとめて「直接経験概念」と呼び、直接経験概念にⅡ、Ⅴの特性を加えたものを「(広義の）純粋経験概念」と呼んでいる。正確には、一九〇七年から一九〇八年にかけての変化は、「直接経験概念」から「(広義の）純粋経験概念」への変化である。ただし、直接経験概念と広義の純粋経験概念の主たる特性はそれぞれⅠとⅡのようであるため、また本発表における論点を明確にするために、ここでは特性Ⅰ（原初的精神状態）と特性Ⅱ・（意識の体系的発展全体）との焦点を絞って考察する。

（8）『善の研究』に対する高橋からの批判とそれへの西田の応答に関しては、石神豊が「純粋」、「発展」、「統一」、「事実」といった鍵概念についての両者の理解の違いを明確にしている。石神豊（二〇〇一）三七—五七頁。他にも小坂国継（一九九七）一五七—一九一頁などを参照。

（9）高橋の論文「意識現象の事実とその意味」からの引用には高橋里美（二〇〇一）を用い、ページ数のみ示す。

（10）実のところ、高橋自身としては西田が種々の異なった意識を程度の差と見なすことに個人的な賛同を示している（三〇五）。ただ、それが純粋経験は思慮分別を混入しないと言われていたことと相容れないために、思想としては矛盾してしまっているという点を批判するのである。

(11) このような「統一」を二つに区別する見解は、すでに石神豊(二〇〇一、四八頁)が示しており、本章もこれに従っている。ただし、石神は「状態としての統一」と「働きとしての統一」とを、「高橋と西田との統一概念理解の食い違い」として説明している。本章では、これまでに見てきたとおり二つの統一概念がすでに『善の研究』において混同されており、また以下の本論にて示すように、後の自覚概念への展開を見る限りではそのような混同は積極的な意義を持っていたということを主張したい。

(12) ただし、このような変化が必ずしも高橋の批判によって初めて生じたものではないことに注意する必要がある。『善の研究』(一九一一年一月)刊行から高橋の批判(一九一二年三、四月)までに発表された「法則」(一九一二年二月)において、すでにこの統一概念理解の変化が見られる。高坂正顕(一九七一)七八—七九頁を参照。

(13) 伊藤邦武(二〇〇六、三三頁)によれば、西田のこのジェームズ理解は当たっていない。

(14) 西田とデデキント、ロイスを扱った研究として、マラルド(一九九〇)がある。

〔文献〕

Bergson, Henri, *Essai sur les données immédiates de la conscience*. PUF, 2003.

マラルド、ジョン、(松丸壽雄訳)「自己写像と自覚——デデキント、ロイスそして西田——」、上田閑照(編)『西田哲学への問い』、岩波書店、一九九〇年、三三—六八頁。

伊藤邦武「ジェイムズと西田幾多郎——その経験概念をめぐって——」、日本哲学史フォーラム(編)『日本の哲学』第七号、昭和堂、二〇〇六年、二五—三九頁。

高橋里美、野家啓一(編)『京都哲学選書』第一七巻『高橋里美「全体性の現象学」』、燈影舎、二〇〇一年。

高坂正顕『西田幾多郎先生の生涯と思想』、創文社、一九七一年。

小坂国継『西田幾多郎をめぐる哲学者群像——近代日本哲学と宗教——』、ミネルヴァ書房、一九九七年。

小坂国継『西田哲学の研究――場所の論理の生成と構造――』、ミネルヴァ書房、一九九一年。

石神豊『西田幾多郎――自覚の哲学――』、北樹出版、二〇〇一年。

藤田正勝「西田幾多郎『善の研究』とヘーゲル『精神現象学』」、茅野良男（編）『ドイツ観念論と日本近代（叢書ドイツ観念論との対話第六巻）』（五二―七二頁）、ミネルヴァ書房、一九九四年。

平山洋『西田哲学の再構築――その成立過程と比較思想――』、ミネルヴァ書房、一九九七年。

第三章　経験をめぐって——西田幾多郎の「基礎づけ主義」

張　政遠

はじめに

哲学の膨大な文献の中で、「経験」(experience) ほど頻出する単語は多くないであろう。私の経験、他者経験、神秘経験、宗教経験、そして純粋経験など、その多義性によってさまざまな哲学が生まれてきたと言うこともできる。哲学史には、経験こそ認識の出発点であるという立場(経験主義)もあれば、経験に基づかない立場(合理主義)もある。このことについて西田幾多郎は「哲学概論」という講義の中で次のように述べている。

我々がものを知るという時、知る働きにも色々と考えられる。感覚とか知覚とかを基とし経験によって知るとする人もあり、理性を基とし思惟によって知るとする人もある。大体、認識とは真なる知識の意味であろうが、真理を知るのは経験 Erfahrung によってか、思惟 Denken によってか。ここに認識の起源 Ursprung der Erkenntnis, origin of knowledge の問題がある(一四・一二三五)。

西田にとっては経験主義と合理主義の他に神秘主義という第三の立場がある。「経験論とは認識の起源を経験にありとするもの、合理論とは思惟にありとするもの、神秘主義とは普通の経験や思惟以上の一種の神秘的直観にありとするもの、従って神秘主義は直観主義といってもよい」（一四・二三六）。さらに西田はこう書いている。「経験と思惟のほかに第三の立場がなければならないであろう。右と左とが対立するという場合に、右と左とをつつんだ空間がなければならないであろう。神秘主義とは丁度そのような全体を直観しようとするものであり、そこに知識の成り立つ内的権威、内的根拠を求めようとするものである。実際、我々が見或は聞く場合、更に根源的な直観がその根柢にあるであろう」（一四・二五九）。つまり西田の哲学的企図は、相反する二つの立場を提起することで自らの立場を組み立てるというものであった[1]。西田は後期に至るまで一貫して「第三の立場」を探り続けたが、本稿では西田の哲学、とりわけ『善の研究』における「経験」をめぐって考察を行いたい。そして西田の純粋経験の哲学を、経験主義的なそれとしてではないにしても、「基礎づけ主義」（foundationalism）として理解することができることを明らかにしたい。

西田の「基礎づけ主義」

西田がロック、バークリー、ヒュームといったイギリス流の経験論者でないことは明らかである。しかし、言うまでもなく、経験という概念は西田の哲学においても極めて重要な役割を担っている。はたして経験はあらゆる知識を基礎づけることができるのか。そもそも、哲学の基礎づけというものは何であろうか。周知のように、近代哲学の父ともいえるデカルトは学問の基礎としての「アルキメデスの点」を追い求めた。『第一哲学についての省察』においてデカルトは次のように説明している。

アルキメデスが、地球全体をその場所からよそへ動かすために求めたのは、確固不動の一点だけであった。したがって私も、たとえほんのわずかでも、何か確実でゆるぎのないものを見いだすならば、大きな希望をいだいてよいはずである。(2)

デカルトと西田にはいくつかの共通点が存在する。第一に、彼らは決して素朴な経験論者ではない。われわれが日常行う経験によって哲学を基礎づけることは誤りであろう。なぜならば、感覚的経験はしばしば我々を誤らせるからである。デカルトも「なるほど感覚は、何か微細なもの、きわめて遠くにあるものに関しては、ときとして我々を誤らせることがある」(3)と述べている。例を挙げれば、遠方に大型タンカーが見えたはずなのに、実はそれは蜃気楼だったということがある。さらに、私が今ここにいることや、炉ばたに坐っていることさえもが実際経験されたことではなく、ただの夢にすぎないということもありうる。『第一省察』の中で、デカルトは感覚的経験だけではなく理性的思考を含めてすべてを疑った。そして、『第二省察』において「アルキメデスの点」を見出し、この点に基づいて疑う余地のない哲学を築き上げることを試みた。ちなみに、デカルトは懐疑の精神をもっていたが、決して徹底した懐疑主義者ではなかった。というのは、彼は経験による安易な基礎づけを拒否した合理主義者であったからである。

西田もまたデカルトと同様に自らの哲学における「アルキメデスの点」を探ろうとした。知識はどこから始まるのか。知識の根底はどこにあるのか。西田の答えは次の通りである。「私は此に於てデカルトと共に先ずすべての対象認識を疑わなければならない、すべての対象認識を否定せなければならない、而して疑うに疑うことのできないのはコギト・エルゴ・スムだという外はない。疑うには疑う我がなければならぬ、夢みるには夢みる我がなければならない……」（五・一三一）。この自問自答から、西田がある程度、デカルトを評価していることがわかる。「哲学に入るものに、彼〔デカルト〕の『省察録』の熟読を勧めたい。しかし私は彼は遂にその目的と方法に徹底せなかったと考えるものである」（一〇・一二五）。このことから、西田が目指したのはデカルトの立場よりもなおいっそう徹底した立場であったと考えられる。実際、西田は「私はデカルト哲学へ返れと云うのではない。唯、尚一度デカルトの問題と方法に返って考えて見よと云うのである」（一〇・一三七）と述べている。ちなみに「フランス哲学についての感想」の中で西田は、「デカルトといえば、合理主義的哲学の元祖である。併し彼の『省察録』Meditationesなどを読んでも、すぐ気附くことは、その考え方の直感的なことである。単に概念的論理的でない。直感的に訴えるものがあるのである」（七・三一二）と論じている。

言うまでもなく、デカルトと西田との比較は大変重要な課題である。代表的な先行研究としては、上田閑照の「経験と自覚」が挙げられる。例えば「我花を見る。此時花は我、我は花である」（一六・一五二）という西田の表現をめぐって上田は、それは「「我」が花について「我」の経験を言う言葉」ではなく、「この意味で純粋経験は、私達の通常の経験からするならば経験の仕方そのものを根本的に転換するものとしての一つの根本経験ということができる」[4]と解釈している。花を見る刹那、まだ主もなく客もない。「われ」はまさに「われあり」ではなく、「われなし」というところがある。この「われなき」はまた「われに返る」ことであり、そこに「われは、われなくして、われである」[5]という自発自展の立場が成立する。この解釈に従えば、「われあり」のみ重視されたデカルトの立場は、西田の純粋経験という自発自展の立場とは同じではない。最近の研究でも、やはり「われ」という問題が注目されている。例えば、永井均はこう論じている。「西田の考え方では、あえて「私」ということを言うなら、そのときそのように聞こえている雷鳴、そのようにみえている稲妻が、そのまま、私なのであり、そうした純粋経験そのものを離れて、それを経験する（それらとは独立の）私など、存在しない[6]」。日本語では、「私は花を見る」（あるいは「我花を見る」）という表現は普段使われておらず、むしろ「花が見える」と言う。さらに、永井はこう論じている。「西田が、フィヒテの「我は我なり」を否定して、「我は、我ならずして、我である」と言うときにも、とりたてて神秘的なことを言っているわけでもなければ、また奇異な表現によって人を煙に巻いているわけでもない。これは、これまで述べてきたような意味で、「私は、私でなく世界であることにおいて、私である」ということにすぎない(7)」。私が世界であるということは、何を意味しているのか。上田は「「私とは何か」という問をまえにして、「我考う。故に我あり」を避けて通ることができないように、あまりにも明白に「そもそも私なるものは存在しない」と説く仏教の「無我」も、素通りすることはできない(8)」と論じている。「我」から始まった哲学は結局「無我」という場面に遭遇せざるをえないのである。

西田はこの問題を深刻に受け止め、そのため「私の経験」によって自らの哲学を基礎づけることをしなかったと考えられる。しかしながら、西田は「基礎づけ」そのものを放棄したわけではない。西田の「基礎づけ主義」とは何か。ここでは『善の研究』に照準を合わせたい。刊行百周年を迎えるこの書物は、「善」だけではなく哲学や人生などさまざまな事柄を問題にしている。その点でロイス（Josiah Royce, 1855–1916）の『Studies of Good and Evil: A Series of Essays upon Problems of Philosophy and Life』（1898）に似ているかもしれない。また、四部からなる『善の研究』全体を貫く一貫した内容は見当たらないかもしれない。さらにその構成についても、現在の構成、つまり純粋経験、実在、善、宗教は、もともとは実在、善、宗教、純粋経験という順であったと指摘されている(9)。

さて、『善の研究』は何を哲学の根拠とするのか。西田のいわゆる「出立点」について述べた箇所をそのまま引用することにしよう。

哲学が伝来の仮定を脱し、新に確固たる基礎を求むる時には、いつでもかかる直接の知識に還ってくる。近世哲学の始においてベーコンが経験を以て凡ての知識の本としたのも、デカートが「余は考う故に余在り」cogito ergo sum の命題を本として、之と同じく明瞭なるものを真理としたのも之に由るのである。併しベーコンの経験といったのは純粋なる経験ではなく、我々は之に由りて意識外の事実を直覚しうるという独断を伴うた経験であった。デカートが余は考う故に余在りというのは已に直接経験の事実ではなく、已に余ありということを推理している。……諸の哲学史家のいって居るように、デカートの「余は考う故に余在り」は推理ではなく、実在と思惟との合一せる直覚的確実をいい現わしたものとすれば、余の出立点と同一になる（一・四一―四二）。

デカルトの『省察』の中にcogito ergo sum[10]という表現は存在しない。『第二省察』の中で言われる第一の真理はego sum ego existo[11]である。この真理が論証でないことをデカルトは強調した。というのは論証の場合、必ず前提があり、その前提がこの第一の真理に先立ってしまうからである。ところで『善の研究』の中での西田の出発点はcogito ergo sum でもなければ、ego sum ego existo でもなく、「純粋経験」である。『善の研究』の冒頭には「経験するというのは事実其儘に知るの意である。全く自己の細工を棄てて、事実に従って知るのである。純粋というのは、普通に経験といって居る者も其実は何等かの思想を交えて居るから、毫も思慮分別を加えない、真に経験其儘の状態をいうのである」（一・九）と書かれている。経験の最醇なる者とされている純粋の刹那においては、すべての判断から完全に解放されているのである。例えば、色や音を知覚する刹那という純粋経験にあってはまだ主も客もなく、この経験はいかなる判断や対象化にも先立つと考えられている。西田にとって純粋経験と直接経験は全く同じものであり、ヴントのような現代の心理学者によって分析された「経験」は間接経験に過ぎなかった。『岩波哲学辞典』の「純粋経験」（一一・一四五―一四六）という項目において西田は、それを「思惟以前の経験」であると説明している。[12]

経験論者と一線を画した西田は、純粋経験を唯一の実在としてすべてを説明しようとした。この「試み」は十分に成功しなかったかもしれない。しかし、私は西田の「基礎づけ主義」に注目したい。西田によれば、純粋経験においてのみ、主体と客体は統一され、この統一が実在の真相なのである。唯一の実在である純粋経験においては、意味はまだ生じていない。「真の純粋経験は何等の意味もない、事実其儘の現在意識あるのみである」(一・九)と西田は主張しているが、ここでの「意識」と「私の意識」とを同一視することはできない。『善の研究』の「序」の中には「個人あって経験あるにあらず、経験あって個人あるのである、個人的区別より経験が根本的である」(一・六—七)という文章がある。ここで注目すべきことは、西田が経験を個人的経験としてではなく、超個人的経験とみなしている点である。西田の説明によれば「経験は時間、空間、個人を知るが故に時間、空間、個人以上である、個人あって経験あるのではなく、経験あって個人あるのである。個人的経験とは経験の中に於て限られし経験の特殊なる一小範囲にすぎない」(一・二四)。この点をめぐって上山春平は「絶対無の探求」の中で次のように解釈している。

経験の背後にある一般的なるものが超個人的[な]ものと考えられ、しかもこうした超個人的な一般者を背後にもつ経験が、主客未分の純粋経験として、そこから認識主観としての個人的自我を一般的なるものの分化発展の過程を通して成立せしめる母胎とみなされるかぎり、個人的自我の根底に超個人的なるものが前提されることになって、独我論はその根拠を失わなければならないのである。(13)

デカルトの場合においても「超個人的なるもの」がある。「私はある、私は存在する」の次に証明されたのは、神の存在であった。『省察』の副題は「神の存在と人間の精神と身体との区別が証明される」というものであるが、この証明は自然の光(lumen naturale)によって万人も行うことができるはずである。『第三省察』において、デカルトは「いまや私は、私がきわめて明晰に判明に認知するところのものはすべて真であるということを、一般的な規則として確立する」[14]という真理の条件を明示し、続いて『第四省察』の中で真と偽について論じている。結局のところ、神が私を欺くことはありえないし、私が神から受けとった理性の能力（自然の光）を正確に使用すれば誤ることはない、ということになる。

「純粋経験に関する断章」の中で西田は、「真理とは知識の完全なる者である。即充分なる主客の一致である。完全なる知識は充分なる統一であるという見解より見れば、完全なる統一が真理である。之に反し誤謬とは、主客の分裂である、不完全なる統一である」（一六・六二）と記している。『善の研究』の中では次のように述べている。「如何なる者が真理であるかということについては種々の議論もあるであろうが、余は最も具体的なる経験の事実に近づいた者が真理であると思う」（一・三〇）。また、別の箇所でこう記している。「凡て真理の標準は外にあるのではなく、反って我々の純粋経験の状態にあるのである、真理を知るというのはこの状態に一致するのである」（一・三〇）。私の具体的経験は疑えばどこまでも疑うことができ、知識の確実な基礎にはならない。しかし、純粋経験は疑うにももはや疑いようがない「基礎づけ」の根拠となるものである。『善の研究』の中で、西田は純粋経験を論じたあとで、それが知識の「基礎」となりうることを論じている。

さらば疑うにも疑い様のない直接の知識とは何であるか。そは唯我々の直覚的経験の事実即ち意識現象に就いての知識あるのみである。現前の意識現象と之を意識するということとは直に同一であって、其間に主観と客観とを分つこともできない。事実と認識の間に一毫の間隙がない。真に疑うに疑い様がないのである。勿論、意識現象であっても之を判定するとか想起するとかいう場合では誤に陥ることもある。併しこの時はもはや直覚ではなく、推理である。後の意識と前の意識とは別の意識現象である、直覚というのは後者を前者の判断として見るのではない、唯ありのままの事実を知るのである。誤るとか誤らぬとかいうのは無意義である。斯の如き直覚的経験が基礎となって、その上に我々の凡ての知識が築き上げられねばならぬ（一・四一）。

西田は誤るはずのない真理を強調しており、一見するとデカルトに似ている。しかし、両者が考える真理には決定的な差異がある。デカルトの言う真理は人為的な規則によるのに対し、西田の言う真理では人為的要素が排除されている。言い換えれば、「哲学の正当なる出立点は凡て人工的仮定を去り何人も疑うことのできない直接の事実に求めねばならぬ」（一六・一一二）ということである。氣多雅子は「経験の直接性という基準とともに、西田の哲学の「最初の土台」が提示されていることから、そのことは明らかである」と述べている[15]。要するに、「最初の土台」というものは自明の真理なのである。西田のテキストに「根柢」「骨子」「基礎」という表現が頻繁に用いられている。西田は純粋経験を自分の哲学の「基礎」とし、真なる知識の「始まり」としている。「私はデカルトと共に知識の根柢をコギト・エルゴ・スムに求め、知識はそこから始まると考えたいと思うものである」と明言している。あるいは、「かかる意味に於ての私が考える内容が真であろうが偽であろうが、私が考えるということは真であり、内的事実も此において考えられ外的事実も此において考えられるのである。そこには未だ主客の分裂はない、否主客の対立も此において考えられるのである」（五・一三五）と述べている。

デカルトの哲学の根本的な立場に賛同した西田は「デカルト主義者」であると言っても過言ではない。西田の同時代の「デカルト主義者」といえば、現象学の父とされているフッサールである。デカルトは「一生に一度は、すべてを根こそぎくつがえし、最初の土台から新たにはじめなくてはならない」[16]と述べているが、フッサールはそれに最大級の評価を与えている。『デカルト的省察』の中でフッサールは次のように述べている。

哲学を学びたての人にも、デカルトの『省察』が奇妙な思考を辿ることは、知られている。その思考の道筋を、ここで一緒に思い出してみよう。『省察』の目標は、哲学を絶対的に基礎づけられた学問へと、全面的に改革することだった。[……]真剣に哲学者になろうとする人は誰でも、「一生に一度は」自分自身へと立ち帰り、自分にとってこれまでは正しいと思われて来たすべての学問を転覆させ、それを新たに建て直すよう試みるのでなければならない。(17)

フッサール自身は、「活気に満ちた哲学への憧れは、近年、さまざまな復興をもたらした。しかし、唯一実りのある復興は、デカルトの省察を甦らせるものではないだろうか」といい、「新デカルト主義」の旗を掲げた。驚くべきことに、西田はフッサールの「新デカルト主義」を知っていた。「デカルト哲学について」の附録の中で、西田は次のように記している。

彼[フッサール]は晩年フランスに於ての講演、「現象学入門」Méditations Cartésiennes に於て、現象学の成立にはデカルトから刺激を受けた、「省察」の研究によって、それが超越哲学の新たな型に変形せられた、ネオカルテジャンとまで言っている。而もデカルト哲学の内容をその儘に取ったのではない、その革新的な発展であることは云うまでもない(一〇・一四一—一四二)。

西田はまた「今日恰もデカルト時代の如く、従来の思想伝統が、その根柢から考え批判せられなければならないと云われる時代、我々は再びデカルトの問題に返って考えてみなければならない」(一〇・一三〇)と述べ、「新デカルト主義」に対する共感を示している。

西田とフッサールとの接点を敢えて提示するならば、それは「経験の現象学」という点にあると私は考えている。『善の研究』において西田は純粋経験をその哲学の出発点とした。それは経験する私を強調する経験主義でもなければ、思惟する私を強調する合理主義でもなく、むしろ「未だ主もなく客もない」という経験へと戻ろうとする立場であった。とはいえ純粋経験は決して神秘的経験ではない。むしろわれわれは西田の哲学を直接経験の明証性を認めた現象学的哲学として理解することができる。確かに西田は、意識の問題にとどまる純粋経験の立場に心理主義的な傾向があることを認めた。そして自覚や場所という概念を取り上げ、経験から直観や論理を重視する立場へと転じていった。

しかし、西田の哲学の根本的性格は現象学的であると考えられる。現象学の立場を端的に示すモットーとして、「事象そのものへ」(Zu den Sachen selbst!)という表現が知られている。これを知っていた西田はまた次のように分析している。

> 対象認識という前に、まず事実的知識というものがなければならないのは云うまでもなく、所謂ザッヘも意識のタートザッヘでなければならない。我々の行為的自己が単なる意識的自己と考えられる時、タートザッヘは単にザッヘとなるのである、ザッヘはタートザッヘのタートを極小にしたものである。「ザッヘそのものへ」という代わりに私は「タートザッヘそのものへ」と云いたいと思うのである(五・一三〇)。

「タートザッヘ(事実)そのものへ」という主張を理解するためには、『自覚における直観と反省』を検討する必要があるが、『善の研究』ですでに「有即活動」と言われていることは興味深い。「それで純粋経験の上から厳密に考えて見ると、我々の意識現象の外に独立自全の事実なく、バークリーのいったように真に有即知 esse=percipi である」と記した西田は、直ちに次のように説明している。

> 余が此処に意識現象というのは或は誤解を生ずる恐がある。意識現象といえば、物体と分れて精神のみ存するということに考えられるかも知れない。余の真意では真実在とは意識現象とも物体現象とも名づけられない者であ

る。又バークレーの有即知というも余の真意に適しない。直接の実在は受働的の者でない、独立自全の活動である。有即活動とでも云った方がよい（一・四五）。

西田は純粋経験が受動的直観ではなく、能動的な直観であることを強調している。つまり、私が物を見るということは、ただ単に私の感覚器官が物によって刺激されるということではなく、私が常に物を全体的・能動的に把握するということを意味する。晩年に至って西田の哲学は経験へと還元する現象学から、社会的・歴史的行為の次元を開示しようとする哲学に変貌している。例えば行為的直観という概念が示すように、西田は非歴史的な「経験」ではなく、歴史的・社会的「身体」を重視している。言い換えれば、経験はもはや意識の経験ではなく、むしろ歴史的世界における行為として理解されている。西田はフッサールと同様に経験主義に反対するであろう。われわれは、ただ単に受動的に感覚データを与えられる存在ではなく、世界においていきいきと行為する存在なのである。

おわりに

本稿においてわれわれは、経験をめぐる西田の「基礎づけ主義」を論じた。そして西田の「基礎づけ主義」は「新デカルト主義」として理解できるという結論に至った。西田の遺稿の中に、次の言葉がある。

宇宙及人生の根底を究め、知識的欲求の最深なる満足を得んとする哲学の出立点は何処に求むべきか。普通の知識の中に多くの独断がある。最深なる知識は最深なる疑より生れねばならぬ。嘗てデカートの為したように、疑いうるだけ疑って、もはや疑いようのない処から出立せねばならぬ。（一六・二八八）

西田の営みは、すべての独断を排除し、真に疑うに疑いようのない原点を探し求めようとするものであった。このことから、西田が、基礎づけ主義者であるデカルト、フッサールを評価していたことがわかる。『善の研究』を読む限りでは、西田の哲学はまさに「基礎づけ主義」であった。もちろん、彼の立場は哲学的反省による基礎づけではなく、その「アルキメデスの点」は反省以前の主客未分の刹那における純粋経験であった。

とはいえ、「反省」すべき点がなお一つ残されている。すなわち、「アルキメデスの点」を捜し求めることそれ自体は、果たして有意義なのか、という問題である。「近代以降の哲学者たちは、知識の「究極的基礎づけ」というオブセッションにあまねく取り憑かれてきた(18)」ということができるならば、「基礎づけ」というオブセッションを放擲すべきか否かが、なお問われなければならない。西田はこの問題を充分自覚しているように思われる。というのは、後期の思索のなかでは、「アルキメデスの点」よりも、むしろ社会的・歴史的世界の方が重要視されているからである。純粋経験から出発して、知識・道徳・宗教を基礎づけようとする「試み(19)」については、なお一度考え直す必要があると考えている。

〔注〕

(1) 西田の「第三の立場」の哲学に関しては、拙稿「西田幾多郎の哲学におけるポテンシャルとリミット」(『日本哲学の多様性』、世界思想社、近刊)を参照。
(2) 野田又夫編『デカルト』(世界の名著二二)、中央公論社、一九六七年、二四四頁。
(3) 同上二三九頁。
(4) 『思想』一九八五年一二月号及び一九八六年六月号。引用文は、『西田哲学への導き——経験と自覚』(岩波書店同時代ライブラリー、二〇〇〇、四〇頁）によるものである。

（5）『西田哲学への導き――経験と自覚』、一三六頁。

（6）永井均『西田幾多郎――〈絶対無〉とは何か』、NHK出版、二〇〇六、一三頁。

（7）同上、二五頁。永井は「ここで「世界」と呼ばれているものは、後の西田によって「場所」と呼ばれる」と書き添えている。

（8）上田閑照『私とは何か』、岩波新書、二〇〇〇、一五一頁。

（9）『西田幾多郎全集』第一巻、四六四――四六五頁参照。

（10）『方法序説』の中で「je pense, donc je suis」というフランス語による表現がある。

（11）仏訳は「je suis, j'existe」となっており、和訳は「私はある、私は存在する」となっている。

（12）純粋経験（英 Pure experience　佛 Expérience pure　獨 Reine Erfahrung）。普通に経験といえば我々の感覚的意識内容を時間、空間、因果の形式によって構成した事実の知識である。自然科学者の経験とは此意味の経験に過ぎない。ロック以来所謂経験学派の経験というのも此の如きものであった。然るに純粋経験というのは物と心とか我と人とかいう対立以前の経験、即ち知る人もなく知らるる物もなき直接の所与をいうのである。物と心とか我と人とかいう区別はかかる経験の関係より生ずるものと考えられるのである。無論かかる考よりすれば、純粋経験とは時間、空間、因果の形式によって構成せられない以前の経験でなければならぬ、思惟以前の経験でなければならぬ。然らば純粋経験とは如何なるものであるか。此答人々によって一定しない。マッハなどは感覚の如きものと考えて居るが、ベルグソンなどの考では直接経験は分つことのできない無限の流動即ち純粋持続であって、感覚の如きものは却って反省的思惟の所産であるということもできる。（参）西田『現代に於ける理想主義の哲学』。

（13）『西田幾多郎』（日本の名著四七）、中央公論社、一九七〇年、三一頁。

（14）『デカルト』（世界の名著二二）、二五六頁。

（15）氣多雅子『西田幾多郎『善の研究』』、晃洋書房、二〇一一年、二三頁。

（16）『デカルト』、二三八頁。

(17) フッサール『デカルト的省察』、岩波文庫、二〇〇一年、一八—一九頁。
(18) 野家啓一『無根拠からの出発』、勁草書房、一九九三年、二三六頁。
(19) 英語の experience というものはラテン語の experiri に由来し、「試みる」や「試験を行う」ということを意味する。

第四章　『善の研究』における独我論の論駁

城阪　真治

はじめに

西田幾多郎は『善の研究』（一九一一年）の「序」で、「個人的区別より経験が根本的であるという考から独我論を脱することができ」（一・七）たと述べている。「経験が根本的であるという考」とはもちろん西田の純粋経験論のことだから、ここで彼は、純粋経験に立脚するみずからの立場が、独我論を脱することに成功していると述べているのである。本稿では、西田がどのようにしてこうした主張へ至ったのかを考察する。

ただし西田は、独我論一般の議論の構成を検討した上でそれを内在的に論駁するような考察を展開してはいない。彼にとって重要だったのは、彼自身の立場である純粋経験論が、はたして独我論に陥っているのか、それとも独我論を脱することに成功しているのか、という問題だった。したがって本稿での議論も、彼の「純粋経験」の概念の検討が中心となる。

まず私たちは、純粋経験の「直接性」について考察する。西田は、純粋経験を「直接経験の事実」と言い換えているが、この「直接性」は、純粋経験が内観の対象であるといったことを意味しているのではなく、私たちに与えられる体験の場面に定位することを意味していたことを示したい。そうすることで、「意識現象が唯一の実在である」と述べるとき、彼は直接的な内観の対象だけを存在するものとして認める立場に立脚していたというよりも、むしろ私たちが体験している事実の直接性に「考究の出立点」[1]（一・三九）を定位していたということが明らかになるだろう（第一節）。

次に、純粋経験の「統一」についての考察をおこなう。西田の考える純粋経験の統一性は、私たちの経験が推移していくありようを表わしている。このことを明らかにすることで、西田がなぜ独我論を脱することができたと考えたのかを理解するための手がかりを見いだすことができるだろう（第二節）。

最後に、以上の議論によって明らかになった西田の純粋経験論が、独我論の嫌疑を払いのけることにほんとうに成功していたのかどうかを検証したい（第三節）。

一　純粋経験の直接性

西田は、『善の研究』の「序」で、次のように述べている。

純粋経験を唯一の実在としてすべてを説明して見たいというのは、余が大分前から有って居た考であった。……其中、個人あって経験あるにあらず、経験あって個人あるのである、個人的区別より経験が根本的であるという考から独我論を脱することができ、……遂に此書の第一編を書いたのである……（一・六―七）。

この文章から、西田がみずからの立場である純粋経験論が独我論に陥ることのないように注意を払っていたことがうかがえる。彼は「純粋経験を唯一の実在」とする考えを「大分前から有って居た」が、その考えが『善の研究』第二編に結実するためには、「独我論を脱することができ」なければならなかったとされている。

確かに、「意識現象が唯一の実在である」[2]（一・四三）という言葉を素朴に理解するとき、そうした立場は独我論を帰結するのではないかという疑いを抱くことは不自然ではない。西田自身そのことを意識していたからこそ、上の文章のような言葉が出てきたのだろう。

そこで私たちはまず、西田の「純粋経験」についての議論を検討し、それが必然的に独我論を帰結するのかどうかを考えることにしたい。はじめに、西田による「純粋経験」の説明を見ておこう。

経験するというのは事実其儘に知るの意である。全く自己の細工を棄てて、事実に従うて知るのである。純粋というのは、普通に経験といって居る者も其実は何等かの思想を交えて居るから、毫も思慮分別を加えない、真に経験其儘の状態をいうのである。例えば、色を見、音を聞く刹那、未だ之が外物の作用であるとか、我が之を感じて居るとかいうような考のないのみならず、此色、此音は何であるという判断すら加わらない前をいうのである。それで純粋経験は直接経験と同一である（一・九）。

西田は、「普通に経験といって居る者も其実は何等かの思想を交えて居る」と述べて、「毫も思慮分別を加えない、真に経験其儘の状態」を取り出そうとする。彼は、「之が外物の作用である」とか「我が之を感じて居る」といった規定を経験から除いて、「此色、此音は何であるという判断すら加わらない」状態に立ち返ろうとしている。

私たちが自分の経験を振り返って「之が外物の作用である」と考えるとき、私たちは当の経験を、外物からの作用によって成立した心的状態として規定している。そこでは、経験の成立に至る物理学的・生理学的プロセスを記述することで、当の経験を規定しているということができる。[3]

また、「我が之を感じて居る」というように、「我」が「之」を感覚するという枠組みを用いて、つまり主観と客観という認識論的な枠組みを用いて、当の経験を規定することもできるだろう。さらに西田があげている例のように、経験に加えられる「此色、此音は何である」といった判断に基づいて、当の経験を規定することも可能である。

こうして、私たちは物理学的・生理学的な説明や、認識論的な説明、あるいは判断によって、私たちの経験を指し示すことができる。だが、もし経験の内実がこれらの説明の内容に尽きているのであれば、これらの説明が加えられる「以前」の状態を「純粋経験」として取り出そうとする西田の試みは、何の意味もないということになるだろう。逆にいえば、西田が「純粋経験」というものを取り出すことができると考えたのは、これらの説明には尽きない側面、これらの説明からは抜け落ちてしまうような側面が、経験にはそなわっていると理解していたからだということができる。

では、経験についてのさまざまな説明からは抜け落ちてしまうような側面とは、いったいどのようなものなのだろうか。『哲学概論』の講義ノートの中に見られる次の言葉が手がかりになる。

真の fact of pure experience〔純粋経験の事実〕は、know〔認識すること〕だけである。I〔私〕はない。Know もない、rot〔赤〕なら rot だけである。This is Rot〔これは赤い〕というのは已に判断である。唯、言語に云い現わすことのできない Erfahrung des Roten〔赤の経験〕のみである（一五・九九）。

ここで西田は、「我」や「知る」などを用いる認識論的な説明以前の、「赤ならばただ赤」という直接経験の事実を取り出し、「直接経験の事実は、ただ、言語に云い現わすことのできない赤の経験のみである」と説明している。それは、たとえば赤いものを目の前にしているときに、私が直接経験している赤いという事実そのものである。

私たちが何かを経験しているとき、その何かが、私たちによってどのように体験されているのかという側面に、西田は眼を向けている。そうした側面は、経験についての物理学的・生理学的な説明や、主観と客観の枠組みを用いた認識論的な説明からは抜け落ちてしまう。これが西田のいう「純粋経験」の内実を意味していたと考えてよいのではないだろうか。

私たちが何かを経験しているとき、その何かが私たちにどのように体験されているかということは、言葉によって言い表すことはできない。それは、直接私たちが経験している事実であり、じっさいに体験することによってしか私たちに知られることはない。それゆえ西田は、純粋経験について「自己の意識状態を直下に経験した時、……知識と其対象とが全く合一して居る」(一・九)と述べたのだろう。

こうした理解に基づいて、純粋経験の「直接性」がいったい何を意味していたのかについても明らかにすることができる。西田は「純粋経験に関する断章」と呼ばれる草稿に、次のように記している。

> 真の直覚とは未だ判断のない以前である。風がざわざわいえばざわざわが直覚の事実である。風がということもない。事実には主語も客語もない(一六・一九)。

風がざわざわと音を立てて吹いているのを私が耳にしているとき、その経験が私たちにどのように体験されているだろうか。それは、ただ「ざわざわ」というほかないだろう。これが直接経験の事実である。経験の「直接性」とは、この体験が「ざわざわ」というほかないような仕方で私たちに与えられているという事実の「直接性」にほかならない。

そうだとすれば、この「直接性」は、私たちの意識の内部の対象を、内観によって直接認識するという場合の「直接性」とは、まったく異なる意味だといわなければならない。たとえば、「ざわざわ」という現われが、風という外界の対象との関係において把握されるのではなく、それを意識している私自身との関係の中で把握されるとしよう。そのばあい、「ざわざわ」という仕方で現われる意識現象は、私が内観によって直接的に認識する対象だと考えられているといってよいだろう。だがこのとき、私たちは意識現象と外界とのつながりを考える術を失ってしまうことになる。こうして私たちは独我論に陥るのである。

西田の「純粋経験」は、こうした内観の対象ではなかった。純粋経験とは、私たちに体験がどのように与えられるのかという観点から見られた経験のあり方である。たとえば風がざわざわと音を立てて吹いているのを聞いているとき、端的に「ざわざわ」ということでしか示されないような仕方で私たちが体験をしているということが、「純粋経験」である。純粋経験はじっさいに体験することによって直接に知られるほかない。これが純粋経験の「直接性」の内実である。したがって、それは内観によって捉えられる対象の直接性とはまったく異なると言わなければならない。西田は経験の直接性を論じていたのであって、経験の対象の直接性を論じていたのではない。(4)

西田は純粋経験の立場に立って、直接経験の事実だけが「疑うにももはや疑い様のない」ものだと述べている。だがこのことは、じっさいに私たちが体験をしている場面に定位して、そこに「考究の出立点」(5)を置くということを意味していたと理解するべきなのではないだろうか。もしこのように考えてよいとすれば、そうした立場は、内観の対象のみを実在と認める立場とは区別されなければならない。そしてその限りで、純粋経験の立場がただちに独我論という帰結をもたらすとわけではないと言うことが許されるだろう。(6)

二　経験の「統一」

前節では、直接経験の事実に立脚するという西田の立場が、必然的に独我論を帰結するとはいえないことを論じてきた。だが西田は、自分の立場が単に独我論を帰結しないというだけでなく、「独我論を脱することができ」たと考えていた。その論拠として彼が持ち出すのが、「個人あって経験あるにあらず、経験あって個人あるのである、個人的区別より経験が根本的であるという考」（一・六―七）である。では、これは具体的にはどのような考えなのだろうか。この言葉をめぐる西田の議論を検討して、なぜ彼が「独我論を脱することができた」と考えることができたのかを検討することが、本節の課題である。

まず、西田の議論を引いておこう。「個人的区別より経験が根本的である」という考えは、『善の研究』の第二編第二章で次のように敷衍されている。

……難問の一は、若し意識現象をのみ実在とするならば、世界は凡て自己の観念であるという独知論「独我論のこと」に陥るではないか。又はさなくとも、各自の意識が互に独立の実在であるならば、いかにして其間の関係を説明することができるかということである。併し意識は必ず誰かの意識でなければならぬというのは、単に意識には必ず統一がなければならぬという意にすぎない。若しこれ以上に所有者がなければならぬとの考ならば、そは明に独断である（一・四六）。

この箇所の検討に入る前に、一つ注意を述べておきたい。ここで西田は、純粋経験論が独我論に陥るのではないかという問題とともに、それぞれ独立であるような各自の意識相互の関係を、純粋経験論はどのように説明することができるのかという問題もあげている。だが『善の研究』の時期の西田は、他者の問題を主題的に扱うことはなかった。上の引用の後に、「若し個人的意識に於て、昨日の意識と今日の意識とが独立の意識でありながら、その同一系統に属するの故を以て一つの意識と考えることができるならば、自他の意識の間にも同一の関係を見出すことができるであろう」（一・四六）と述べていることからも分かるように、西田がここで取り上げるべき課題と考えているのは、自己の意識であれ他者の意識であれ、現在において直接経験されていない意識内容を否定して現在意識だけを実在と認める彼の立場が独我論に陥っているのではないかという嫌疑を退けることだったと言ってよいだろう。(7)

さて、独我論の嫌疑を退けるためにここで西田が持ち出しているのが、意識の「統一」である。西田は、「純粋経験の直接にして純粋なる所以」（一・一一）は、それが単純であって分析不可能であることや、瞬間的であることに求められるべきではなく、「反って具体的意識の厳密なる統一にある」（同所）という。つまり、純粋経験の本質はその統一性にあるというのである。西田はこの純粋経験の統一的性格を、「或無意識的統一力」(8)（一・一二）が働いていると表現している。西田の純粋経験の立場が「独我論を脱する」ことを可能にしているのは、純粋経験にそなわっている「統一力」の働きなのである。以下では、この「統一」がいったい何を意味しているのかを考察しよう。

よく知られているように、西田は意識の統一状態を、「一生懸命に断岸を攀ずる場合」や「音楽家が熟練した曲を奏する時」などの例によって示そうとしている。だが、これらの例は、いったいどのような意味で統一状態の例になっているのだろうか。上の例をあげる直前で、西田は純粋経験における「現在」の意味について論じている。

純粋経験の現在は、現在に就いて考うる時、已に現在にあらずというような思想上の現在ではない。意識上の事実としての現在には、いくらかの時間的継続がなければならぬ（James, The Principles of Psychology, Vol. I. Chap. XV）。即ち意識の焦点がいつでも現在となるのである。それで、純粋経験の範囲は自ら注意の範囲と一致してくる（一・一〇―一一）。

西田はここで、W・ジェームズの『心理学原理』（一八九〇年）を参照しながら、意識上の事実における現在について考察している。だが西田の議論は、ジェームズの議論の展開と同じように進められているわけではない。ジェームズは西田が参照している章の中で、現在の瞬間は「捉えると同時に溶け、触れる前に逃げ去り、来た瞬間に去ってしまう」ものであって、これを捕えることはもっとも困難な問題の一つだと述べている。[9]現在の意識は、それを捉えようとするや否や、私たちの手許から逃れ去ってしまう。ジェームズは、意識経験の事実に関するみずからの立場を確立するために、この問題を解決することが重要だと考えていた。彼はみずからの心理学の方法についての議論をおこなう中でも、上の問題と同じ困難を見いだしている。

どのような主観的な状態も、それが現前している間は、それ自身の対象ではない。それの対象はつねに自分以外の何かである。確かに「私は疲れたと感じる」、「私は怒っている」などと言うときのように、私たちが自分の現在の感じを命名しており、したがって同一の内的な事実を一度に経験しているとともに観察していると思われる場合がある。だがこれらは思い違いであり、少し注意すればそのことが分かる。私が「私は疲れたと感じる」と言っているときの現在の意識状態は疲れの直接の感じではない。また、私が「私は怒っている」と言っているときの現在の意識状態は怒りの直接の感じではない。そのときの意識状態は、自分が疲れを感じていると言っている感じであり、自分が怒りを感じていると言っている感じなのであって、まったく異なったことなのである。そこに含まれているように見える疲れと怒りは、一瞬前に直接感じられた疲れや怒りとはかなり異なった、それの変形物である。[10]

ジェームズは、意識が継起している状態を「意識の流れ」（stream of consciousness）と呼び、この流れの内で推移している部分を反省によって捉えることの困難を、「回っているコマを、その運動を捉えるために捕まえるようなものであり、暗闇がどのようなものなのかを見るために、すばやくガスに火をつけようとするようなものである」[11]と述べている。

彼は、「意識の流れ」をバラバラに寸断してしまうことからこうした困難が生じたと考えた。そして、現在の瞬間を焦点としながらもそれを取り巻く「縁暈」（fringe）を含んで互いに融合しあっている意識の状態を考え、「時間についての私たちの知覚を構成している単位は持続（*duration*）である」[12]と述べる。こうした持続する現在の意識状態を、ジェームズは経験の「統一的な感じ」として理解していたのである。

ところが西田は、ジェームズが格闘していた問題、すなわち、現在の意識はそれを捉えようとするや否や私たちの手許から逃れ去ってしまうという問題についてほとんど考慮を払っていない。彼は「純粋経験の現在は、現在に就いて考うる時、已に現在にあらずというような思想上の現在ではない」（一・一〇―一一）という一言でこの問題を片付けてしまう。だがこのことは、西田の考える純粋経験の「統一」が、ジェームズのそれとは異なり、上の問題を解決するための装置ではなかったということを意味しているのではないだろうか。

西田にとっても、純粋経験は反省によって捉えられる「以前」の、直接経験の事実だと考えられている。だがそれは、反省からたえず逃れてゆくと考えられるような「思想上の現在」の意識状態なのではない。西田は、私たちが何かを経験しているときに、その何かが私たちにどのように体験されているのかという側面に眼を向け、そうした直接経験されている事実のありようを「純粋経験」と呼んでいた。純粋経験を「考究の出立点」にするという彼の言葉は、じっさいに私たちが体験をしている場面に定位して考察を進めてゆくという宣言なのである。

ジェームズにとって、「現在の意識」を反省によって捉えることの困難は重要な問題であり、それを解決するために彼は持続する現在という発想を必要とした。これに対して、純粋経験を考究の出立点にするという西田の言葉は、じっさいに私たちがさまざまな体験をしている場面に定位するということを意味していた。彼はただ、経験が私たちによってどのように体験されているのかという側面に着目し、現に体験がなされている場面に身を開いてさえいればよいと考えたのである。

西田はこうした立場から、私たちの思惟の働きも知覚的経験と同様に説明できると考えている。

> 普通には知覚的経験の如きは所働的で、其作用が凡て無意識であり、思惟は之に反し能働的で其作用が凡て意識的であると考えられて居る。併しかように明なる区別は何処にあるのであろうか。思惟であっても、そが自由に活動し発展する時には殆ど無意識的注意の下に於て行われるのである、意識的となるのは反って此進行が妨げられた場合である。思惟を進行せしむる者は我々の随意作用ではない、思惟は己自身にて発展するのである。……対象に純一になること、即ち注意を向けることを有意的といえばいいうるであろうが、此点に於ては知覚も同一であろうと思う、我々は見んと欲する物に自由に注意を向けて見ることができる（一・一七―一八）。

こうした考えは、けっしてジェームズの思想と相容れないようなものではない。それどころか、両者はきわめて近いところに立っていると言えるだろう。だがそれにもかかわらず、両者の関心の方向の違いは明らかだと思われる。ジェームズは、反省によって「意識の流れ」が断片化されることを避けるために、焦点とそれを取り巻く縁暈からなる意識の統一的状態を確保しようとしている。そこでは、西田が言うように「純粋経験の範囲は自ら注意の範囲と一致して」(一・一二)いる。一注意の範囲内では、焦点となる核とそれを取り巻く縁暈はたがいに連続的に融合しあっている。

他方西田は私たちに体験が与えられる純粋経験の場面に身を開いており、そうした立場から、思惟をおこなう私たちの経験が推移してゆくありさまを見ようとしている。「思惟を進行せしむる者は我々の随意作用ではない、思惟は己自身にて発展するのである」(一・一八)という彼の言葉は、そうした観点から語られている。それゆえ、西田はジェームズの考えに対して次のような不満を抱かざるをえなかった。

併し余は此の範囲［純粋経験の範囲］は必ずしも一注意の下にかぎらぬと思う。我々は少しの思想も交えず、主客未分の状態に注意を転じて行くことができるのである。例えば一生懸命に断岸を攀ずる場合の如き、音楽家が熟練した曲を奏する時の如き、全く知覚の連続 perceptual train といってもよい (Stout, Manual of Psychology, p.252)。……此等の精神現象に於ては、知覚が厳密なる統一と連続とを保ち、注意が一より他に転ずるも、注意は終始物に向けられ、前の作用が自ら後者を惹起し其間に思惟を入るべき少しの亀裂もない(一・一一)。

西田は、一注意の範囲内で焦点となる核と縁暈とがたがいに融合して統一状態を形成しているというだけでは十分ではなく、そうした意識が「転じて行くことができる」のでなければならないと考えた[13]。そしてここに、彼の考える「統一」が成立している。現に体験がなされている場面に身を置き、そこで「前の作用が自ら後者を惹起」するという形で次々に起こる新たな体験へと自己を開いているとき、そこに生じている経験のありようが、意識の統一状態と考えられているのである。「一生懸命に断岸を攀ずる場合」や「音楽家が熟練した曲を奏する時」には、意識は推移しながら「厳密なる統一」を保っているという西田の言葉は、こうした意味で理解するべきだと思われる。

さて、このように理解してよいとすれば、純粋経験の立場に立つことは、自己の意識の内部にのみ眼を向けることとはまったく異なると言わなければならない。むしろそれは、次々と生起する新たな体験に自己を開き、その体験の場面に身を置くことを意味している。西田が独我論を脱することができたと考えたのは、こうした純粋経験の理解に立っていたからだと言ってよいだろう。

三　残された問題

「意識現象が唯一の実在である」という西田の言葉が、独我論に陥るのではないかという疑いを誘発することは否定できない。ただし、彼の用いる「実在」という言葉に関しては、「バークリーの有即知というも余の真意に適しない……有即活動とでも云った方がよい」（一・四五）と語られていることも考慮に入れて理解しなければならないだろう。「有即活動」とは、存在するものが活動しているということではなく、「活動」がすなわち実在だということを意味している。それは、直接経験の事実の場面に定位する私たちによって、じっさいに体験されている推移の統一的なありようのことだと言ってよいだろう。

また西田は、「意識は必ず誰かの意識でなければならぬというのは、単に意識には必ず統一がなければならぬというの意にすぎない」（一・四六）と述べていた。むろん西田も、誰によっても経験されることのないような意識状態が存在すると考えていたわけではない。彼のいう純粋経験の立場は、体験がなされる場面に定位することを意味していたのであり、そうした経験の場面について、その「所有者」を問題にすることは不適切なのである(14)。純粋経験は、「前の作用が自ら後者を惹起」（一・一二）するような統一状態の内に推移してゆく。西田はそうした体験の場面に身を置くことを主張したのであって、そうした立場から、「若しこれ以上に所有者がなければならぬとの考ならば、そは明に独断である」（一・四六）と語っていたのである。

では、西田は「独我論から脱すること」に成功したのだろうか。じつは西田は、『哲学概論』の中で、独我論に関する問題を次のような形で提出していた。

> 唯すべての人の恐れるのは之より来る結論である。かくの如き starting point からして遂に Solipsismus〔独我論〕を脱することができないばかりでなく、厳密にいえば momentary sensation〔瞬間的感覚〕というの外何事も云えない極端なる sceptisism〔懐疑論〕に陥るの外ないではあるまいか（一五・一〇〇）。

西田がみずからの立場に突きつけた「独我論に陥るのではないか」という問いは、「懐疑論」の嫌疑にまで直結していたのである。

では、この独我論から懐疑論にまでつながる一連の問題に対して、西田はどのように答えているのだろうか。ここで問題になっているのは、現在の瞬間に与えられる感覚以外には何も存在しないという結論に陥ることを、どのようにして回避できるのかということにほかならない。そして西田は、「瞬間的感覚」という考えの抽象性を指摘することで、この問題を回避しようとする。[15] 彼は、「present〔現在〕といっても math〔ematical〕time〔数学的時間〕に於ていう如き真の moment〔瞬間〕はない」（一五・一〇三）と述べて、やはりジェームズを参照しながら、純粋経験の立場において体験されるのは「spacious present〔幅のある現在〕」（同上）だと主張する。すでに論じてきたように、次々と生起する新たな体験に自己を開き、その体験の場面に身を置くことこそ、西田が定位する純粋経験の立場であった。

だが、ここで問うべきだったのは、経験が数学的な瞬間において与えられるかどうかといったことなのだろうか。むしろ、純粋経験の立場は「独我論」や「懐疑論」に陥るのではないかという嫌疑がかけられる場合に問題となっているのは、純粋経験以外に何ものも認めないのであれば、意識の内容以外には何ものも存在しないということになるように思われるが、ほんとうにそうした主張が妥当なのかということだったのではないだろうか。西田の純粋経験の立場は、繰り返し述べたように、次々と生起する新たな体験に自己を開き、その体験の場面に身を置くことを意味していた。したがって純粋経験の立場は、意識の内部領域を外界から独立のものとして確保した上で、そこに閉じこもる立場とは異なる。かえって、現在の瞬間に与えられたものを超えて新たに生起するものへと自己を開く態度をとることを意味しているといえるだろう。

ただし注意しなければならないのは、そうした西田の立場には、意識の変容と意識の対象となっているものの変容とを区別する基準が存在しないということである。西田の立場では、純粋経験のありようが変化するときに、世界そのものが変化したのか、それとも、世界は何も変化しておらず、世界についての私の理解が変化したのかを区別することができない。そしてこのことは、意識から独立した世界を彼が認めていなかったということを意味している。[16] そのような意味での世界の「実在性」を、『善の研究』の西田は認めていなかったのである。

西田がみずからの立場に対して、「若し意識現象をのみ実在とするならば、世界は凡て自己の観念であるという独知論に陥るではないか」(一・四六)、あるいは「momentary sensation〔瞬間的感覚〕というの外何事も云えない極端なる sceptisism〔懐疑論〕に陥るの外ないではあるまいか」(一五・一〇〇)という問いを向けたときに彼が考えなければならなかったのは、こうした意味での「実在性」が世界から失われてしまうことが、はたして妥当なのかということだったのではないだろうか。そして、彼の「純粋経験」の概念の内に、こうした問題を解決するような内容を見いだすことは難しいように思われる。

この問題は、自己の意識と他者の意識との隔たりは、昨日の意識と今日の意識との隔たりと本質的に違わないと西田が考えていたことにもつながっている。なぜなら、他者は、私の意識に現われる世界のありようとは異なった世界の現われが成立することを可能にするからである。世界が複数の現われをもつことができるということは、私の意識への現われには尽きない世界の「実在性」を受け入れることを意味しているといってよいだろう。

じつは西田は、『哲学概論』の中でこうした議論に半ば足を踏み入れかけていた。

> 昨日の cons〔ciousness〕〔意識〕と今日の cons〔ciousness〕とは、Schlaf〔睡眠〕というものに由って全く separate〔分離〕せられて居るという。……
>
> 併しこれは外から考えたのである。cons〔ciousness〕〔意識〕の内面から考えれば全く continuous〔連続的〕である。……それで、我々が conti〔nuous〕と思うて居る cons〔ciousness〕でも外からみたら discontinuous であるかも知れない。勿論それは内から con〔tinuous〕でも外から見れば discon〔tinuous〕でその外から見たという方が objective〔客観的〕で true〔真実〕であるというでもあろうが、その外から見たということがやはり cons〔cious〕phenomena〔意識現象〕ということを免れぬから致方がない（一五・一〇三―一〇四）。

ここで西田は、睡眠によって意識が中断されているように見えるのは、他者という「外」の視点に立脚しているからだと述べている。その上で、そうした「外」からの視点も、他者の立場から見れば「内」からの視点になるとしている。つまり、「外」なる他者の視点を、当の他者にとっての「内」へと繰り入れることで、唯一の実在である意識現象の中に問題の構図を収めようとしているのである。

だがここで西田があげている例は、まぎれもなく、自己にとって連続的な意識現象の下で現われている事象が、他者にとっては非連続的なありようを示すという事実なのではないだろうか。つまり西田は、世界についての互いに異なる複数の見方が存在するという可能性に触れていたのである。

しかしながら『善の研究』の西田は、そうした可能性についての考察を進めてゆくことはなかった。むしろ、そのように議論が展開する可能性を塞ぐことによって、「意識現象が唯一の実在である」という、純粋経験の立場は成り立っていたのである。

〔注〕

（1）これは『善の研究』第二編第一章のタイトルになっている。

（2）これは『善の研究』第二編第二章のタイトルになっている。

（3）少なくとも、当の経験を他の経験から区別することができる、あるいはそれがどの経験であるのかが確定できるという意味で、物理学的・生理学的な説明によって経験を規定することが可能である。

（4）西田は、みずからの「純粋経験」がふつうの「経験」概念と異なることに読者の注意を促して、「ヴントの如きは経験に基づいて推理せられたる知識をも間接経験と名づけ、物理学、化学などを間接経験の学と称して居る」（一・九）が、「此等の知識は正当の意味に於て経験ということができぬ」（一・九）と述べている。ところで、ヴントは心理学を「直接経験の立場」(Standpunkt der unmittelbaren Erfahrung) からの経験科学と規定し、「間接経験の立場」からの経験科学である自然科学から区別していた。直接経験の立場からの心理学は、「自己観察」(Selbstbeobachtung) という方法を用いるが、この「自己観察」は、自己の内にあるものを見るという意味の「内省」(Introspektion) ではないと言われる。ヴントは、経験することは観察することであり、そこでおこなわれているのは「意識過程の直接的主観的知覚」だとされる。したがって、こうしたヴントの立場でも、「直接経験」の立場に立つ心理学にとっての「直接性」とは、経験の対象の直接性ではなかったと言わなければならないだろう。

（5）「考究の出立点」というタイトルをもつ『善の研究』第二編第一章で、「今若し真の実在を理解し、天地人生の真面目を知ろうと思うたならば、疑いうるだけ疑って、すべての人工的仮定を去り、疑うにももはや疑いようのない、直接の知識を本として出立せねばならぬ」（一・四〇）と述べられている。

（6）とはいえ、以上の議論によっても、「意識現象が唯一の実在である」という言葉に対する不審が完全に拭い去ることはできないかもしれない。ただし「意識現象が唯一の実在である」というタイトルを持つ『善の研究』第二編第二章で西田が論じているのは、「疑うにももはや疑い様のない直接の知識とは何であるか」（一・四一）という問いかけに対して、「少しの仮定も置かない直接の知識に基づいて見れば、実在とは唯我々の意識現象即ち直接経験の事実あるのみである」（一・四三）という回答を与えているのだとみなすことができる。つまり、ここでの西田の議論は、「疑うにももはや疑い様のない直接の知識」を求めるという懐疑の遂行の中で語られている。しかも、上田閑照氏が述べているように、西田の懐疑においてはデカルトとは異なって、「実在と直接するという直接性そのものが知であるようなものとして、直接性が規準とされ」（『上田閑照集』第二巻、岩波書店、二〇〇二年、一六四―一六五頁）ていた。そうであるならば、「意識現象が唯一の実在である」という西田の言葉は、意識現象だけがもっとも直接的な疑いえない事実として認められるという意味に解することができるかもしれない。

（7）西田が別のところで述べている次の言葉も、こうした推測を裏づけているように思われる。「意識現象であっても、他人の意識は自己に経験ができず、自己の意識であっても、過去に就いての想起、現前であっても、之を判断した時は已に純粋の経験ではない。真の純粋経験は何等の意味もない、事実其儘の現在意識あるのみである」（一・九）。

（8）周知のように、この概念は「統一的或者」「潜在的或者」「潜在的統一者」などの言葉で言い換えられる。この点に関しては、小坂国継『西田哲学の研究――場所の論理の生成と構造』（ミネルヴァ書房、一九九一年）二七―二八頁を参照。

（9）James, William, *The Principles of Psychology*, vol.1, Dover Publications, New York, 1950, p.608.

（10）*Ibid*., p.190.

（11）*Ibid*., p.244.

（12）*Ibid*., p.609、ただし強調は原文による。

（13）ジェームズの考える現在の意識においては、焦点とそれを取り巻く縁暈が融合しあっているが、西田はそれに加えて、そうした現在の意識がじっさいに「流れている」のでなければならないという直観をもっており、ジェイムズの考える現在の意識にはそれが抜け落ちているように思えたのではないだろうか。

(14) 西田の純粋経験の立場については、「『善の研究』で意識現象と言われているのは、「実在は現実そのまま」ということがそこで開示されるそこのところのこと……あるいは「事実と認識とが直ちに同一」と言うその同一の現前そのもののこと」(『上田閑照集』第二巻、一六〇頁)だとする解釈が一般に受け入れられているが、そこで言われる「「実在は現実そのまま」ということがそこで開示されるそこのところ」に定位することが西田の立場なのであって、「「実在は現実そのまま」ということがそこで開示されるそこのところ』の「所有者」を問題にすることは適当ではない。

(15) 西田は「ヒュームの因果法批判」の中で、ヒュームの「単純印象(simple impression)」の考えを批判して、次のように述べていた。「苟も impression にして一の mental phenomena たる上は必ず time の上に顕われざるべからず time の上に顕わる者は之を simple と云う能ず」(一一・四二九)。ここで西田は、もっとも単純な印象が時間の上に現れるということを前提にしているが、そうした印象でさえも一定の長さの時間を有しているはずだということを指摘しているのである。

(16) 西田のいわゆる後期思想では、自己から絶対に独立であるような「物」について考察がなされるようになる。

アンソロジー

『善の研究』はどのように読まれてきたか

藤田正勝編

柳宗悦「革命の画家」(一九一二年)

実在経験とは物象が吾に於て活き、吾を物象の裡に感じ、両者主客を没したる知情意合一の意識状態である、かくて自然と自己とが一つの韻律に漂える時、彼に残るものは、具象的実在そのものであり、全人格の存在そのものである。

高橋里美「意識現象の事実とその意味——西田氏著『善の研究』を読む」(一九一二年)

『善の研究』が公にされない前、邦人の手になった独立な哲学書らしい哲学者があるか、またそれは何かと問われたならば、私はこれに曖昧な返答をするにも少なからぬ当惑を経験せねばならなかったであろう。『善の研究』が一度現れてから、私は迅速にかつ自信をもってこれらの質問に応じうるという誇りをもつ。……本書は恐らく明治以後に邦人のものした最初の、また唯一の哲学書であるまいかと思う。

倉田百三『愛と認識との出発』(一九二一年)

私は何心なく其の序文を読みはじめた。しばらくして私の瞳は活字の上に釘付けにされた。見よ!「個人あって経験あるにあらず、経験あって個人あるのである。個人的区別よりも経験が根本的であるという考から独我論を脱することが出来た。」とありありと鮮かに活字に書いてあるではないか。独我論を脱することができた!? 此の数文字が私の網膜に焦げ付くほどに強く映った。私は心臓の鼓動が止まるかと思った。……私は書物を閉じて机の前に凝と坐っていた。涙がひとりでに頬を伝った。……この書物は私の内部生活にとって天変地異であった。

芥川龍之介「恒藤恭氏」（一九二二年）

一高にいた自分は、飯を食うにも、散歩をするにも、のべつ幕なしに議論をしたり。しかも議論の問題となるものは純粋思惟とか、西田幾多郎とか、自由意志とか、ベルグソンとか、むずかしい事ばかりに限りしを記憶す。僕はこの論戦より僕の論法を発明したり。

戸坂潤「京都学派の哲学」（一九三二年）

博士の比較的古い著作の内で、学的に最も重大さを持つものは、世間の多くの読者にとってどうあろうとも、その「意識の問題」である（嘗て博士自身もそう語っているのを私は直接聞いた）。西田哲学の問題は常に、この意識の問題であるか、又はこれが延長された問題に外ならないことを、まず第一に注意せねばならぬ。最もよく読まれた『善の研究』も、学術的精髄と云えばその直接経験に就いての説にあったし、『自覚に於ける直観と反省』は又云うまでもなくそうであった。

三木清「哲学はどう学んでゆくか」（一九四一年）

私自身の経験を話すと、高等学校の頃、哲学に関心をもち始めたとき、わが国にはまだ哲学概論と称する種類の書物は殆ど見当らなかった。私が哲学に引き入れられたのは西田幾多郎先生の『善の研究』によってであった。そして今も私はこの本を最上の入門書の一つであると思っている。

三木清「我が青春」（一九四二年）

京都へ行つたのは、西田幾多郎先生に就て学ぶためであった。高等学校時代に最も深い影響を受けたのは、先生の『善の研究』であり、この書物がまだ何をやろうかと迷っていた私に哲学をやることを決心させたのである。もう一つは『歎異鈔』であって、今も私の枕頭の書となっている。最近の禅の流行にも拘らず、私にはやはりこの平民的な浄土真宗がありがたい。恐らく私はその信仰によって死んでゆくのではないかと思う。

高坂正顕『西田幾多郎先生の生涯と思想』（一九四七年）

先生の講義の際に確かメーヌ・ド・ビランを引かれて、経験に二種類があることを語られたことがあったと記憶する。一つは経験を反復することによって、その印象が稀薄になる如き種類の経験である。ところがそれに反して我々は更になお他の一つの別個の種類の経験を有している。例えば初めには漠然とした印象しか得られなかった音楽の曲も、反復して聴くことによって、その印象が明瞭になり、生きてくる。かかる種類の経験もあるのである、と。これは「善の研究」時代から遙かに後、先生が語られたことなのであるが、先生が純粋経験と呼ばれたものの真相は、むしろ後者に近いであろう。

林直道『西田哲学批判』（一九四八年）

「個人あって経験あるに非ず、経験あって個人あるのである」というコペルニクス的転回のおかげで視野はガラリと一変し現実世界は全く違った姿で再現する。「実在は唯一つあるのみであって其見方の異なるに由りて種々の形を呈するのである」。西田氏の画く実在世界は質料内容を喪失した意味の形骸に終ったのである。主客未分から主と客への分化は専ら意識の自己省察に求められ、こうした立場に宿命的につき纏ふ主観主義と客観主義の矛盾をものともせず挙句の果は非論理な神の直観を帰結する。

竹内良知「西田哲学批判」(一九五〇年)

主客対立にもとづく科学を、抽象的なものとして蔑視するとともに、近代的自我意識を問題の外におしやり、同時に「主客の対立」なき「純活動」として情意的なものに地位を与え、むしろ優位を与え、現実の全体的直観としての「絶対」の直証において情意的なものを重んじようとする……その意味においては、西田哲学の動機の根柢にあるものはロマン主義的なものであるということができる。

唐木順三「私の読書遍歴」(一九五二年)

高等学校の終りに西田先生の『善の研究』を読んだ。『思索と体験』は解ったがこれは解らなかった。解らなかったが、大学は京都にきめた。アナアキズムに興味をもちつづけたため、大学では社会学をやろうかとも思っていたのだが、京都へ行って、社会学の先生の顔をみ、西田先生の顔をみて、すぐ哲学専攻に決めた。

金子梅子「父母の思い出」(一九五三年)

私は父のことを云われるのはあまり好きではない。父が偉いということは何か私に圧迫を感じさせるからであろうか。その上「あなた『善の研究』お読みになった?」と私の気持も知らないで責めてくる人もある。『善の研究』どころか父の書いたものはみただけでも頭が痛くなる。

古田光「西田幾多郎」(一九五九年)

西田の体験的思索が、たんに彼個人の私的な「安心」を追求する試みでなく、同時に当代の知識人一般に課せられていた精神的課題、明治啓蒙の思想的宿題を解決しようとする試みでもあったことを、理解しなければならない。なぜなら、そのことなしには、西田の「実験」のもつ思想史的意義は、明瞭にならないからである。……私は、西田幾多郎は明治啓蒙の子として成長し、身をもってその思想的課題と対決し、ついに明治国家とその運命を共にするに至った哲学者である、といいたい。

北森嘉蔵「西田哲学と田辺哲学——「絶対無」の秘密」(一九五九年)

「直接経験」の世界は、文字通り「直接」の経験世界であり、この世界は一切のものを包含している。一切のものを包含している世界は、あくまで平常的・日常的な世界である。……「柳は緑、花は紅」「山は是山、水は是水」というような消息が、この哲学の素材となる根源的な世界であるとするならば、このような世界の中にどうして、変革されるべき矛盾が見られ得るであろうか。一切が「よし」として肯定されることになるのではなかろうか。

鈴木大拙 "How to read Nishida" (英訳『善の研究』序文、一九六〇年)

東洋においては、無あるいは空あるいは矛盾の自己同一は、分析や抽象となんの関係もない。それは身をもって透過した純然たる体験である。言葉を換えて言えば、西洋は知性に訴えて二元論的世界から出発するが、東洋は「空」の大地をしっかりと踏みしめる。それは具体的実存の世界であって、論理的に仕組んだ抽象の体系ではない(増谷文雄訳)。

猪野謙二「座談会近代日本文学史」(二五)(一九六四年)

私なんかは昭和の五、六年ごろむかしの一高の学生になったんですが、先輩としての倉田百三の「愛と認識との出発」などというものを高等学校に入ると自然に読むようになりましたね。それと繋がって西田幾多郎の「善の研究」にいくが、そういうコースがまだ僕らのときまで残っていた。「哲学者は寂しい甲虫である。故ゼームス博士はこうおっしゃった……」というような調子のものですよね。

アンセルモ・マタイス「『善の研究』を翻訳して」(一九六五年)

『善の研究』の翻訳にとりかかった時、すぐに大きな壁にぶつかり、訳すことの難しさを痛感させられました。日本語と私の言葉が如何に異った生い立ちと、背景を持ち、違った臭を持つものであるかを知り戸惑いました。オルテガが云っているように、「知的働きにおいて翻訳ぐらい謙虚さを要する仕事はない。翻訳は、あたかも、ユートピアを目指すような努力で、実現不可能である。」とは、私が身をもって体験したことであります。

寿岳文章「間接の思い出など」(一九六六年)

『善の研究』を初めとする先生の哲学上の述作を、哲学的なエセーだと見る人もある。エセーであってもよい。しかしそれならそれで、あのような文体や表現が、最も望ましい打ってつけのものであったかどうか。これには異論があろう。私も異論をさしはさむ者の一人である。

西谷啓治「『善の研究』について」(一九六八年)

『善の研究』は「純粋経験の哲学」ともいうべき一つの纏った思想体系を含んでいる。その体系は、その後の西田哲学の全発展からいえば、単に端緒であり源泉であって、著者自身が新版の序で分けている四つの立場のうち、最初の立場であるにすぎない。しかしそれは、かりにその後の展開がなかったとしても、それ自身だけで他の有力な諸体系に伍してその独自な意義を主張し得るだけの、十分な独創性と力をもっている。西田哲学は日本における最初の独創的な哲学体系であったが、そのことは同時に、哲学の全歴史の上から見て、これまでに無かった全く新しい見地と展望を哲学的思考に開き、それに新しい可能性を導入したことを含意していたのである。

上田閑照「禅と哲学」（一九七六年）

禅が禅としてではなく哲学の原理に脱化している点が極めて大切である。……しかもその場合、ただ哲学の場に出るというだけの事ではなく、何か哲学の根本問題に対する新しい解決を示すという仕方で哲学の場に出たところに西田先生の哲学の意義がある。『善の研究』の場合でいえば、実証的経験論と同じく経験から出発しながら、実証的経験論よりも更に経験そのものに直接し経験の内に還るという仕方で（――すなわち、西洋で形而上学が立てられたのとは正反対の方向で）却って、経験論では否定された形而上学への新しい道を開いたところに哲学上の意義がある。

久松真一「三三年一刹那（武内義範との対談）」（一九七八年）

私が高等学校のときに『善の研究』が出たのです。私は今でも『善の研究』の第一版を持っています。私は先生の教えを受けようと思っていたので、それが出たときには初っぱなに買ったのです。それからむさぼるように読みましたが、ほかのことはとにかくとして一番わからなかったのは「純粋経験」です。あの中の「純粋経験」というものは何遍読んでもわからなかったです。あの「純粋経験」というものは先生の修行から出ているのです。つまり先生の禅のあのような熱心な修行から出てきたものです、それは後になって〝ああ、これだな〞とわかったんですよ。あの「純粋経験」というものは説明を丁寧に読まなくても、大体書いてあるとおりのことがわかるんです。「純粋経験」ということは「なり切る」ということです。

下村寅太郎「西田哲学の「主著」」（一九七八年）

『善の研究』は、原初的な西田哲学の動機と問題と方法を体系的に示したもので、全著作中整然とした組織をもつものはこれだけである。最初期の著作であるが、西田哲学の根本思想は既にこれにおいて確立されており、根本的には最後まで変ることはなかった。ここで「純粋経験」といわれているものは、西田哲学の出発点であって同時に還帰点である。しかし『善の研究』はいわば「純粋経験の心理学」、より適切には「純粋経験の現象学」であって、これにはさらに「純粋経験の論理学」への発展が要請される。実際にこの書以後の西田哲学の根本課題となっている。

クラウス・リーゼンフーバー「経験の構造——西洋的伝統と西田幾多郎における」（一九七九年）

西田の言う経験とは、あらゆる特殊性を貫いて、あらゆる現象の中に浸透している包括的な現実へと立ち返ることである。西田が分離や特殊化の積極的意義や矛盾の必然性を主張する場合でも、これらの緊張関係を、有限的存在者に固有な特殊的本性をではなく、これらの緊張・対立を引き起こしかつまた綜合する現実の基本的なダイナミズムを表すものとして捉えている。このようにして、西田の経験概念の重心は初めから究極的現実の自覚にあり、したがって宗教的次元を指し示している。

高山岩男「西田哲学と私——わが思索の軌跡から」（一九七九年）

「西田先生の哲学は『善の研究』『自覚に於ける直観と

反省』時代にも、哲学を志す者に何となき魅力を感じさせ、すでに年季を経てプロの哲学者・哲学教授となった人々にも、一種の魅力を覚えさせたもののようであります。その魅力の根源はいろいろあると思いますが、明治維新後、欧米の文化、思想が圧倒的に流入し、横文字を縦文字に通訳するだけで精一杯の頃に、ただの通弁哲学に止まらず、よくこれを咀嚼しながら内面より批判を加えて自己独自の境地を開拓するという努力への共感の中に、一番根本的な魅力があったのではないかと私は考えております。

中村雄二郎「西田哲学の新しさ」（一九八九年）

「私が……パスカルをやっていた頃、岩波書店で『善の研究』が売りだされました。戦後の哲学を好きな若者達が岩波書店のまわりを幾重にも取り巻いたことがありました。その時私は『善の研究』ではなく、高木貞治さんの『解析概論』という本が欲しくて仕方がなかったのです。哲学をやりだした頃に、私は自分にとって西田哲学というものが今考えている程大きな存在になるとは考えていなかったのです。むしろ、皆が西田哲学、西田哲学と言うので、どちらかというと避けていたのです。しかし、やっているうちにだんだん、どうも自分の問題が西田哲学を問題にしないと先へ進めないのではないかと思い始めたのです。その中間の段階には三木清の著作との出会いがありました。

第二部　『善の研究』と自由・悪・神の問題

第五章　『善の研究』と後期西田哲学──自由と悪の問題をめぐって

守津　隆

はじめに

周知のことであるが、西田幾多郎は『善の研究』の「版を新たにするにあたって」と題した序文において、次のように述べている。

今日から見れば、此書の立場は意識の立場であり、心理主義的とも考えられるであろう。然非難せられても致方はない。併し此書を書いた時代に於ても、私の考の奥底に潜むものは単にそれだけのものでなかったと思う。純粋経験の立場は「自覚に於ける直観と反省」に至って、フィヒテの事行の立場を介して絶対意志の立場に進み、更に「働くものから見るものへ」の後半に於て、ギリシャ哲学を介し、一転して「場所」の考に至った。そこに私は私の考を論理化する端緒を得たと思う。「場所」の考は「弁証法的一般者」として具体化せられ、「弁証法的一般者」の立場は「行為的直観」の立場として直接化せられた。此書に於て直接経験の世界とか純粋経験の世界とか云ったものは、今は歴史的実在の世界と考える様になった。行為的直観の世界、ポイエシスの世界こそ真に純粋経験の世界であるのである（一・三）。

この文章が書かれたのは一九三六年十月のことであり、この時西田はすでに『哲学論文集第一』（一九三五年）を発表し、論文「論理と生命」をほぼ書き終えていた。この時期に後期思想の基盤となるべき中心的概念がほぼ出そろい、「絶対矛盾的自己同一」という表現で端的に特徴づけられるような、後期西田哲学の骨格が明らかにされたと言ってよいであろう。そしてこの時点から『善の研究』における「純粋経験の哲学」を振り返った時に、「行為的直観の世界、ポイエシスの世界こそ真に純粋経験の世界」であると西田は言い切っているのである。言うまでもなく、西田哲学は『善の研究』以後も大きな変化、発展を遂げ、その思想の核心をなす概念も先の引用のように「自覚」、「場所」、「弁証法的一般者」等と言い換えられてきた。こうした概念上のめまぐるしい変化にもかかわらず、西田本人にとっては『善の研究』以来追求してきたことは常に一貫していたということが表明されているのである。

確かに『善の研究』以後、純粋経験という概念は急速に姿を消し、この術語が核心的役割を持たされることはなかった。また西田自身、「純粋経験の哲学」についていくつか反省的な評価を残してもいる。これをもって、『善の研究』とその思想は彗星のように現われ消えた最初期の仕事にすぎず、その後の西田自身の発展の努力によってのりこえられている、と言うこともできるかもしれない。しかしながら、『善の研究』においてすでに西田哲学全体を貫くモチーフが、かなりの程度表現されているということは見逃すことはできない(1)。

じっさい『善の研究』には、晩年の諸論文と見まがうような表現が散見される。たとえば、次のようなものである。「実在の根本的方式は一なると共に多、多なると共に一、平等の中に差別を具し、差別の中に平等を具するのである」（一・五七）。後期西田哲学においては、「絶対矛盾的自己同一」の世界は「一即多、多即一」の形式をとることが力説されるが、そこで言われていることが、すでに処女作である『善の研究』において、直観的な形であれ提示されているのである。このように、その後の西田の探求を導くような力を持った思想の原型が表現されていることは、『善の研究』の大きな意義の一つであろう。とはいえ、『善の研究』における「一なると共に多、多なると共に一」にかんする思想が、後期思想において「絶対矛盾的自己同一」と言われるものとそっくりそのまま同じであると考えることはもちろんできない。それは三〇年以上にわたる西田の探求の意義を見えなくさせてしまう。そこで、『善の研究』における西田哲学と、後期西田哲学とが、どのような点で異なるかについて明確にしていく作業が求められると言えよう。ここではそうした違いの一端を浮き彫りにするために、「自由と悪」をめぐる問題を軸にして、『善の研究』と後期西田哲学との比較をおこなう。「自由と悪」の問題は、違いを浮き彫りにするに際して特に有効であると思われるからである。

一　『善の研究』における自由と悪の問題

『善の研究』という題名は当初西田の考えたものではなく、出版社の希望や、編集にあたった紀平正美らの助言などから最終的に決められたものであることは、すでに明らかにされている[(2)]。当初の題名は、「純粋経験と実在」というものであったと言われているが、それは「純粋経験を唯一の実在としてすべてを説明して見たい」(一・六)という西田の問題意識を端的に表したものであった。しかしながら、西田自身が「此書を特に「善の研究」と名づけた訳は、哲学的研究が其前半を占め居るにも拘らず、人生の問題が中心であり、終結であると考えた故である」(一・六)と述べているように、内容上も善悪の行為をめぐる「人生の問題」がその中心となっていることもまた事実である。むしろ、実在の真の姿を論ずる存在論が、「人生の問題」と密着したものとして語られていること、真善美が一体のものとして論じられていることが、本書の特徴の一つとなっていると言えよう。したがって、自由と悪の問題がどのように扱われているかということは、『善の研究』にとって決して副次的な問題ではなく、核心的な位置を占めるはずである。

『善の研究』「第三編善」は、善を論ずるにあたってまず行為を問題にしている。その範囲はほぼ道徳的行為に限られ、後期に見られるような制作の意味合いは見られないし、また内容的には、意識現象としての行為として論じられているとはいえ、善悪について論ずるにあたって、まず人格的行為について論じ、行為を可能にしている自由意志について論じている点は見逃せないであろう。意志は行為と統一的に考えられているのである。その上で自由は、次のように規定される。

自由意志論者のいう様な全く原因も理由もない意志は何処にもない。かくの如き偶然の意志は決して自由と感ぜられないで、反って強迫と感ぜらるるのである。我々が或理由より働いた時即ち自己の内面的性質より働いた時、反って自由であると感ぜられるのである。つまり動機の原因が自己の最深なる内面的性質より出でた時、最も自由と感ずるのである（一・九三）。

同様の趣旨は第一編三章で「自由の真意義」としてよりはっきりと述べられている（一・二九）。西田は「自由意志論」と「必然論」とをとりあげ、前者のようなまったく何の原因も根拠もない自由や、後者のような機械的原因による意志決定を批判し、自己の内面的本性に従うこと、またその理由と根拠について自覚的であることをもって自由な意志であると述べる。それは必然性と自由とを対立したものと考えず、むしろ自己の内的必然性に従うことを真実の自由と考えるという主張である。そしてこのような自由意志にのっとった時に、行為は善の意義を持つものと考えられる。つまり、「善とは自己の内面的要求を満足する者をいうので、自己の最大なる要求とは意識の根本的統一力即ち人格の要求であるから、之を満足する事即ち人格の実現というのが我々に取りて絶対的善である」(一・一二二)とされるのである。

このように西田は、自己の内面的要求や理想を実現することがすなわち各人の人格の実現であり、それこそが善であると述べている。(3) そしてそれに反することが、悪と言われるのである。悪については次のように言われている。「富貴、権力、健康、技能、学識もそれ自身に於て善なるのではない、若し人格的要求に反した時には反って悪となる」(一・一二二―一二三)。「人を欺くのが悪であるというは、之より起る結果に由るよりも、寧ろ自己を欺き自己の人格を否定するの故である」(一・一二三)。このように、『善の研究』において悪とは自己の人格の実現に背くことを意味する。それはすなわち自己の内的な必然性、本性に背くことなのである。

ところで西田によれば、善行為の根源である意志は、意識の根本的統一作用としてさしあたり意識現象ではあるが、その本質は「直に又実在の根本たる統一力の発現である」(一・一一五)と考えられている。つまり実在の真相である純粋経験の事実と自己が一体となることが、真の意味での人格の発現につながるのであり、真の善につながるのである。自己の内的必然性にしたがうことは、直ちに実在の本性にしたがうことにほかならない。じっさい、善については次のように結論されている。

善を学問的に説明すれば色々の説明はできるが、実地上真の善とは唯一つあるのみである、即ち真の自己を知るというに尽きて居る。我々の真の自己は宇宙の本体である、真の自己を知れば啻に人類一般の善と合するばかりでなく、宇宙の本体と融合し神意と冥合するのである(一・一三四)。

こうして『善の研究』においては、道徳の法則は実在の法則に含まれるものとして論じられている。これは『善の研究』の大きな特徴であると言えよう。そして実在の真相と一体となることが善と考えられるのに対して、悪はそのような実在の統一力からの離反ないし分裂の側面と考えられている。したがって『善の研究』では、本来の実在の姿や真の自己の本性に背き、それから離れた悪には、積極的な意味は与えられていない。悪とは元来非存在であると受け取れるような主張さえ見受けられるのである。悪そのものへの言及自体多くはないが、たとえば次のように言われている。

余の考うる所にては元来絶対的に悪というべき者はない、物は総て其本来に於ては善である、実在は即ち善であるといわねばならぬ（一・一五四）。

もの其物に於て本来悪なる者があるのではない、悪は実在体系の矛盾衝突より起るのである。而して此衝突なる者は何から起るかといえば、こは実在の分化作用に基づくもので実在発展の一要件である、実在は矛盾衝突に由りて発展するのである（一・一五五）。

ここでは悪は実在体系の分化に伴う矛盾衝突を根拠とすると述べられている。そもそも純粋経験とは、「毫も思慮分別を加えない、真に経験其儘の状態」（一・九）とされつつも、単なる瞬間的な体験、つまり言い表すことも不可能な認識以前の無差別な混沌のようなものとして考えられているのではなかった。純粋経験はそれ自身に多様な差別相を元来含んでおり、自ら分化発展するような実在の原初的なあり方とされていたのである。意味や判断は純粋経験の分化発展によって成立するのであった。そして純粋経験の純粋たる所以は、これら元来含まれている差別相の統一が厳密である所にある（一・一一など）。多様な諸要素が、一つの有機体のように厳密に統一され、主客の区別のない状態が純粋経験であり、そのような実在の真相に合致することが自由と善の本来的意義であるとすれば、悪に積極的意味が見出されないのは当然の帰結であると言えよう。実在体系の分裂、衝突の側面の固定化を悪とするならば、それは実在の本性から離反したものと考えられるからである。

二　後期思想の基本的骨格

『善の研究』における自由と悪の問題について検討したことを踏まえ、次に後期思想においてそれらがどのように論じられているかを確認する。そのためにまずは、『善の研究』において論じられた体系が、後期においてどのような発展をとげたかについて見ておかねばならない。後期西田哲学は、『善の研究』では必ずしも焦点化されなかった一般性と個別性の問題について、これをどのように理論化すべきかくり返し論じられる。『善の研究』においては、そうした問題は主に純粋経験の分化・発展という面から考えられていた。純粋経験とは、様々な差別の相をあらかじめ内包しつつ、みずからその内容を展開していく実在の真相であるとされていた。この分化・発展が多様なもの、すなわち個別的なものの根拠となっていたと言える。しかし、分化・発展した多様なものについて、それらの統一が厳密である所にこそ純粋経験たる所以があると考えられたのであり、分裂や衝突の固定化は実在の真のあり方からは離れたものとみなされていた。つまり、多様なものが厳密に統一された全体こそが、実在の本来のあり方であると考えられていたのである。確かに、先にあげた「一なると共に多、多なると共に一」という叙述に見られるように、多様なものが一つの全体と同時に存在していることへの洞察はなされていたと言えるが、「多」と「一」とがどのように同時にありえているかについて、その詳細が論じられていたわけではない。後期思想においては、「一」と「多」、一般性と個別性の問題が焦点の一つとして追求されていくのである。その理論化の枠組みがかなりの程度まとまった形で示されたのは『哲学の根本問題』（一九三三年）並びに『哲学の根本問題続編』（一九三四年）であると言ってよいであろう。そこではまず個別性の意義について大きな変化が見られる。

我々に現実の世界と考えられるものは、個物の世界でなければならない〔……〕個物は一般者の限定として考えられる。一般的なるものに種差を加えて最後の種に至り、更に之を越えて極限点として個物という如きものを考えることができる。併しかかる考え方によって考えられた個物というものは、真の個物ではない。それは何処までも一般者の一部分という意味を脱することはできない。個物は自己自身を限定するものでなければならない（六・二三九）。

一般に個別的なものは、一般的なものに種差を加えていきその特殊性が極大に達したものとして考えることができるが、西田によれば、そのようにして考えられた個物なるものは真の個物ではなく、端的に言えば個人的人格ではないとされる。一般的なものの限定によって考えられた個別的なものは、結局有機体における全体と部分の関係と同じく、一般的なものの従属的な一部分であって、自律した固有性を持たないものにすぎない。自律した固有性を持つには、それが他のものに限定されることなく自己自身を限定するものでなければならないのである。これによって個物は歴史的な現実の中で行為する自由を得ることができる。とはいえ同時に、ただ一つの個物なるものは存在しないのであって、世界は多くの個物が互いに行為しあう「個物の世界」であるとされるのである。ところが、先に見たように真の個物とは他から限定されずに自己自身を限定するものでなければならないのであった。独立し自律的に自由に行為する個物どうしはあらかじめ直ちに和解的に結びつくものではなく、互いに厳しく対立する。歴史において行為する現実的な個人を基礎に考えるならば、それは原理的な否定であり、両者に共通する類概念などは考えられない程に矛盾しあうものでなければならない。西田にとってそのような個物どうしは、互いに「絶対の他」となるような存在であり、「絶対の他と考えられるものは、私を殺すという意味を有って居る」(五・三一三)とさえ言われるような関係にある。

そうした矛盾的対立は、一般と個物との間にも発生する。先に見たように、個物を単に一般的なものに限定されるのでなく自己自身を限定するものと考える以上、個物と一般との矛盾もまた、極めて先鋭にならざるをえない。そこで個物と個物が働きあい、相互に限定しあうために、また個物的なものを一般的なものと結びつけるためには、両項を相互に媒介するものが考えられなければならないが、西田はこの媒介を実現するものを「媒介者M」と呼び、それは何らかの存在者ではなく無の場所の意義を持たねばならないと述べている。「個物と個物との媒介者Mというものが場所とか弁証法的一般者とかいうものであり、その自己限定が世界が世界自身を限定すると考えられるのである」(六・一五九)。

つまり西田にとって、個物と個物、そして個物的なものと一般的なものとは絶対に矛盾しあうものでなければならず、そのために個物と個物、個物と一般を媒介するものは何らかの実体的存在者であってはならない。というのも、それは媒介される両項の関係を単に和解的に仲介し、矛盾の絶対性を損なってしまうからである。だからこそそれは、「弁証法的一般者」と規定され、無の場所の意義を持たされるのである。こうして個物と個物、個物と一般とは、絶対に相反すること、すなわち絶対否定を介して結びつけられる。また西田は、そのような無の場所の意義を持つものこそが真に自己同一的なものであるとして、次のようにも言う。「真に自己同一なるものは、個物と個物との媒介者Mの意味を有ったものでなければならない、私の所謂弁証法的一般者の意味を有っていなければならない、場所的限定と考えられるものでなければならない」(六・二五三)。弁証法的一般者とは現実の世界そのものを意味するが、それは絶対に矛盾対立するものを媒介しながらなお世界として自己同一を実現しているのである。媒介者である弁証法的一般者において個物と個物とが相互に働き合うことによって、一般的なものが実現されていくとされるが、それは同時に一般的なものが自己を個別的な事象に具体化する過程でもある。このような事態は「一般的限定即個物的限定、個物的限定即一般的限定」と呼ばれる。そのような特質を示しながら、「世界が世界自身を限定する」と言われているのであり、歴史において行為する現実的個人は、この創造的世界の創造的要素であると位置づけられる。そして、究極的な一般者の世界と多様な個物の世界とが非和解的に矛盾しながらも、なお自己同一的に世界が自己を創造していくということの事態を、西田は「一即多、多即一」、「絶対矛盾的自己同一」という言葉で表現するようになっていくのである。

三　後期思想における自由と悪の問題

ではこうした基本構造を持つ後期思想において、自由と悪の問題はどのように位置づけられるのであろうか。西田は次のように述べている。

　自己自身を限定する現実の世界の自己限定の方向というものが、いつも我々の行為の目的となる。そこに善の内容というものが考えられる。悪というのはその否定の方向に考えられるのである（六・三一九）。

　我々の自己がかかる意味に於て何処までも現実を越えると考えられる時、我々の自己はもはや何等の目的をも有せない、唯無を目的とする意志である、単に否定的意志たるのみである。そこに人間の根本悪がある。根本悪は自由意志そのものの本質である（六・三二九）。

先にその枠組みを確認したように、弁証法的一般者としての世界においては、個別的個人の存在は一般的・普遍的なものに一方的には支配されない。他のものに限定されずして自己自身を限定する自由が与えられる。しかも同時にそのような個人が働くことが、歴史的世界自身の自己創造となっていくとされる。引用において西田は、世界の自己限定、自己創造の方向が、行為の目的となり善の内容となると述べている。そしてそうした世界の自己創造という目的を否定する行為が悪とされるが、悪は単に消極的な意味で理解されるのではなく、「自由意志そのものの本質」とまで言われている。つまりここで自由とは、そのような悪の可能性の中に見出されていると言ってよいであろう。もとより真の個物としての個別的人格は、何ものにも限定されずして自己自身を限定するものであった。そうである以上、人格的行為が世界の自己創造という目的にのっとってなされるということも、自由意志にもとづいていなければならない。何らかの外的な強制力によって行為が限定されることがあってはならないからである。それは、「唯無を目的とする意志」を持つこともまた、「世界の自己限定」を目的とする意志を持つのと同様に可能でなければならないということである。つまり、自由の根拠が悪を選びとる可能性のうちに見出されているために、「根本悪は自由意志そのものの本質」とまで言われているのである。

こうした自由と悪の捉え方は、『善の研究』における消極的な悪の把握とは異なっているし、また自己の内的本性に従うこと、実在の真相に融合することを自由とした考えとも異なっている。『善の研究』では、悪は実在体系の分化に伴う矛盾衝突に由来するものとされ、実在の真相から離反したものと考えられていたのに対し、ここでは悪は「唯無を目的とする意志」として、意志によって選択される可能性として考えられている。そしてそのような可能性が自由の基礎にあるものとして述べられているのである。これは大きな相違であると言わなければならない。

その相違の根底には、『善の研究』の体系構造と、後期思想の構造との相違があると言える。『善の研究』は「純粋経験を唯一の実在としてすべてを説明してみたい」という言葉の通り、真善美のすべてを純粋経験の事実という実在の真相において合致するものとして論じていた。善行為とは各人の人格の実現であるとされていたが、その人格的自己の本性は直ちに実在の真相の発現として理解されていたのであった。後期思想における一般的なものと個別的なものにかんする考察を介してこれを見るならば、『善の研究』においては、個別的なものや分化発展したものはその本性上、直ちに一般的なものに合致しなければならないと考えられていたと言えよう。それは有機体における全体と部分の関係にもたとえることができるであろう。(4) 一般に有機体的な統一においては、機械的な統一と異なって、全体は部分の単なる集積ではなく、相互に制約し合いながら全体的目的の下に、つまり部分に対する全体の優位の下に関係づけられている。純粋経験は、分化・発展しながらもその差別相が厳密に統一されたものとして考えられていた。こうした体系構造からは、後期思想の体系は変化していると考えられる。もちろん、後期におけるいわゆる絶対矛盾的自己同一の体系もまた、個別的なものは直ちに一般的なものと考えられるのであり、真に自己同一的な世界の下にあると言うこともできる。とはいえそれは、絶対に矛盾すると言われている側面をさしあたり捨象することによって、矛盾的自己同一の自己同一的側面について見た場合に言えることであって、西田の探求の深化は、その矛盾的側面への考察、否定の働きへの考察にあらわれていると言ってよいであろう。じっさい後期思想においては、有機体的な統一について次のように言われている。

例えば有機体は一つの統一でありながら、身体の各部分はそれぞれ異なれる形態と機能とを有し、それぞれに分化すればする程、完全な一個の有機体と考えられる。［……］併しそれは絶対否定の弁証法的限定というべきものではない。それは真の弁証法的限定というものではない。それは尚一を主として考えたものである、一般的なるものを基礎として考えたものである。そこには真の矛盾というものはない、唯精々反対というものがあるのみである（六・一九九）。

つまり、有機体に見られるような統一においては、部分は全体の中の部分として全体的目的の中にすっかり組み込まれており、全体的目的の優位の下にそれぞれの位置を与えられて存在するが、そのように考えられた部分なるものは真に独立した個物ではありえない。個物はそのような全体的統一に対して絶対に矛盾するものでなければならないと言うのである。ここでの西田にとって、有機体とは一と多、全体と部分との真の統一ではなく、結局絶対的な一があるのみであって、一般と個物との間に真の意味での矛盾は存在しないとされるのである。後期思想においては、このように矛盾の重要性が強調され、そうした観点から有機体的な統一は否定されるのである。

以上の点において、後期思想は『善の研究』からは大きく展開していると言えるが、他方で、『善の研究』以来一貫している西田の考えを示す例として当為についての考えを見ておこう。当為一般については次のような説明がある。

> 世界が直観的となり、自己自身を表現的に限定する時、我々は創造的要素として自己の生命の底に当為を知るのである。当為の内容は自己の底にあるのではなくして、表現的に自己自身を限定する歴史的世界の生命の内容でなければならない。人格というのは、かかる世界の創造的要素を意味するものでなければならない（八・六九）。

当為は一般に、自己の底にある何らかの道徳的法則や、また歴史における社会的なものや共同性を介して説明されることが多い。しかしながら西田は、社会性や共同性といった媒介を介することなくむしろ自己創造的な世界そのものにおいて直ちに個人が当為を直観するものと考えている。しかもここでは、「自己の底」に当為を求めるのではなく、そのような自己を脱して歴史的世界の内容にのっとるべきことを主張している。このように、あるがままの自己を脱して、個人が直接実在の真相を直観するということから当為を論じようとする西田の基本的態度は、『善の研究』以来変化なく一貫していると言える。

四　絶対矛盾的自己同一と逆対応の問題

次に最晩年の論文「場所的論理と宗教的世界観」（一九四六年）における悪にかんする主張について見ておこう。「場所的論理と宗教的世界観」では、「逆対応」という表現を用いて、絶対矛盾的自己同一という術語で示された現実的世界の矛盾的な対応関係について説明がなされ、悪について宗教哲学的観点からも深い考察がなされている。逆対応とは、直接は西田がしばしば引用する大燈國師の言葉「億劫相別、而須臾不離、尽日相対、而刹那不対〔億劫相別れて須臾も離れず、尽日相対して刹那も対せず〕」を元に考案されたものである。これに関しては次のような説明がある。

相対的なるものが絶対者に対するとは云えない。又相対に対する絶対は絶対ではない。それ自身亦相対者である。相対が絶対に対するという時、そこに死がなければならない。それは無となることでなければならない。我々の自己は、唯、死によってのみ、逆対応的に神に接するのである、神に繋がると云うことができるのである（一〇・三一五）。

ここでは、宗教の領域において、われわれ人間にとって神と観念されるような絶対的なものは、死を介するような絶対的な否定によってしかつながることができないものであることが強調されている。それが文字通りの死であるか否かはともかく、何らかの連続的なつながりによっては絶対者に触れることはできないのである。この絶対矛盾的自己同一と言われる世界のあり方について、その矛盾的側面の厳格さを重視しながら、矛盾する両項が互いに矛盾しながらも対応していることを表現したものが「逆対応」という言葉であると言える。こうした矛盾的側面を先鋭化した立場から、悪については次のように述べられている。

［絶対矛盾的自己同一の世界は］何処までも個の働く世界である。作られたものから作るものへと、人格的自己の世界である。絶対的意志の世界である。故に一面に絶対悪の世界でもある（一〇・三三〇）。

矛盾的側面を重視することによって、以前「唯無を目的とする意志」と言われていた悪の意味に根本的な変更はないとはいえ、ここではそれがさらに強調して述べられ、個物の働く「人格的自己の世界」がそのまま「絶対悪の世界」と述べられている。悪は人格的行為のある所、必ず問題とされねばならないものとして重要な意味を持たされていると言えよう。逆対応的世界はこのように一方で個が働く時それが「悪の世界」と言われ、この悪の自覚ないし死といった絶対否定を介さなければ神に接することはできないとされる。そしてこうした関係は一方向的ではない。他方でこれに対応して絶対者＝神の側の自己否定についても言及されている。

真に神の絶対的自己否定の世界とは、悪魔的世界でなければならない。徹底的に主語的なる神、君主的なる神を否定する世界でなければならない、何処までも反抗的世界でなければならない。［……］極めて背理の様ではあるが、真に絶対的なる神は一面に悪魔的でなければならない。［……］単に悪に対し之と戦う神は、縦、それが何処までも悪を克服すると云っても、相対的な神である。単に超越的に最高善的な神は、抽象的な神たるにすぎない。絶対の神は自己自身の中に絶対の否定を含む神でなければならない、極悪にまで下り降りる神でなければならない。悪逆無道を救う神にして、真に絶対の神であるのである（一〇・三三〇、三三一）。

ここでは、「主語的なる神、君主的なる神を否定する世界」について述べられている。「主語的なる」とは、先に有機体的統一について見たように、全体的一と個別的多の関係が結局絶対的一でしかないようなものとなってしまうような構造を意味すると考えられるが、このような絶対的な全体としての一とされるものは、否定されなければならないと言われているのである。じっさい西田は単にこの世界を超越して自己に満足した神は真の神ではないと考えている。自己を否定して、「極悪にまで下り降りる」のでなければ、真の絶対者ではありえないのである。

こうした絶対者の側の自己否定という視点は、『善の研究』の時点では見られなかったものであり、端的に西田哲学の深化を示すものであると言えよう。『善の研究』「第四編宗教」では、「神とはこの宇宙の根本をいうのである。上に述べたように、余は神を宇宙の外に超越せる造物者とは見ずして、直にこの実在の根底と考えるのである」（一・一四二）とされ、超越的な神でなく、「宇宙を包括する純粋経験の統一者」（一・一四八）としての神が論じられており、内在的で汎神論的な宗教論が展開されていた。とはいえ、そのような統一者としての神自身の自己否定については言及されてはいない。論文「場所的論理と宗教的世界観」は宗教論の領域から論じられたものではあるが、個物の側の自己否定とともに、絶対的なものの側の自己否定がなければ、普遍的な一と、個別的な多とが相即して矛盾的自己同一という事態が生起することはありえないと述べているのである。これは『善の研究』からの大きな変化であると言えるであろう。

これまで『善の研究』における自由と悪の問題を、後期思想におけるそれと比較し、その背後にある理論上の発展、深化について検討してきたが、こうした変化にもかかわらず、やはり『善の研究』はその後の西田の歩みにとって重要なものを驚く程多く含んでいる。冒頭に挙げた西田の「改版序文」に見られるように、『善の研究』においてその後の探求を一貫して導いていく西田の基本的な立場が表明されている点を、最後に一つ示しておきたい。確かに『善の研究』は、自由や善について実在の真相に合致することとして論じていたのであるが、それは直接的には各人の人格の実現として考えられていた。西田はその点について次のように述べている。

意識の統一力であって兼ねて実在の統一力である人格は、先ず我々の個人に於て実現せられる。我々の意識の根底には分析のできない個人性というものがある。［……］それで我々は先ず此個人性の実現ということを目的とせねばならぬ。即ちこれが最も直接なる善である（一・一二六）。

このように、西田は個人性の実現こそ善であると強く述べている。当時としては非常に進歩的な主張ではないかと思われるが、真の個人主義とは利己主義とは区別されなければならないとし、個人を無視した社会は決して健全な社会とは言えないとしているのである。個人性の実現が社会性と対立することなく捉えられるのは、もちろん真の人格の本性が実在の統一力と合致すると考えられているからである。このように個人性の実現を高く評価する態度は、西田の晩年の思索にまで一貫している。それは第四高等学校の校風の激変に抵抗して自主退学した頃からの、西田の信条のようなものかもしれない。

〔注〕

（1）『上田閑照集』第二巻（岩波書店、二〇〇二年）一四三頁参照。
（2）竹内良知『西田幾多郎』（東京大学出版会、一九七七年）二二三頁参照。また『善の研究』（小坂国継全注釈、講談社、二〇〇六年）四六七頁参照。
（3）この「人格の実現」の考えが、T・H・グリーンの「自己実現説」の影響を受けていることに関しては、竹内良知前掲書一一〇頁などを参照。
（4）檜垣立哉『西田幾多郎の生命哲学――ベルクソン、ドゥルーズと響き合う思考』（講談社、二〇〇五年）七三頁参照。生命論の一段階として『善の研究』を見た時、それは「有機体的関係論」の典型的なモデルをなしていると檜垣氏は述べ、「全体」を実体化する「ホーリズム」に陥る危険性を指摘している。

第六章　西田幾多郎の倫理思想――絶対者の呼声をめぐって

太田裕信

序――問題の所在

西田哲学から倫理の問題はどのように考えられるだろうか。従来の研究において倫理の問題は注目されることが少ないが、[1]西田はそれを軽視していたわけではない。本稿では、『善の研究』における倫理思想（第一節「内面的要求の声に従う」）を起点に、西田哲学における倫理思想の通時的展開の鳥瞰図を、「呼声」という問題を一貫した主題として辿りながら、「悪」および「他者」との連関において提示してみたい。西田の倫理思想を『善の研究』から晩年まで一貫するもの、それは倫理の根本原理を自己存在の根底からの「内面的要求の声」、後の言葉では「良心」とも言われる「絶対者の呼声」に聴従することに求めるところにある。実践哲学を主題的に論じた『哲学論文集第四』[2]（一九四一年）において、自身の実践哲学にとって基調となる次のようなテーゼを提出している。「我々の意志は法則を理解し之に従うと云うこと、即ち所謂理性に動かされると云うことによって意志であるのでなく、世界の矛盾的自己同一の底からの呼声に従うとか命令に従うとか云うことでなければならない。…

…道徳的当為の法則は論理を媒介として考えられた法則ではなくして、直接に我々の自己そのものに対しての呼声でなければならない」（九・一三八）[3]。西田によれば、この「呼声」に従い行為（意志）するところに「善」「人格」があり、それに背き行為するところに「悪」「罪」がある。悪の問題はこの「呼声」に背くこととして、カントの「根本悪」という術語を借り受けながら論じられている（第二節「根本悪と良心」）。また、この「呼声」は単に個人に閉じたものではなく、自己の根底としての「無の場所」からの声として「他者（汝）」との倫理的関係を内包する。西田はそれをキェルケゴールの思想と強く共鳴する形で語っている（第三節「他者と良心」）。更に後期に至ると[4]「呼声」は、ドイツの歴史学者マイネッケに言及しつつ、歴史的実践（制作）のただなかで聞かれ、それを通じて歴史を動かす「歴史的世界の形成力」が語られるものであるとして論じられていく（第四節「ポイエシスを呼び起こす声」）。このような鳥瞰図を以下で論証・詳述することで、西田の倫理思想に光を当ててみたい。

一　内面的要求の声に従う――『善の研究』の倫理思想

『善の研究』という著作は、主観－客観や個人－全体といった枠組みを前提して思考を営むことそのものに懐疑の目を向け、そういった概念構成に先立つ「純粋経験を唯一の実在としてすべてを説明して見たい」（一・六）とする試みである。倫理の問題もそれにもれるものではない。第三編「善」の冒頭において、人間は何をなすべきか、人間の行動は何処に帰着すべかという倫理（善）の問題を論じるためには「行為」を論じなければならないとされ、それは「意志」を論じることであると述べられる。「善は何であるかの説明は意志其者の性質に求めねばならぬことは明である」（一・一一五）。それゆえ、西田は当為の原理を、君主や人格神などの自己に他なるものに根拠を求める他律倫理学ではなく、自己に求める「自律倫理学」をとる。西田の立場はこの自律倫理学説の中でも、理性を根本とする主知主義的倫理学や感情・快楽を根本とする快楽説ではなく「活動説」と呼ばれる。純粋経験の事実にあっては「まだ主客の対立なく、知情意の分離なく、単に独立自全の純粋活動あるのみ」（一・四八）であるが、「意志」とは「その最も根本的なる形式」（一・四九）として「意識の根本的統一作用」であり「実在の根本たる統一力の発現」（一・一一五）である。この広義において意志と言われるものは、『善の研究』において「純粋経験」と並び最重要概念である「統一力」とほぼ同義であると言ってよい。統一力は、経験そのものを可能ならしめている反省以前の「或無意識的統一力」（一・一二）「意識の統覚作用」（一・一三）「潜在的統一作用」（一・一二）である。

では、この広義の意志である統一力を根本にすることで、倫理の問題はいかにして考えられるのか。まず通常行為の善悪を問うことができ、その都度の行為に責任を帰することが可能であるとすれば、それはほかならぬ私の「自由意志」に基づく行為でなければならず、倫理の問題は自由意志を前提とする。仮に行為が外的な強制力によるならば、そもそも倫理的行為や責任は成立しない。こう考えれば、自由とは世界を支配する必然的な因果律〈からの自由〉という形をとることとなる。しかし、このような原因も理由もなく動機を決定する行為の意味での自由はナンセンスなものではないか。この必然性と自由とのアンチノミーを救うために、カントは経験的なものと叡知的なものを区別し「自由意志と道徳法則のもとにある意志とは同一である」[5]と述べ、道徳法則に従って行為する叡知的主体の「意志の自律」に自由意志を求めることになった。

この必然と自由の問題に対して、西田も単なる原因のない自由という考えを斥け、自然的法則と精神活動の法則を区別するのだが、カントとは異なり道徳法則にではなく、「動機の原因が自己の最深なる内面的性質より出でた時、最も自由と感ずるのである」（一・九三）と述べ、「自己の最深なる内面的性質」に従って働くところに

「自由」を見出している。では、それは何を意味するか。第一義的に「行為」と言われるべきものは、「其目的が明瞭に意識せられて居る動作」（一・八三）すなわち合目的な行為であり、その都度意志は理想的要素をもってそれに向けて行為する。しかし普段の多くの場合、この統一力・意志は弛緩した形で営まれている。「意識は一面に於て統一力を有すると共に、又一方には分化発展の方面」（一・一五）があるが、判断が生じ様々な表象に分化・分裂し統一が弛緩する。そのような仕方で、たとえ合目的的である場合でも、たいていの場合様々な個別的な出来事や些細な肉体的・精神的要求に従っている。これに対して、自己の「全人格の要求」に従って、たいてい隠されたままに留まっている意志・統一力を発展させ、「雪舟が自然を描いたのでもよし、自然が雪舟を通して描いたのでもよい」と言われるような「主客相没し物我相忘れ天地唯一の実在活動」（一・一二五）となることを、西田は最高の「善」として規定する。したがって「自己の最深なる内面的性質より働く」とは、分裂した統一力において外面的な原因に束縛されたり、その都度の精神的肉体的要求に従って働いたりするのではなく、「自己の真摯なる内面的要求に従うということ、即ち自己の真人格を実現するということ」（一・一二四）であり、自然的因果連関〈からの自由〉だけでなく、「全人格の要求」に従って「必然的に」働くという真の人格〈に向けての自由〉な行為を意味する。

「善行為とは凡て自己の内面的必然より起る行為でなければならぬ、曩《さき》にもいった様に、我々の全人格の要求は我々が未だ思慮分別せざる直接経験の状態に於てのみ自覚することができる。人格とはかかる場合に於て心の奥底より現われ来って、徐に全心を包容する一種の内面的要求の声である。人格其者を目的とする善行とは斯の如き要求に従った行為でなければならぬ」（一・一二三）。『善の研究』において「人格」とは、普通考えられるような同一性を保つ完結した個人ではなく、「各人の内より直接に自発的に活動する無限の統一力」（一・一二二）として、通常の意識的自己の弛緩した統一力に対して自己の底から現れる「内面的要求の声」であり、その「自覚」である。したがって、西田の「人格」理解は、「カントのいったような全く経験的内容を離れ、各人に一般なる純理の作用という如きものではない」（同上）と言うように、あらゆる傾向性（習慣となった感覚的欲望）や情動を排して道徳法則に従って理性的に自己を規定するというものではない。このように「内面的要求の声」に従って、内奥の統一力としての「人格」を実現させることに、西田の倫理思想の原理および第一の特徴がある。それゆえ、西田によれば、諸々の道徳法則たとえば「［己の如く］汝の隣人を愛せよという道徳法」（マタイ伝第二二章三九節）は、「形式的理解力によりて先天的に知りうる者」（一・一〇五）ではなく、むしろ「所謂道徳の義務とか法則とかいうのは、義務或は法則其者に価値があるのではなく、反って大なる要求に基づいて起るのである」（一・一一六）。西田は、道徳法則の根源に「全人格の要求」としての「内面的要求の声」の自覚を置くのである。

しかし、なぜ隣人愛のような他者に対するような倫理までもが、自己の〈内面的要求〉に基礎付けられるのだろうか。西田によれば「真正の個人主義」は、単に放埒にふける利己主義ではなく、むしろ利己主義は個人性をなきものにするのであり、真の個人主義は真の「共同主義」（一・一二七）と一致する。その理由は、個人をアトム的にではなく「各人の意識を統一する社会的意識」（同上）によって制約されていると共に、その制約を翻してそれに働きかける存在として、更に「他の人格を認めるということは即ち自己の人格を認めることである」（一・一五四）と言うように、自己は存在論的に他の人格を条件として成立していると考えていたからであろう。「純粋経験」から「自己」を考えれば、予めアトム的な個として考え、その後に社会や他者を問題とすることは出来ず、「自己」とはそれにおいて他者と相対しそれを介して私として対自化されるような「場」として考えられなければならない。ここに、後の「場所」や「私と汝」、「歴史的世界」の思想の萌芽が既に提示されているように思われる。西田によれば、私や他の人格を単に手段としてではなく同時に目的として扱うべきとするカントの「目的の王国」の思想も自己の内面的要求から基礎付けられ「人を欺くのが悪であるというは、之より起る結果に由るよりも、寧ろ自己を欺き自己の人格を否定するの故である」（一・一二三）というように、「内面的要求の声」に従うことは、決して個に閉じたものではなく、「他者」に対する倫理を内に包むものであり、そこに西田の倫理思想の第二の特徴がある。

このように西田は内面的要求の声に従う人格の実現に倫理の根源として真の善を見るが、これに対して「悪」はその「本質の欠乏」（一・一三二）として規定される。「余の考うる所にては元来絶対的に悪というべき者はない、物は総べて其本来に於ては善である、実在は即ち善であるといわねばならぬ。宗教家は口を極めて肉の悪を説けども、肉欲とても絶対的に悪であるのではない、唯その精神的向上を妨ぐることに於て悪となるのである」（一・一五四）。西田によれば、自己の統一的発展が反省によって主観客観や理想現実の分裂相に堕し、そうした低次の意識が「精神的向上を妨ぐること」すなわち「人格の否定」が「悪」と言われるべきものであり、そのような「人祖堕落はアダム、エヴの昔ばかりではなく、我等の心の中に時々刻々行はれて居るのである」（一・一五三）。この「悪」は、第四編「宗教」では「宗教に於ては罪は単に法を破るのではない、人格に背くのである」（一・一四九）と、宗教的に「罪」とも言い換えられている。要するに、西田は自己の根底からの「内面的要求の声」に聴従し「人格」を実現することを「善」と考えるに対して、この声に背き「人格」を否定することを「悪」と考えるのである。

二　根本悪と良心の声

『善の研究』に倫理の問題に関する以後の展開の原型があるが、『一般者の自覚的体系』（一九三〇年）や『無の自覚的限定』（一九三二年）では、倫理の根本原理としての「内面的要求の声」は、「善のイデア」「良心の声」という語で語られていく。また罪悪の問題は、その後の著作では、そうした「声」に対して自発的に背く悪意志として『善の研究』よりも積極的に論じられていく。本節では「悪」との関りにおいて、西田の倫理の根本原理としての「呼声」を論じる。

西田は『一般者の自覚的体系』で、自己自身を道徳的に限定する自己の形式を「叡知的一般者」と呼び、それを「善のイデア」という自己の内容を限定し、それによって更に発展していくものとして捉えている。この「善のイデア」は「人格的」であり「統制的意義を有する」（四・一三六）と言うように、『善の研究』で述べられた「内面的要求の声」に重なるものであると考えられる。そしてこれを見るものが「自由なる自己其者を見る良心」（四・一四二）と言われている。だが『善の研究』とは異なり、この著作では「叡知的自己はイデヤを自己自身の内容として、何処までもイデヤを見、イデヤを実現し行くと考えられると共に、何処までも反価値への方向を含んだものでなければならない」とされ、善の発展完成の意志と共に「肉に向う意志」「悪なる意志」「イデヤを否定し、無に向うの意志」（四・一四〇）が考えられている。西田は善悪の区別を「自由意志とは絶対の無を見る自己の自己限定作用である。自己自身の内容を否定するのが悪であり、自己自身に固有なる内容を見るのが善である」（四・三〇一）と述べ、自己自身に固有なる内容（イデア）の肯定か否定かという「意志」のあり方に見出している。

この悪に向う意志という思想は、更に『無の自覚的限定』（一九三二年）において、「良心」という問題と密接に絡みながら、自己存在そのものに根ざす悪として、カントの「根本悪（das radikale Böse）」という術語を借り受けることで哲学的に彫琢されている。カントにおいて「根本悪」とは、「人間が、道徳的法則を意識しておりながら、（ときおり）その格率［行為の主観的原理］に、道徳法則からの離反を採用しているということ」であり、

「どんなによい人間においても前提することが出来る[6]」という意味で、人間によって根絶することの出来ない「原罪」としての「悪への性癖（Hang）」である。しかし、この道徳法則からの離反は、あくまで感覚性の動機を、道徳法則を無視することによって自ら「採用すること」に根拠をもつため「責任が帰せられうる」。この悪が「根本的に」悪なのは、たとえ外面的・結果的には法則に適っていようとも、つまり適法性（Legalität）の意味では悪でなくとも、それによって全ての行為の内的根拠、すなわち道徳性（Molalität）が腐敗するからであると言う[7]。根本悪とは凶悪な行為などではなく、様々な悪を可能にする根源として、我々の内にしばしば見られる事実なのである。

西田は論文「自由意志」において、自由意志は「一面に規範的なると共に何処までも誤るものであり、迷うものでなければならぬ」（五・二四一）と述べ、「何処までも当為を否定する意味」をもち、欲求的に「自己自身によって一切を限定する意味」をもつ個物自身の自己限定を、カントに倣って「根本悪」（五・二四二）と呼んでいる（もっともカントにとって悪とは「悪への性癖」であって「悪に向う意志」とはいえないため、事柄としては、自由を「悪への能力」としても考えるシェリングの『人間的自由の本質』に近いと言えよう）。この「根本悪は自由意志そのものの本質」（六・三二九）であり、「而もそこに我々の歴史的実在性があるのである」（五・二三〇）。道徳的悪は社会システムや感覚的欲望、それに発する自然的傾向性に尽きるものではなく、人間の自由意志に基づくという確信をカントと共有している。

しかしながら、西田にとって根本悪がそこから離反する当のものは、カントのように道徳法則に従う理性の自律としての良心であるというよりも、自己自身の底からの声としての「良心」であると言うことが出来る。『哲学の根本問題続編』（一九三四年）の論文「弁証法的一般者としての世界」において、次のように述べている。「善は行ずべく悪は避くべきである。但、道徳は単に理性の自律ではなくして、絶対者の命令の意義を有って来る。そこに真に良心の権威があるのである。此故に良心に背き悪を為すことは、単にそれは悪ではなくして罪である。……罪とは人間が自由意志によって神に背くことである、ヒュブリス［ギリシャ語で傲慢の意］である」（六・三三三）。この「絶対者の命令」は、この引用の直前の箇所では「現実の世界の底に絶対者の声を聞く」とも言われているが、これは単に絶対者という人格神を自己の外に考え、その宗教的権威によって道徳を規定する神律的他律を意味するのではない。絶対者とは、「神というのは、ノエマ的に我々に対立する絶大の人格という如きものではなくして、我々が之によって之に於て成立する場所という如きものでなければならない」（五・一八七）というように、自己存在の無的な根拠として「絶対無の場所」を意味する。「絶対無の場所」とは、実体としては無く、一切の限定を超えていながら、それに於て全ての働き・意志が成立せしめられ、それに於て他者や自身の意識現象が映されるところの「真に思慮分別を絶した、真に直接なる心」（三・五〇一）を指す。したがって、この「絶対者の命令」とは、事柄としては自己存在の底からの声を意味する。「良心の声は神の声である」（五・一八二）。西田は論文「永遠の今の自己限定」や「自愛と他愛及び弁証法」で「良心」について語っている。「非合理的なるものの底に聞える理性の声、肉の底に聞える霊の声が良心の声である。良心の声に従うというのは単に理性的となることではなく純なる情意の要求に従うことでなければならない」（五・一八〇）。ここで「純なる情意の要求」として「底」からの「声」が、『善の研究』における「内面的要求の声」を引き継ぐものであると見ることは容易いであろう。したがって、ここで「良心」とは、『善の研究』におけるような「内面的要求の声」として真の人格として働くことを呼ぶ声であると考えられる。この声に背くのが「根本悪」であり、逆に言えば「我々は根本的に悪なるが故に良心を有し」（五・二二八）ているのである。

三　他者と良心――キェルケゴールの『愛のわざ』との共鳴

また、この自己の根底からの良心の声は、個が真に他者に対峙することを呼ぶ声である。この頃西田は「人格」を「人格的自己と考えられるものの根柢には汝というものがなければならない」（五・三一七）と言うように「汝」を存在条件とする自己存在の有り方として規定している。先述のように『善の研究』において人格とは「内面的要求の声」を聞き従うことで自覚されるものであり、既にこの「私と汝」の思想の萌芽もあったが、ここでは汝の他性が強調され、そうした私と汝の「絶対に分離せるものの統一」という「愛の限定」（五・二五〇）に「人格」を見出している。ここで「愛」とは、特定の感情の様態ではなく、「自己の存在形式」（同上）を指す。このような思想を背景として、「自己自身の罪の深さを知るもののみ、真に良心を有するものである、当為は人格的愛の自己限定の声でなければならぬ」（五・二三一）と言う。ここで「人格的愛の自己限定の声」としての良心の声は、他者に対して、単に手段ではなく同時に「目的自体」（五・二四九）として、あるいは私の外部であるだけでなく私に意味付与することで「私を殺すという意味」（五・三一三）をもつ「絶対の他」として真摯に対峙し、そのような絶対的な否定性によって自身の存在を「自覚」することを呼ぶ声となっている。良心の声は「汝自身の如く汝の隣人を愛せよという声」（五・一六八）でもあるわけである。

このように自己存在の根底の声に「私と汝」という「愛」の共同性の形式を見る考えは『善の研究』においても既に胚胎しているが、この思想が明瞭となる機会を与えたのは、キェルケゴールの『愛のわざ』であった。他者の問題が神の前の単独者を説くキェルケゴールとの共感にあるとは意外かもしれないが、実際にこの著作は「私と汝」の考えが初出した箇所（五・一五六）で言及されており、従来の研究においては注目されていないが「私と汝」という思想の形成の大きな背景となっている。「絶対の愛によって私と汝とが限定せられると云うことができる。真の自愛は他愛であり他愛はその実自愛である、そこに汝自身の如く汝の隣人を愛せよという語の意義が理解せられるのである。……故に真の愛はケェルケゴールが“Leben und Walten der Liebe［『愛のわざ』］”に於て云っている如く「汝は愛せざるべからず」である」（同上）。キェルケゴールは、その著作の冒頭でマタイ伝の「己の如く、汝の隣人を愛すべし」というテーゼを解釈し、真の意味での隣人愛は、単なる人類愛ではなく、偏愛と直接的な自愛を否定する愛であると共に「己の如く」と言うように根源的には正しい仕方での自愛でもあると言う。「この掟が正しく理解されるなら、それは同時に正反対のことも、つまり、君は君自身を正しい仕方で愛すべし、ということをも語っているのである。……自分自身を正しい仕方で愛することと隣人を愛することとは相互に完全に対応しており、畢竟一つの同じものなのである」[8]。西田はこのキェルケゴールの思想に強く共鳴し、自愛と他愛は弁証法的関係にあり、この弁証法は、単に他愛は直接的な意味での自愛・欲求の満足であるということではなく、欲求的な自己の否定を介した真の自己の肯定として、根底的に他愛を含む正しい仕方での自愛としての「絶対無の自覚」を意味するとしている（五・二二七）。更に、この愛は「愛すべし」という「義務」であり「良心の－問題」であり、というのも「単独者と神との関係、神－関係が良心だからである」[9]というキェルケゴールの思想を受けて、西田は「ケェルケゴールの云う如く真の愛は義務であり、良心の事であると云うことができる」（五・一八二）と述べ、この弁証法が直接に自覚される「人格的愛の自己限定の声」としての良心を語ったのである[10]。

だが、西田は代表的な論文「私と汝」などでは良心の声について語っていない。だとすれば、その思想は非本質的なものではないだろうか。筆者はそう考えない。なぜなら論文「私と汝」などで言われる「呼声」は、上述の著作で「良心」と呼ばれた現象であると考えられるからである。論文「私と汝」から引用しよう。「私は汝の呼びかけによって汝を知り、汝は私の呼びかけによって私を知るのである。物が汝の呼声となるのである、物が我々に呼びかけることによって私は汝を知り汝が私を知るのである。否、私が私自身を知るというにも、物が私に呼びかけるということがなければならない。……かかる弁証法的限定に於ては私に於て見る他と考えるものは、単なる他ではなくして汝の呼声の意味を有ってゐなければならない。……表現というのは我に於て我に対して見られる他というべきものであって、而もその背後に呼声の意味を有ったものでなければならない」（五・三一〇）。普通に読めば、この「呼びかけ」は具体的な発話の言葉を意味していると考えられるが、実際には自己存在の底から聞こえる発話なき沈黙の声としての「呼声」であると考えられる。なぜなら西田は、過去や未来と現在との関係（五・二三九等）、芸術の創作行為における材料（五・三〇七）、山や木など非人間的なもの（六・四六）など森羅万象との関係を「私と汝」という関係となる可能性をもつものとしているが、その「汝の呼声」が発話の意味での呼びかけと解することは明らかに無理があるからであり、また引用の「物が汝の呼声となる」というテーゼも理解できないからである。「汝」とは「我に於て我に対して見られる他」として「表現」なのであり、「表現」はその背後に自己に直接に沈黙的に立ち現われてくる「呼声」の意味をもつのである。それを良心の声と言えば極めて内的なものと考えられ「私と汝」のような対他関係の場面にはふさわしくないと考えられるかもしれないが、むしろ西田が「良心」とした声とは単にモノローグの意識状態ではなくて、他者が「場所」において現れるあり方としての「汝」「表現」の背後にある「呼声」として直接的な自覚の事実なのである。

この西田の絶対者の呼声としての良心は、良心一般の議論においてはどのような特徴をもつだろうか。「良心」は、明治初期の外来語の訳語として当てられたものだが、ヨーロッパ語においては、日本語のように「良い」という意味は入っておらず、συνείδησις（希）、conscientia（羅）、Gewissen（独）、conscience（仏）と古代から現代に到るまで一定して「共に知る」という原義をもっていると言われる[11]。良心は、（一）恥などに見られるように諸個人の属する共同体・世間における所与の規範に基づいて、自己の行為の善悪を共に知る他律、（二）

宗教的な権威と共に知る神律、㈢ 自己自身の根拠と共に知る自律と大きく三つに区別されるであろう。西田の場合、その良心の「呼声」は、自己存在の底からの声として自律的なものでありながら、その自己存在の根拠である「無の場所」を「神」として考え、本稿では残念ながら論じることは出来ないが「真の道徳の立場は宗教によって基礎附けられるのである」(八・四二一)とする点では、神律的とは言えないが宗教的な側面をもっている。だが、西田の良心が他律ではないことは明らかである。「客観的精神と考えられるものは、尚我々が内に絶対の他に撞着し絶対の他の中に没入することによって聞く自己自身の声と考えることができる。それに於て真に人格と人格とが相対すると云うことはできぬ、他に於て直に汝の声を聞くということはできぬ」(五・三二一)のであり、あくまで自己自身の底においてのみ「汝の声」は聞かれるのである。それゆえ西田の「呼声」とは、客観的精神を基盤とする他律でなく、また単なる理性の自律でもなく、自己存在の根底から行為を呼び起こす良心であり、「汝」と共に知る良心でもある。

このような「人格的愛の自己限定の声」を聞く行為が「私と汝」という倫理的な自覚であるとすれば、この声に背く個物の根本性格が、「神に背いて自己自身の世界を建設しようとするサタン的傲慢」(五・二四二)として「根本悪」なのである。西田はこの根本悪をカントと同じく、人間存在に避け難く根ざしており、そこから脱することが決して出来るものではないものでありながら、個々人に「責任」が帰せられることが可能なものとして考えている。「自己自身の底に蔵する絶対の他と考えられるものが絶対の汝という意義を有するが故に、我々は自己の底に無限の責任を感じ、自己の存在そのものが罪悪と考えられなければならない」(五・三二七)。今までの考察をもとに、このテーゼを解釈すれば、ここで「自己存在そのものが罪悪」と言われていることは、単に生きていることそのものが罪だということを言わんとしているのではなく、自己の根底において汝を存在条件とする人格が、その内奥からの「呼声」から離反し、個が人格否定的に唯一なるものとして働く「根本悪」として存在するということである。根本悪は、あくまで呼声を否定する自らの「意志」に根拠をもつために、個々人に「責任」が帰せられるのである。

四　ポイエシスを呼び起こす声

一九三〇年代後半からや晩年までの後期の著作においても、西田はこの「良心」とも言われる「絶対者の呼声」を自身の倫理学の根本原理としている。「良心とは、絶対者の自己射影点としての我々の自己への、絶対者自身の自己表現の呼声でなければならない」（九・二二五）。しかし、後期では「絶対者の呼声」がこの引用のように「良心」であると規定されることは少なく、多くの場合「呼声」は、「絶対の表現」や弁証法神学者カール・バルト等のキリスト者が用いる「神の言葉」という語が使われて論じられている。「客観的表現として我々に対して立つものは単に了解の対象たるのみならず我々の自己を動かすものでなければならぬ、我々を唆すものの、我々に命令するものでなければならぬ。そこに今日弁証法的神学者の考える如き「言葉」という如きものの意味も考え得るのである、歴史的実在の世界は大なる言葉を有ったものでなければならない。プロレタリヤの世界が歴史に於て一大時期を劃するとすると云うならば、それも歴史に於ける一つの大なる言葉の意味を有ったものでなければならない」（六・一四〇―一四一）。ここでは、明らかに「表現」として「命令するもの」は、いわゆる良心のような内面性の事柄ではなく、歴史的実在の大きな原動力が自己において現われた声（言葉）として考えられている。このことは、この時期の西田が、社会・国家（種）との関係をも包む「歴史的世界」の論理構造を根本問題とし、そうした世界に於ける個物の問題を突き込んで考えはじめたことに対応している。そのような立場から「客観的当為というのは、内からの要求ではなくして、外からの呼声でなければならない（それは神の声とも、絶対の命令とも考えられるのである）」（八・一二一）と言うように、この呼声は『善の研究』のように「内面的要求の声」に留まるものでなく、「外からの呼声」であるとされている。この当為の声が「外からの呼声」であるのは、「我々が此世界に於て生きることは、労働であり、苦労である。……私が表現的形成作用を媒介する客観的表現というのは、かかる物的表現をいうのである」（八・二七八）と言うように、その呼声が、決して内面化されるものではない労働や苦労において立ち現れてくる「物的表現」「客観的表現から呼び起こされる」（八・二七二）ところの声、歴史的実践（ポイエシス）の只中で聞こえる声であるからである。後期においては、単に「内面的要求の声」に従うのでなく「社会的制度や現象学者のザッヘというものに至るまで」（六・二八一）自己において「表現」として迫って来る「物」を媒介とした「外からの声」に従うこととして「真の具体的当為は……ポイエシスを通して現れ来るものでなければならない」（八・四〇一）のである。

このような思想をもとに、西田は論文「ポイエシスとプラクシス（実践哲学序論補説）」において、マイネッケの『歴史的感覚と歴史の意味』に触れ、「良心」を通じて歴史的世界を動かす「歴史的世界の形成力」（九・一九三等）が語られるのだと述べている。マイネッケによれば、歴史主義・相対主義に対抗する解毒剤としての真の歴史認識の立脚地は、過去に理想的価値の具現を見出すロマン的方法でなく、また未来に目標を与えることでもなく、「良心」にある。マイネッケは、真の歴史感情はゲーテ（「遺文」詩『神と世界』）の言うように過去は常にあり未来も既に生を得ているような現在として「瞬間」であり、この「瞬間に永遠の内容を与え」「個性が絶対的なるものと、歴史的なるものが現在的なるものと融合する」[12]ところのものが「良心」であると主張し、フィヒテなどに言及しつつ「良心の口を通じて、たとえば民族とか祖国とか国家とか宗教などの一層高次の歴史的な力が、個々人に語りかけるのである。更にこの力は個性的本質をもっているにもかかわらず、それが個人に語るものには、個々の意欲が無政府状態へと流れ去ることから共同体の生活を保護する、かの不思議な絶対的で端的な義務を命じる性格が、住まうのである」[13]と述べている。西田は、自身の「絶対現在の自己限定」という時間論を踏まえながら、この考えを受けて「フィヒテの如く良心は無限からの光と云うことができるのである。道徳の根拠は此処に求められなければならない。而もそれは道徳を個人主義的に考えることではない。マイネッケの云う如く、良心の口を通じて民族が、祖国が、国家が話すのである。絶対矛盾的自己同一の世界は、……我々の自己に対し、絶対真理の世界であり、絶対当為の世界である。我々は之に従うことによってのみ、真に自己であり得るのである」（九・二〇九）と言う。このように「良心」「絶対者の呼声」は、狭い意味での道徳的能力ではなく、また人格実現を呼び起こすだけのものでなく、歴史的実践の「物的表現」の根底から行為を呼び起こし、それを通じて「デモーニッシュ」と形容される「歴史的世界の形成力」を表すものなのである。西田が「良心」という語をあまり使わず、より思弁的な「呼声」という語を好んで用いたのは、その語に、良心という語で通常考えられる狭い意味での道徳的な意味だけでなく、この歴史的実践を呼び起こす「歴史的世界の形成力」という意味を込めたかったからであると推測することができ、ここに後期の「呼声」の思想の展開を認めることが出来る。

結　語

西田哲学の倫理思想の根本原理は、『善の研究』から後期の著作に至るまで一貫して、自己存在の根底からの「呼声」である。「呼声」とは、「汝」との倫理関係を包む「人格」の実現を呼び起すものとして「良心」的な自覚の事実であり、後期の著作においては歴史的実践のただなかで表現として出会われる物を介して聞こえる声として「歴史的世界の形成力」をもつものである。西田の倫理思想は、通常道徳的倫理的と形容される個々の具体的な事柄を問題としたものでなく、自己の存在論的な構造を基礎とするものである。そこから西田は、倫理の普遍性の問題とそれを引き受ける個の実在的主体性の問題を理解しようと試みたのである。そうした西田にとって善悪の根源的差異は、自己の根底からの「要求」「呼声」を聞いてそれに従って「人格」として行為するか、それに背いて「根本悪」として働くかという、呼声に対しての肯定（従う）と否定（背く）という「意志」の問題となる。この自己の根底からの「呼声」に従うことは、具体的な事実としては、我々が世界に於ける唯一の個として、その都度の歴史的実践行為での「物的表現」を媒介として「汝」を見出し、真に「自覚」的に「行為」することにほかならない。その意味で、西田の倫理の核心は「真の自己」を「知る（自覚）」ことにあるといってよい。こうした「自覚」の存在形式の事実から、当為の問題を考えたのが西田の倫理思想なのである。

西田はある書簡にて「私はこういう立場から新しい倫理学を構成したいとおもいます」（二一・三七六）と述べているが、実際に残されているのは少々荒削りな形の思想である。それゆえ、この「新しい倫理学」の試みをより深く考えるためには、テクストの忠実な解釈に加えて他の思想家と突き合わせることが有益であろう。特に、この西田の考えは、悪および宗教の問題を強調しているという決定的なところを除けば、「良心」を現存在の根底からの「呼声」として解釈し、自らの「責めある存在（Schuldigsein）」の本来的な了解、すなわち「良心をもたんとする意志（Gewissen-haben-wollen）」に、「《道徳的》善悪の実存論的な可能性の条件」(14)を求めたハイデッガーの立場に近いと筆者は考えている。そういった作業を通じて、西田の倫理思想は、その独自性が浮き彫りにされ、我々の現実の行為・思索の糧となっていくだろう。

最後に、残念ながら論じることは出来なかった極めて大きな論点があることを述べておきたい。それは宗教と倫理の連関の問題である。西田哲学において、宗教と倫理はどこまでも区別されるが、「倫理的当為は何処までも我々の宗教的性質に基礎附けられて居るのである」（九・二二二）のであり、「宗教」との連関を問わない場合、西田の倫理思想の解明は片手落ちになるであろう。この点に関しては稿を改めて集中的に論じることとし、ひとまず筆を擱くこととしたい。

〔注〕

（1）西田の倫理思想の研究には、管見に入った限りでの代表的なものとして以下のものがある。嘉戸一将『西田幾多郎と国家への問い』、以文社、二〇〇七年。氣多雅子『西田幾多郎『善の研究』』、晃洋書房、二〇一一年、第四章「第三編：善」。杉本耕一「京都学派の仏教的宗教哲学から「倫理」へ」、『日本哲学史研究』第七号、二〇一〇年所収。藤田正勝『西田幾多郎の思索世界――純粋経験から世界認識へ』、岩波書店、二〇一一年、第五章「自己と他者――その非対称性をめぐって」、第八章「歴史と国家の問題」。James W. Heisig, *Philosophers of Nothingness : An Essay on the Kyoto School*, University of Hawai'i Press, 2001.

（2）この著作については、拙稿「西田幾多郎の実践哲学―『哲学論文集第四』を中心として―」、日本倫理学会編『倫理学年報』第六〇集、二〇一一年を参照して頂きたい。

（3）強調および［　］内の補足は、全て筆者によるものである。

（4）西田の思想の時期区分としては諸説あるが、本稿は多くの論者が依拠していると思われる三区分を採用する。前期は『善の研究』から『働くものから見るものへ』の前編まで、中期はその後編から『哲学の根本問題』まで、後期は『哲学根本問題続編』以後の著作とする。

（5）Immanuel Kant, *Grundlegung zur Metaphysik der Sitten*（1785）, Kants Gesammelte Schriften. Band IV, 1911, S.447.

（6）Immanuel Kant, *Die Religion innerhalb der Grenzen der bloßen Vernunft*（1793）, Kant's Gesammelte Schriften. Band VI, 1914, S.32.［　］内の補足は筆者。

（7） Ibid., S.37.
（8） 尾崎和彦・佐藤幸治訳『原典訳記念版キェルケゴール著作全集』第十巻（『愛の業』一八四七年）、創言社、一九九一年、三九頁。
（9） 同上、二〇七頁。
（10） これに加えて、西田の「良心」は道徳的な意味だけでなく「理論的良心」をも含む。「真の意識一般と考うべきものは良心という如き意味を有ったものでなければならない」（五・一七八）とまで述べているように、良心とは「真の意識一般」として優れて「自覚」的な事柄である。
（11） この段落の叙述は石川文康『良心論―その哲学的試み』、名古屋大学出版会、二〇〇一年を参考とした。
（12） Friedrich Meinecke, *Vom geschichtlichen Sinn und vom Sinn der Geschichte*（1939）, K. F. Koehler Verlag, 1951, S.22.
（13） Ibid, S.21.
（14） Martin Heidegger, *Sein und Zeit*（1927）, Max Niemeyer Verlag, 2001, S.286.

第七章　西田「倫理学草案第一」における意志の自由とキャラクター
——ヴント、グリーン、ヘフディングの文脈において

中嶋　優太

序

本章は「純粋経験論」を形成する以前の西田がどのような文脈の中に身を置き、どのような課題を抱えていたかを考察する手がかりを提示することを目的としている。哲学者が独創的な思想を形成しえた場合、その思想形成の意味を理解し、評価するためには、彼にとって使用可能であった思想的文脈を知ることは重要である。特に西田はその当時に於て使用可能だったあらゆる文脈を吸収し利用することに対して非常に貪欲な態度を示した。「純粋経験論」は一方ではそうした文脈を吸収することによって、他方ではそれらに対する不満を解消しようと努めることによって形成されたのである。

本章が実際に分析するのは『善の研究』成立以前に書かれた「倫理学草案第一」と呼ばれるテクストであり、しかもその中の極めて限られた章節——第二章「意思」、とりわけ第八節「意思の自由」——である。この議論

に注目するのは、一方で意志の自由が西田の倫理思想にとって重要であるという内容的な理由、他方で西田の思索に影響を与えた諸文脈の痕跡がそこによく表れているという資料的な理由によるが、そればかりでなく、純粋経験論が産み落とされる直前に西田が置かれていた状況が典型的な仕方で表れているからである。

そこで西田はキャラクターという語を用いて意志の自由について語るが、このキャラクターの理解をめぐって三つの文脈が使用可能であった。すなわちヴントの心理学・科学的文脈、グリーンの理想主義・理性主義的文脈、ヘフディングの無意識論的文脈。第二章の西田はこのうち一つの立場を採用し、そうした文脈で説明されたキャラクター理解に基づいて可能な範囲で意志の自由を論じる。更に他の一つの文脈は自由についての議論の中で反復され利用されるが、その立場が採用されることはない。残りもう一つの文脈は西田の胸のうちに隠されたままテクスト表面には表れない。こうした受容のありようは修養期の西田について何を語るだろうか。

本章は主としてこうした西洋の思想家たちと西田との関係を分析するが、それに先立って明治日本の学問のありように少しだけ目を向けてみることにしよう。そこには経験的・科学的方法の重視と理想主義という二つの特徴的態度を指摘することが出来る。先行したのは功利主義や進化論と結びついた科学的方法の流行である。各々の論者が「科学的」と云うことで考えた内容はさまざまであったが、そこには、形而上学的な前提から独断的に議論を行うのではなく、経験的にアプローチできる事実から始めて公開的な即ち自由な学問的議論を展開したいという正当な欲求が含まれていた。こうした科学的方法は倫理学や哲学にも適用される。例えば元良勇次郎が一八九〇年、『六合雑誌』に載せた論文「倫理学は哲学か将た科学か」はエシックスを習慣学と訳すよう提案し、「倫理学は……その多分は科学の範囲に於て論す可きものなり」と主張する。こうした個別科学の方法（元良の場合は比較心理学）を基礎にして経験的な倫理学を立てようとする動きに対しては、経験に還元されない道徳的理想を強調する立場が対立した。例えば大西祝は先の元良論文に即座に反応して『哲学会雑誌』に論文「倫理学は哲学か将た科学か、元良勇次郎氏の論を評す」を書き、倫理的観念すなわち元良のいう「超絶的の観念」を論じる哲学的な部分こそ倫理学の最要所、いわば「堂」「奥」であり、習慣学は「門戸」にすぎないと反論する。こうした理想主義は明治末期の特徴である。『善の研究』はしばしば後者、即ち理想主義的な文脈で解釈されてきた。本章はそうした解釈に異を唱えるものではない。ただ、修養期の西田が抱いた計画の複雑さに目を向けたいのである。

一　「倫理学草案第一」というテクスト

『善の研究』並びに、それと関連する諸テクストは次のような順序で成立した。(1)

「グリーン氏倫理哲学の大意」一八九五年『教育時論』に掲載。

「心理学講義」一九〇五年二月頃成立。

「倫理学草案第一」一九〇五年八月成立。

「倫理学草案第二」一九〇六年三月頃成立。

「実在」（第二編）一九〇六年夏執筆、同年十二月講義録「実在論」として印刷。

「善」（第三編）一九〇七年春執筆、同年四月講義録「倫理学」として印刷。

「純粋経験」（第一編）一九〇八年春執筆、同年六月雑誌発表。

「宗教」（第四編）一九〇八年十月〜〇九年四月執筆、同年五月雑誌発表。

『善の研究』第三編「善」は一九〇七年、第四高等学校の倫理学の講義のために印刷されたが、それに先立って幾つかのテクストが成立しており『西田幾多郎全集』ではそれぞれ「心理学講義」「倫理学草案第二」「倫理学草案第二」と呼ばれている。今回注目するのは「倫理学草案第一」である。一九〇五年八月に成立したとされるこのテクストは「心理学講義」と同じ体裁で書かれており、二つの原稿はほぼ並行して書かれたと考えられる。

その内容は全体で十八節あり、そのうち第一節から第四節までが第一章「総論」に、第五節から第十節までが第二章「意思」に、そして第十一節から第十八節までが第三章「善」に区分されている〔文末資料一参照〕。本章が検討するのは、第二章「意思」、特に第八節「意志の自由」における西田の立ち位置である。続く第三章の中では「真正なる自由」が「真正なる善」と同一視され（一四・五六一）[2]、自由は道徳的価値と結び付けられることになるが、第八節での自由はさしあたってそうした道徳的価値とは無関係である。後に述べるように第二章と第三章との間、正確には第十節にこのテクストは一つの断絶を持つ。ここでは我々の分析の対象が第三章の西田ではなく第二章の西田であることを強調しておいて、以下では具体的にその内容を検討したい。

二　キャラクターと自由

「倫理学草案第一」第八節で西田は意志の自由について次のように語る。先ず、意志が「品性及び事情に頓着なき神秘的能力」であるならば、そうした意志によって我々は「自己の自由を感ずることなく却って始終偶然によりて支配せらるる感」を起こすと述べられ（一四・五四六）、極端な自由意志論者の見解が退けられる。その上で次のように述べられる。

【引用一】吾人が真正に自由意志を感ずるのは吾人が品性によりて決意するときであり即ち希望する如く行い得た

時である……前に云った様に意思は意識の統一作用であり品性は固定せる（意識の中心たる）観念及び感情の系統であるとすれば、吾人が意識の中心たる観念系統より最も統一的に働くのが自由である。意識の不調和より一時的の観念感情に支配せられたる時は強迫の情を起こすのである（一四・五四七）。

この議論とほぼ同じ議論は『善の研究』の対応する箇所（第三章「意志の自由」）にも見出すことが出来る。そこでも事情と性格から独立な意志を仮定する極端な自由意志論者の議論が反駁された上で、意志の自由は内面的性質に従うこととして考えられることになる。「倫理学草案第一」に含まれる議論が『善の研究』第三編「善」でも再利用される、こうした事例は非常に多く、両者の異同を検討することは重要である。ここでは一見些細だが、重要な意味を持ち得るひとつの差異に注目する。『善の研究』での「内面的性質」には予め説明が与えられていなかったのに対し、【引用二】では「前に云った様に」と云われていることから分かるように、此の箇所の「品性」は予め与えられた説明を前提している点である。前提とされているのは第六節「意思の性質」の末尾で行われている「自覚（self-consciousness）」「自己（self）」「人格（person）」「品性（character）」（一四・五四三）の説明である。付されている欧文表記によって西田の念頭にあったのがcharacter（あるいはCharakter）であったことが分かる。西田は意志の自由をキャラクターに従うこととして理解しようとしているのである（逆にいえば、「倫理学草案第一」から『善の研究』第三編「善」への移行の中で、品性＝キャラクターは内面的性質と言い換えられ、キャラクターを説明する議論は抜け落ち、採用されていない。この不採用は「倫理学草案第一」で採用されていたある立場が『善の研究』では放棄されたか或は根本的に修正されたことを意味しているだろう）。

「倫理学草案第一」における自由意志論での西田の立ち位置という問題はここでのキャラクターがどのように理解されていたか、という問題と密接に関わる。以下ではこの語を手がかりとして考察を進めたい。

三　「心理学講義」の個人性とヴントの自己意識

まず「倫理学草案第一」第二章「意思」の中で実際に採用された文脈が何であり、第二章の西田がどのような立場に立って論じていたのかを考えたい。このことは第六節でのキャラクターの説明がどのような文脈に由来するものであったのかを見ることによって明らかになる。

第二章「意思」が始まる第五節、第六節で西田は意志を心理学的に分析している。そこで主張されているのは意志という能力があるのではなく、意志とは単に一種の観念連結であること、そしてそうした意味での意志が意識の根本的な形式であるということである。こうした主張がなされた後で、意識の根本的形式としての意志の統一作用との連関でキャラクターが次のように説明される。

【引用二】此の作用が著しくなり意識さるるものを自覚（self-conscieouness）というのである。吾人が自己（self）というのはこの統一をさすのである。この自覚が充分に発達し自分の精神作用が自分の作用なることを自覚し居る者を人格（person）という。また意志が統一作用をなすに当たりその基礎となる観念と感情の系統を各人の品性（character）というのである（一四・五四三）。

ここではキャラクターをふくむ四語が心理学的に説明されるが、その説明は極めて短く、曖昧さを含んでいる。ここでの説明が心理学的であることは見て取れるが、それがどのような意味での心理学なのかが充分に一義的ではないのである。この点を明らかにする手がかりは「心理学講義」の中にある。その第五章「精神現象の結合其の二」のなかで【引用二】とほぼ同じ事柄について説明されているからである。「倫理学草案第一」は「心理学講義」にやや遅れて、ほぼ並行して書かれたから、【引用二】を書く際、西田が「心理学講義」での説明を意識していたことは間違いない。

【引用三】複雑感情といい情緒といい共に意志に変ずべき傾向を有する者であって、意志は其充分に発達せるかたちであるといってよろしい。そこでこの意志的作用即ち意識の統一作用が吾人の精神の根本的作用であって不変であり凡ての精神現象の本である。吾人が自己の意識(self-consciousness)というのはこの統一作用に伴う一種の感情にすぎないのである。此の感情は統一作用が不変であるが如くに不変であるが、此処にpersonal identityの考を生ずるのである。それであるから吾人が充分なる自覚をうるのは統覚作用や意志作用の発達した後でなければならぬ。固より吾人が自己と名づくる者は不定であって、常に吾人が意識統一の中枢となりて働く観念及び感情はこの自己の感情と密接に結合せられ自己の一部なのである。これが各人の個人性(individuality)である。それで吾人の自己は決して絶対的に不変なる者ではなく統一的観念及び感情の変化と共に変じうべき者である(一四・五一四)。

ここで西田はキャラクターのかわりに個人性という語を用いている。「心理学講義」の引き続く箇所、第十九節で次のように述べているように西田はキャラクターを個人性と同一視していたのである。この同一視は西田独自のものというよりは当時の一般的な傾向であり、後に見るようにヘフディングもまた二つの語をほぼ同じ意味で用いた。

【引用四】意識活動の根基となる観念の体系を品性(character)と名づけるのである。即ち前[【引用三】を指す]に云った自己の一部分を形成する所謂個人性なるものである(一四・五二四)。

こうした用語法に従えば、個人性とキャラクターは同じ事柄を指すのであり、実質的に【引用三】を【引用二】と並行する箇所であると考えることが出来る。【引用三】は【引用二】での説明よりも更に詳細な説明を与えているが、此処でもキャラクター即ち個人性は意識統一の中心或いは基礎となる観念感情の体系・連関として考えられていることが分かる。

この箇所が西田のキャラクター理解の由来を探る手がかりとなるのは「心理学講義」が多くヴントの「心理学概論」（*Grundriss der Psychologie*）[3]を下敷きにして書かれており[4]、この箇所もまた例外ではないからである。ヴント心理学の特徴は、まず複合的な心的プロセスを分解して単純な精神要素（psychisches Element）を発見し、ついでそうした諸精神要素の連関として複合的な心的プロセスを説明するという要素主義・構成主義的な手続きにある。彼によれば精神要素は客観的なものと主観的なものに二分することが出来、それぞれ感覚（Empfindung）並びに単一感情（einfaches Gefühl）と呼ばれる。この感覚と単一感情が複数連関させられることによって表象、複合的感情、情緒（Affect）、意志プロセス（Willensvorgang）など様々な精神複合体（psychisches Gebilde）が構成される。十分に発達した心的プロセスにおいてはこうした精神複合体同士が更に結合しており、それが所謂意識である。意識が、このようにして構成される心的プロセス以外の何ものでもないことをヴントは強調している。西田の【引用三】が下敷きにしているヴントの議論は、発達した心的プロセスに関するものである。ヴントは感情を伴う全てのプロセスは意志プロセスであり（W・二五八）、また統覚プロセスは意志活動と同じ特徴を持つと述べた上で次のように述べ、我（das Ich）を意志プロセスによって生じる連関の感情として、自己意識（das Selbstbewusstsein）を自己感情に結びついた感情 - 表象内容として説明する。

【引用五】意志プロセスは互いに連関し、内容が異なっても同一であるプロセスとして把握されるのだから、どんな意志にも伴っている活動性の感情にとりわけ結びついておりしかしまた先に述べた意志との関係によって諸意識内容の総体にまで広がっている連関（Zusammenhang）の感情が生じる。個人的な全ての心的体験の連関のこうした感情が「我」（das«Ich»）と呼ばれる……このようにして生じ、全意識内容から抜きん出ており、自己感情（das Ichgefühl）と密に融合している感情 - 表象内容（der Gefühls- und Vorstellungsinhalt）が自己意識（das Selbstbewusstsein）と呼ばれる。自己意識は意識と同様、それを構成している諸プロセスと区別された実在性を持つのではないのであり、単にそうした諸プロセスの連関を指示しているに過ぎない……（W・二五九―二六〇）。

【引用三】のなかで西田は【引用五】でヴントが与えた我の説明を自己の意識（self-consciousness）の説明として、自己意識（Selbstbewusstsein）の説明を個人性即ちキャラクターの説明として利用していることが分かる（Selbstbewusstsein の説明を self-consciousness の説明として利用するのが自然だが、西田は捩れた仕方で利用している）。【引用二】の自由意志論の中で使われている「（意識の中心たる）観念及び感情の系統」としてのキャラクターという考え方は次のような来歴を持っていたといえる。まず「心理学講義」の中で西田は自己意識についてのヴントの説明【引用五】を個人性の説明【引用三】として受容し、ついでそれをキャラクターと同一視した【引用四】。その同一視によってヴントの自己意識についての説明が、「倫理学草案第一」の中ではキャラクターの説明として採用され【引用二】、その説明を前提として意志の自由が論じられている【引用一】（ヴントの自己意識【引用五】⇒「心理学講義」の個人性【引用三】⇒「倫理学草案第一」のキャラクター【引用二】）。

こうしたキャラクター理解の来歴は、倫理学の基礎たる意志の自由を論じるにあたって、「倫理学草案第一」第二章「意思」の西田が科学的・心理学的立場（ヴント）を採用したことを物語っている。こうしたキャラクター理解に従うなら【引用一】での議論は我々が意志の自由を感じているときの意識状態について記述を与えたものだということが出来る。即ち、ある意志プロセスが生じたとき、そのプロセスが（自己感情と結びついている）

意識の中心的な観念感情の連関と調和的であるとき我々は自由を感じるということが言われているのである。日常的な言語でいえば、対立する諸動機の中で悩みながら決断したときよりも、諸動機が調和して悩まずに決意したときのほうがより自由を感じるということに他ならない。第八節で西田はキャラクターに従うことと機械的因果に従うことを区別しようという素振りを見せてもいるが、次節で述べるように、決定論を反駁するための議論を伴っていない。第二章の自由意志論は決定論の反駁というよりも寧ろ自由という観念の明確化乃至再定義を目的としていたのである。

四　T・H・グリーンの自由意志論

キャラクターについて西田が実際に与えた説明はヴント心理学に由来しており、意志の自由を論じるに当たって西田が採用した文脈はヴントであった。だが、彼は尚もう一つの文脈に属する議論を利用している。それはT・H・グリーンの議論である。

西田は極端な自由意志論者の主張としてキャラクターと事情に無関係な神秘的意志を想定した上でそれを否定しており、意志をキャラクター並びに事情に従うものとして理解していた。こうした議論はグリーンの議論と類似しており、西田は明らかにグリーンの議論を模倣している[5]。

問題の議論はグリーン「倫理学序論」(*Prolegomena to ethics*)第二編「意志」第一章「意志の自由」において行われた[6]。この中でグリーンは、極端な自由意志論者の主張を批判し(G・一〇七)、決定論者の「人の行動は彼のキャラクターと諸事情(circumstances)の結合した結果である」(G・一〇九)という命題を、決定論者とは別の意味ではあるが、認める。その上で、次のような議論を行うことによって、キャラクターによる行為の決定は意志の自由を否定しない、それどころか意志の自由を意味すると主張するのである。

それ［決定論に陥るのではないかという反論］はキャラクターが何を意味しているのかを充分考察すれば消えてしまう……キャラクターは人が諸客観を彼の善として、つまりそこに於て彼の自己満足が見出されるところのものとして意識的に表象すること（a man's conscious presentation to himself）によってのみ形成されるのである。ある行動がキャラクターによって決定される限り、その行動は行為者が意識的に彼自身のものとした……対象によって決定されるのである。従って彼はその行為の作者（auther）であると意識する（G・一一一）。

グリーンによればキャラクターとは、ある客観（或いは今まさに為されんとする行為）を自己の善と同一化する表象作用によって成立する何ものかなのであり、そうした表象作用そのものは自然的に規定されるのではない。個別的経験に還元されない超越的な主体とその作用をグリーンは認める。「自己表象的であり、その意味で永遠的な主体が願望の客観をその個人的善として常に新しく採用することによってそれ［キャラクター］は成長する」（G・一〇五）。キャラクターは永遠的な主体の作用によって形成されるのであり、それゆえ、キャラクターによる決定は意志が自由であることを意味しているのである。

西田が極端な自由意志論者の議論を「品性及び事情に頓着なき神秘的能力」として定式化するとき、グリーンの議論が念頭にあっただろう。だが、ここでの西田の語りはグリーンの自由意志論とは根本的に異なったものである。グリーンの議論は二つの内容を含んで居る。一つは意志に関するもので、意志がキャラクターと事情に従うことを認める（この議論を西田は利用している）。もう一つは意志の自由に関するもので、キャラクターを超越的な作用と関連付けることでキャラクターによる決定が自由を意味すると主張し、決定論を反駁している。グリーンにとっては自由を擁護する後者のこの議論がより重要なのだが、まさにそれが第八節では省かれている。第八節の西田はそのための準備作業に過ぎない前者の議論しか利用しておらず、結局、理想主義というグリーンの立場そのものを採用してはいないのである。

西田は一八九五年の「グリーン氏倫理哲学の大意」の中では、「性質」という訳語を用い、キャラクターについて「人の性質は時間外なる自個の自由作用に本づく」と述べ、グリーンの自由意志論の本質を正しく要約していたのだから、「倫理学草案第一」第八節の西田はそうした超越的作用に関する議論を意図的に排除したのである。これは何を物語っているのだろうか。

五　ヘフディングの無意識的本性

尚もう一つの文脈がある。「倫理学草案第一」の自由意志論の中にはほとんど反映されておらず、聴講者がそうした文脈を想起することは不可能であるが、西田がキャラクターという語の中にこの文脈を意識していたことは間違いない。第三の文脈とはヘフディングが『心理学』（*Psychologie in Umrissen auf Grunglage der Erfahrung*）[7]の中で展開している無意識的本性に関わる自由の感情についての議論である。

このデンマークの思想家は、今日そのキェルケゴール論（*Sören Kierkegaard als Philosoph*）で知られるが、そのほかにも『倫理学』（*Ethik. Darstellung der ethischen Prinzipien und deren Anwendung auf besondere Lebensverhältnisse*）、『近世哲学史』（*Geschichte der neueren Philosophie*）そして件の『心理学』を書き、当時の日本では彼の名はかなり知られていた。西田は早くも一八九二年にこの『心理学』を買い求めている[8]。

ヘフディングの心理学をヴントの心理学と対比してみると、要素主義的ではなくその有機的統一を強調する点[9]、そして無意識の役割を高く評価している点が特徴的である。ヘフディングは我々の本性の全体が意識されることはないと考える。我々の本性は衝動を与えて人を行動へと突き動かすが、意識はそうした衝動を完全に把握することができない。たとえば、突然物を破りたくなったり、真面目なスピーチをぶち壊したくなったり、そうした非合理な衝動を我々は時として感じる。そうした衝動は意識の範囲を越えた本性から生じると語られる。こうした議論の中で想定されている、けして意識し尽くされることのない無意識的な本性をヘフディングはキャラクターとも言い換えている。

我々の本性、言い換えれば我々のキャラクター（Charakter）は、意識によって明るく照らされた小さな部分よりも包括的である（H・四三七）。

キャラクターを無意識的なものだと考えるヘフディングの考え方を西田が意識していたことは「心理学講義」の中でヘフディングを引用しつつ次のように述べられていることから明らかである。

この観念系統の全体は意識上に顕われ得る者ではなく、其大部分は意識下に於て意識的傾向の状態に於て潜伏し居るのである。故に人は自己の品性を知るものはない。ヘフヂング曰く Der Mittelpunkt der Individualität fällt nicht immer mit dem Mittelpunkt des Bewusstseins zusammen〔個人性の中核は決して意識の中核と一致するものではないの意。この引用はH・四三六にある〕（一四・五二四）。

ここでの Individualität は先の無意識的な本性、キャラクターとほとんど同じ意味である。興味深いのは、ヘフディングがこうした議論のすぐあとで、活動へと駆り立てる無意識的な傾向は、その傾向が意識された思考並びに感情と同じ方向へ向けて働いているときには気づかれることがないと述べ、更にその場合「我々は我々の活動に際して自分が自由であり、無制約的であると感じる」（H・四三七）と語っている点である。つまり、ヘフディングはキャラクターの方向と意識的な意志の方向とが一致するとき、我々は自由を感じる、と考えるのである。西田が「自由意志を感じるのは吾人が品性によりて決意するとき」であると述べるとき、彼はヘフディングのこうした議論を意識しないわけにはいかなかっただろう。もっとも、第八節では自由やキャラクターと無意識との関係には言及されていないから、倫理学講義を聴いた生徒たちがヘフディングの文脈を意識することはかなり難しかったに違いない。

六　ヴントによる経験的心理学と形而上学的心理学の区別

「倫理学草案第一」における自由意志論の鍵を握るキャラクターという語は三つの文脈で理解される可能性があった。ヴントが自己意識に与えた諸表象プロセス並びに諸感情プロセスの連関という説明、グリーンの超越的な表象作用を基礎とする説明、そしてヘフディングの無意識論的なキャラクター。「倫理学草案第一」第二章「意思」の中で明示的に与えられているキャラクターの説明はヴントの説明に沿ったものである。ここでは意志について論じる立場としてヴントの心理学的文脈が採用されたのである。グリーンの理想主義的文脈とヘフディングの無意識論的文脈はそれぞれ自由についての議論を備えていたにも拘らず、その立場が採用されることはなかった。

このこと、特に第二章がヴントの立場を採用しグリーンの立場を採用しなかったこと、或いは採用し得なかったことは何を物語っているのか。本発表ではヴントが行っている「経験的心理学（empirische Psychologie）」と「形而上学的心理学（metaphysische Psychologie）」の区別を手がかりとして一つの解釈を示したい。ヴントはそれぞれについて次のように述べる。

「形而上学的心理学を経験的心理学から区別する特徴は、形而上学的心理学は心的プロセス（Vorgang）を他の心的プロセスから導出するのではなく、特別な霊的実体の作用（Handlung）から導出するにせよ、物質のプロセス乃至性質から導出にせよ、心的プロセスとは全く異なった基体から導出する点にあ」（W・七）り、形而上学的心理学は「心的経験を心的経験から解釈しようとしないで、ある形而上学的な基体の仮説的なプロセスについての何らかの前提から導出しようとする」（W・八）。それに対して、経験的心理学は「規定された、より正確に言えば規則に於て単一の心的プロセスを用いて、そうした心的プロセスの共同作用からより複雑な他のプロセスを導出しようとする」（W・九）。

グリーンの議論は、超越的な主体とその作用を核として組み上げられている限り、ヴントから見るならば意志を「特別な霊的実体の作用」から導出する「形而上学的」議論であるということになるだろう。（ヴントは無意識論的な議論もまた形而上学的議論の亜種だと考えたから（W・二二九）、ヘフディングの議論も「形而上学的」だと考えられるかもしれない）。興味深いのは「心理学講義」の西田が、ヴントのこの区別を受け入れていることである。

哲学的心理学であれば現象を離れて精神の本体を研究する……精神的現象の科学的研究と云えば吾人に与えられる精神的現象の事実に本づき之を分析し其要素を求め此等の結合により複雑なる精神的現象を説明せんとするのである。今講ぜんとするところはこの種の科学的心理学である（一四・四七三）。

ここでは「経験的」が「科学的」、「形而上学的」が「哲学的」と訳し換えられているが、これは西田独自のものではなく、当時の一般的な傾向である。(10) こうした言い換え、とくにmethaphysischが「哲学的」と訳されている点には注意が必要である。当時の「哲学的」という語は、場合によっては、「形而上学的」の意味で用いられ、超越的な本体についての議論であると云うニュアンス（さらにいえば経験からはなれた臆断的議論という否定的なニュアンス）を含むのである。「心理学講義」ならびに「倫理学草案第一」の西田もまた本体論的な意味で「哲学的」という語を用いており、今日の用語法では「形而上学的」といったほうが一層適切であるような事柄を指している。

　ヴントが提示している経験・科学かそれとも形而上学かというこの対立図式を少なくとも西田は知っていたのであり、ヴントの立場をとるかグリーンの立場をとるかの問題もまたそうした対立図式と無関係ではなかっただろう。ヴントの議論が要素主義・構成主義的であったことを考えるならば、そこにあったのは次のような対立である。経験的で個別的な心的プロセスだけを認め、それらとそれらの結合したプロセスによって意識現象を説明する経験・科学の立場と個別的な経験に還元されない超越的で一なるものを認める形而上学の立場との対立である。第八節の西田はこうした対立図式の中で意図的に経験・科学の立場を選択したのであり、そのためにグリーンの議論を採用出来なかったのだと考えることが出来る。

　とはいえ「倫理学草案第一」は全体を通じて経験・科学の立場を貫き通したわけではない。第二章「意思」の末尾におかれた第十節「意志の哲学的性質」（傍点は本稿執筆者）が転換点となり、第三章「善」では理想主義・理性主義的な形而上学の立場から議論がなされることになる。第二章「意思」の全体を通して意志は概ねヴント的な経験的心理学の立場から可能な範囲で論じられ、第八節でも意志の自由はこうした立場から処理されるが、その末尾の第十節では一転して、西田は理性や理想について言及し「意志の本体は理性である」（一四・五五〇）というテーゼを掲げる。そして第十一節以降の「善」論は第十節で示された理想主義・理性主義的議論に沿って進められる。第十節の表題にある「哲学的」という語は、本体が云々されることから明らかに「形而上学的」の意味である。こうした表題がわざわざ掲げられねばならなかったということは、西田がまだ対立の図式から自由ではなかったことを示しており、またそうした対立の図式の中でここでは意図的に形而上学の立場が選ばれたことを示している。

まとめ　経験・科学という出立点、道徳的理想という目的地

「倫理学草案第二」は、第二章はヴント心理学という経験・科学の立場で書かれ、第三章は理想主義・理性主義的な形而上学の立場から書かれた分裂したテクストだということが出来る。この事実を最も合理的に説明するのは、修養期の西田が道徳的理想の確立を目論みながら同時に経験的事実から出立する科学的方法を試みようとしていた、という推測である。彼は倫理学を経験的な心理の事実から始めようとし、さしあたってその出立点としてヴント心理学を選んだ。その結果として第二章「意思」が生まれた。個別科学としての心理学を基礎として倫理学や哲学を論じようとする態度、これは、全精神諸科学を基礎付け、哲学を準備する特別な経験科学として心理学を考えたヴントや日本の元良に見る如く、当時としてはかなり有力な方法の一つであった。だが同時に西田は道徳的理想の確立を目指し、そのためには理想主義、理性主義の立場を採らなければならないと考えた。その結果が第三章である。つまり、経験・科学的な出立点と道徳的理想という目的地、この二つの計画を同時に満足させようとした結果が「倫理学草案第二」という形で残されたのである。

しかしながら「倫理学草案第二」の分裂が物語っているように、出立点となる経験をヴント心理学のような個別科学から借りて来る限り、この二つの計画を西田は調和させることが出来なかった。『善の研究』の西田はヴントの直接経験の立場に代えて純粋経験という自前の思想を立てる。そこでもまた経験的事実を出立点とするという計画は維持されるが、その経験はヴントのように要素主義的に考えられるのではなく、経験の只中に理想的・普遍的なもの、超時間的な統一力が含まれていると考えられてくるだろう。このように経験という観念の中

に予め理想的なものを組み入れること――逆に言えば理想的なものを直接的に経験してみせること――によって西田は経験を出立点としつつ道徳的理想を目的地とするという二つの計画を両立させようとするのである。

〔文末資料一〕「倫理学草案第一」略目次

第一章　総論　(一～四節)

第二章　意思

五　意思的動作の分析

六　意思の性質

七　意思の原因

八　意思の自由

九　社会的意志

十　意志の哲学的性質

第三章　善　(十一～十八節)

〔注〕

(1)　テクストの成立史についての本発表の理解は以下の諸研究に基づく。
下村寅太郎「後記」『西田幾多郎全集　第一巻』(岩波書店、一九六五年)。務台理作、高坂正顕、山内得立「後記」『西

田幾多郎全集　第一六巻』（岩波書店、一九六六年）。藤田正勝「後記」『西田幾多郎全集　第一巻』（岩波書店、二〇〇三年）。クラウス・リーゼンフーバー、村井則夫「後記」『西田幾多郎全集　第一四巻』（岩波書店、二〇〇四年）。茅野良男「西田幾多郎初期の思索をめぐって――資料編の解説に代えて――」『西田哲学――新資料と研究への手引き――』（ミネルヴァ書房、一九八七年）。平山洋『西田哲学の再構築　その成立過程と比較思想』（ミネルヴァ書房、一九九七年）。

（2）引用文中の下線、［注釈］、傍点はすべて本稿執筆者のものである。

（3）W. Wundt, *Grundriss der Psychologie*, 2.Aufl., Leipzig, 1897.

ヴント「心理学概論」からの引用は略号Wを使用し、頁数を（W・漢数字）で示した。

（4）務台理作は「心理学講義」とヴントのGrundrissとの関連を強調し、次のように述べる。『講義』の中核となっている第三章、第四章、第五章の章節の立て方は明らかにヴントに従ったもので、Grundrissと対応していないのは、ただ十『意志の要素』、十一『観念』、十九『観念活動に伴う情意の発達』だけである」。

（5）T・H・グリーンと西田との関係については、行安茂『近代日本の思想家とイギリス理想主義』（北樹出版、二〇〇七年）並びに水野友晴「西田幾多郎とT・H・グリーン――自己実現の原理に注目して」『日本の哲学　第一号』（昭和堂、二〇〇〇年）が論じている。水野氏は「倫理学草案第一」でのキャラクターを用いた自由意志論がグリーンの議論を利用したものであることを指摘している。

（6）T. H. Green, *Prolegomena to Ethics*, New York, 1969.

グリーン「倫理学序説」からの引用は略号Gを使用し、頁数を（G・漢数字）で示した。

（7）Dr. Harald Høffding, *Psychologie in Umrissen auf Grunglage der Erfahrung*, Leipzig, 1887.

ヘフディング「心理学」からの引用は略号Hを使用し、独語版の頁数を（H・漢数字）で示す。

（8）ヘフディングから影響を受けた日本の思想家としては大西祝をあげることが出来る。大西とヘフディングの関係については、北野裕通「大西祝とヘフディングの『キェルケゴール』」『キェルケゴール研究　第十七号』（キェルケゴール協会、創文社、一九八七年）を参照。北野氏は西田とヘフディングの『心理学』の出会いについても論じている。

(9) ヘフディングは意識の三つの特徴を挙げている。「変化と対照」「保存と再生」そして「内的統一」である。この議論は西田「心理学講義」第四節「意識の根本的性質」の中で利用される(一四・四八一)。

(10) 例えば元良勇次郎、中島泰蔵訳『ヴント氏心理学概論』(冨山房、一八九九年)。

第八章　西田の神秘主義と神の概念の変化
——晩年の西田宗教哲学への批判

アンドレーア・レオナルディ

一　西田と神秘主義——『善の研究』と「場所的論理と宗教的世界観」

『善の研究』において、宗教は「哲学の終結」（一・六）として定義され、その最後に置かれた第四編の主題となっている。『善の研究』の執筆後、西田は宗教を直接論じることがほとんどなかったが、晩年の論文、特に最後の完成論文「場所的論理と宗教的世界観」の中で、再び宗教について論じた。単なる偶然にすぎないであろうが、哲学者としての西田幾多郎の経歴は宗教の問題から始まり、宗教の問題で終わったのである。両方の論文は、論調としては似ているが、神秘主義に関する考察は、その評価が正反対になっている。この評価の著しい相違とその原因を分析することによって、西田哲学の発展およびその宗教の問題に対する立場の変化を探ることができるであろう。

『善の研究』において西田は、宇宙を統一する「神性的精神」について論じ、その生きた精神は理性や良心によって把握され得ないと主張する。なぜならば、その存在は「実地に於ける心霊的経験の事実である。我々の意識の底には誰にもか々る精神が働いて居るのである（理性や良心はその声である）。唯我々の小なる自己に妨げられて之を知ることができないのである」（一・一五〇）からである。こうした心霊的経験の例として、西田は、イギリスの詩人A・テニスンの体験した無限の実在における個人的自己の溶解を挙げた後、文学者J・A・シモンズの叙述を引用し、神秘主義を高く評価する。

我々の通常の意識が漸々薄らぐと共に其根柢にある本来の意識が強くなり、遂には一の純粋なる絶対的抽象的自己だけが残るといって居る。其外、宗教的神秘家のかかる経験を挙げれば限もないのである（James, The Varieties of Religious Experience, Lect. XVI, XVII）。或はかかる現象を以て尽く病的となすかも知れぬがその果して病的なるか否かは合理的なるか否かに由って定まってくる。余が嘗て述べた様に、事実は精神的であって我々の精神はその一小部分にすぎないとすれば、我々が自己の小意識を破って一大精神を感得するのは毫も怪むべき理由がない。我々の小意識の範囲を固執するのが反って迷であるかも知れぬ。偉人には必ず右の様に常人より一層深遠なる心霊的経験がなければならぬと思う（同上）。

一方「場所的論理と宗教的世界観」においては、神秘主義は低く評価されている。宗教は霊性的実在に基づくが、しかしその霊性的事実は神秘的なものではないと西田は主張する。「霊性的事実と云うのは、宗教的ではあるが、神秘的なるものではない。元来、人が宗教を神秘的と考えること、その事が誤である」（一〇・三三二）。その理由は「宗教的意識と云うのは、我々の生命の根本的事実として、学問、道徳の基でもなければならない。宗教心と云うのは、特殊の人の専有ではなくして、すべての人の心の底に潜むものでなければならない。此に気附かざるものは、哲学者ともなり得ない」（同上）からである。後の箇所では、西田は神秘主義に対して一層厳しい評価を下している。「神秘的なるものは、我々の実践的生活に何の用をもなすものでない。宗教が或特殊な人間の特殊な意識であると云うならば、それは閑人の閑事業たるに過ぎない」(一〇・三五九)。

もちろん『善の研究』と「場所的論理と宗教的世界観」に、類似した思想があることには注目しなければならない。両者の主題は心霊的経験と神秘的経験との関係、そしてそれに次いで神秘的経験と日常経験との等級関係である。宗教的実在は『善の研究』では「心霊的」と形容され、「場所的論理と宗教的世界観」では「霊性的」と形容されるという言葉遣いの違いはあるにせよ、西田が、それらの言葉によって、同一の根本的経験を言い表していることは疑いえない。実際、「場所的論理と宗教的世界観」の冒頭では「心霊」という語が使われている。すなわち「宗教は心霊上の事実である」(一〇・二九五)と言われている(言葉遣いの違いの理由について、以下で触れる)。

しかし、『善の研究』では、自己の溶解によって無限なものと合一する神秘的経験は、心霊的経験の最も根本的な形と見なされたのに対して、「場所的論理と宗教的世界観」では、単なる二次的な経験としてしか見られていない。むしろ、それは科学的経験や日常意識以上のものではなく、それらに劣るものとして、そして無用なものとしてみなされている。若き西田の評価と比較すれば、極めて激しい評価であると言わざるを得ない。最も際立った対立は両論考の最後の部分に見られる。『善の研究』では「宗教的神秘家」のような偉大な人物の経験は、常人の経験より一層深遠なるものとして賞賛されたのに対して、「場所的論理と宗教的世界観」では、宗教的経験はあらゆる人間の心の底に潜むものであり、ある特別な人の特権ではないことが強調されている。神秘主義に対する批判を記すにあたって、西田は自らの『善の研究』における神秘主義への言及を意識していたに違いない。宗教心があらゆる人間の心に潜むことに気づかない人は「哲学者ともなり得ない」と書いたとき、西田は自らのかつての思想を批判したのではないだろうか。

二　『善の研究』における神秘主義と神

こうした神秘主義に対する正反対の評価にはどのような意味と理由があるであろうか。この問いに答えるには、まず西田にとって神秘主義とは何であったのかという問いに答えなければならない。『善の研究』における神秘主義の根本的な意味は、上述のJ・A・シモンズの叙述、および「自己の個人的意識の深き底から、自己の個人が溶解して無限の実在となる」というテニスンの体験への言及から知られる。神秘的経験というのは、有限な個人的意識の限界を超えて、宇宙の意識と合一する作用を意味する。『善の研究』の形而上学（実在論）によると、実在は、「神」という宇宙の無限な統一力の純活動としての意識現象の統一的全体に他ならない。神なる統一力は、自己を自己に現わすことによって自己表現する弁証法的過程であり、その過程において、原始的な統一は分裂して、一層高い統一へと止揚される。各人の個人的意識は、宇宙の統一的意識の局所的な表現であり、弁証法的過程の一時的な段階にすぎない。矛盾対立による意識の分裂によって、自覚は可能となるが、自覚的生活の最終的な目的は、分裂を克服することによって宇宙的意識との自覚的合一を実現することにある[1]。こうした合一状態は知的直観の究極の形に他ならない。「理想的なる精神は無限の統一を求める、而して此統一は所謂知的直観の形に於て与えられたのである」（一・三五）と言われている。

「知的直観」とは、「所謂理想的なる、普通に経験以上といって居る者の直覚」、つまり「弁証法的に知るべき者」（一・三三）の直覚であり、知覚や思惟から区別された人間の経験の個別の作用である。しかしながら、同じ語は「一大知的直観」（一・一四八）という表現で、神の作用を形容するためにも使われている。こうした意味において、西田の言う「知的直観」は西洋の観念論者によって定義された Intellektuelle Anschauung やプロティノスの言う ἐπιβολὴ πρὸς ἑαυτόν（自己への把握）に近いと言うことができる。すなわち、知的直観とは、自己を措定し認識することによって、対象を措定し直接に認識する原始的意識作用なのである。西田の言う知的直観の二つの意味（人間の個別作用と神の作用）は、いわば漸近線のように無限の方向に収束する。なぜなら、『純粋経験に関する断章』で言われているように、宇宙的意識への溶解として実現する神の直観とは、人間の知的直観の無限の発展の達成であるからである。「知的直覚は知覚の発展したる者である。此の発展は無限であって、遂に神の直覚に至ってとどまる」（一六・五七）。

我々の経験の完成としての知的直観の重要性、およびその最終的な形の宗教的性格は、『善の研究』第一編の構造と著作全体の構造との並行性に明確に現れている。周知のとおり、「知的直観」と題された第四章は第一編の最後におかれているが、「宗教」と題された第四編は『善の研究』の一番最後におかれている。こうした並行的な構造によって、思惟が実在論に関する意識作用であり、また意志が道徳に関する意識作用であるのと同様に、知的直観は宗教に関する特有の意識作用として位置づけられる。(2)

『善の研究』の範囲において、神の知的直観が絶対者との神秘的合一に限られないとしても、西田がこうした意識の状態を知的直観の完成、したがって経験の頂点と見なしていることは疑う余地がない。神の直観の優位が、宗教を「哲学の終結」として優位におく根拠とされるのである。

> 実地上真の善とは唯一つあるのみである、即ち真の自己を知るという尽きて居る。我々の真の自己は宇宙の本体である、真の自己を知れば啻に人類一般の善と合するばかりでなく、宇宙の本体と融合し神意と冥合するのである。宗教も道徳も実に此処に尽きて居る（一・一三四。他に一・一四一—一四二を参照）。

このように神と人の神秘的融合が最上で最も深い経験と見なされる理論的な根拠は、その神の概念および神と世界、神と個人意識との関係にある。『善の研究』では、神は意識内容を形成する内在的力、すなわち、宇宙の精神的根拠・自己として考えられている。統一的経験の立場からすれば、神は意識現象の流れそのものであるが故に、「神は即ち世界、世界は即ち神である」(一・一五二)と西田は主張するのである。スピノザを繰り返し引用しつつ、西田は「汎神論」(一・一五四)という用語を用いる。我々の真の自己は、反省によって生まれる有限な自我ではなくて、その背後に潜み、反省によっては対象化され得ない意識の無限な作用である。我々の深い本質は神そのものなのである(一・一四四、一四五)(3)。

しかしながら、主観的作用と客観的内容を区別して分化させる反省の立場からすれば、意識内容は常に有限で受動的であるが故に、神はあらゆる意識内容を超越する。それ自体において考えられる限り、神はあらゆる有限なものの否定であって、そのため「全く無」(一・八一)である。ただし、神の「無」は「有」と矛盾するものではなく、むしろ形而上学のアペイロン(ἄπειρον)、「限定されないもの」という概念に近いように思われる。神自体は、あらゆる限定された意識内容を生み出せるように、あらゆる限定を超えなければならない。「一切は之に由りて成立するが故に能く一切を超越して居る。黒にあって黒を現んずるも心は黒なるのではない、白にあって白を現んずるも心は白なるのではない」(一・一五一)。こうした神の本質を語るために、西田は西洋の神秘主義的な否定神学の用語を借用する。「神は有無をも超越し、神は有にして又無なり」とも、また「神は「物なき静さ」であるとか、「無底」Ungrund であるとか又は「対象なき意志」Wille ohne Gegenstand である」(同上)とも言われている。否定的と言えども、西田の言う神意は、自己を措定することによって客観的実在を生み出す積極的な作用として肯定的に考えられている。神の統一力と世界となるその内容との関係は、スピノザの言う能産的自然と所産的自然(natura naturans, natura naturata)との関係に近いと言えよう(4)。「神の存在」や「神のみ真実在である」(一・八〇、一五三)といった表現から推測できるように、『善の研究』の段階では、西田は絶対者を肯定的に「有」として考えていたにちがいない。もっとも、西田の考えていた神の「存在」は従来の実体のような存在ではなく、むしろ観念論の言う「純活動」のような存在である。活動は有としてしか考えられないため、「有即活動」（一・四五）である。そして、有であるが故に、活動は主客対立の意識において内容から離れて考えることができる。神の純活動とは一切を生み出しながら把握する一大知的直観であり、宇宙とは「神の内面的性質より出づる」（一・一四七）内容となるのである。

こうした『善の研究』の神概念を基盤とすることによって、「神人合一」という神秘的経験は、説明可能となる。意識現象の統一的実在は様々な矛盾対立を含んでいるが、それは、意識の発展にとっては必然的であるが、至高の形而上学的立場にとっては非現実的なものでしかない。統一的な純粋経験の状態は、反省の二元的な意識状態に対立しており、反省の状態においては、我々の意識は、切り離されて有限な個人意識として現れてくる。反省によって意識作用とその内容が分化して把握されるが、その対立は、実在の発展の弁証法的過程における一つの段階に他ならない。純活動としての神の本質としての「神性」（Gottheit）は、自己に対する鏡となり、自己において自己を映す。意識内容として鏡に映された映像は世界となって、意識作用に対立するようになる。[5] 個人の意識が統一的全体性の一部として、いわば宇宙意識の欠片として自覚されることによって、神の自己発現が完成する。こうした意識の弁証法的発展の完成となる自覚的状態において、神秘的な神人合一が達成される。そこにおいて、過程的な矛盾対立は止揚されて、一元的かつ無限の実在の流れに溶解する。無限意識は世界と対立せず、それを包むのであり、有限な意識活動が神の活動——その神性——と融合することで、主観と客観は一つになるのである。

三　後期西田哲学における神秘主義の排除

こうした神秘的経験の優位を主張する形而上学的な立場に対して、後期の西田は不満を覚えるようになったように見える。後期の立場から見れば、『善の研究』における個は神の発現の単なる副産物にすぎない。『善の研究』では、個人は全体性の一部とされながら、その相対的な「自覚的独立」（一・一五四）が主張されている。しかしその主張は根拠のないままに留まっている。『善の研究』の理論的な枠組みにおいては、統一的経験の流れへの個人意識の溶解が可能とされ、他の経験よりも優位な意識状態と見なされているが、その理由は、はじめから個人が絶対者から映された幻影と見なされているからである。喩えて言えば、個人は神の終末論的なドラマのエキストラにすぎない。

「場所」という概念の導入によって、西田は個人性に存在論的な根拠を与える独自の体系を作ることができた。特に、晩年の場所的論理において、個人は実在の自己限定の過程の焦点となった。自己表現と自己限定という、実在を形成する運動は、絶対者と個人が映し合う相互作用となる。『善の研究』の神と同様に、場所は自己の中に自己を映すが、映された場所も、それ自体もまた場所であるが故に、映す場所を逆に自己の中に映す。したがって、有限な個人は、もはや単に場所によって映され、包まれる二次的なものではなくなる。むしろ絶対者がそこにおいて矛盾的自己同一的に自己限定する複数の場所となる。統一的全体としての絶対者は、創造的に複数の個において自己限定し、自己を否定する。その各々の個は、自己を限定することによって、神の表現の「自己焦点」「一者の自己射影点」として、その固有の観点から世界の全体を表現する。

こうした世界観においては、『善の研究』で高く評価された、個人が無限へと溶解する神秘的経験は、もはや経験の最上の形とは見なされない。なぜなら、『善の研究』では、矛盾対立は上位の統一において完成する過程的弁証法の一段階と考えられていたが、場所の論理においては、弁証法はもはや過程的ではなくなり、その本質的な契機とされる矛盾対立の状態が、実在の最終的な形と見なされるからである(6)。世界と同一視された絶対者と個人の関係は、根本的に非対称的で「逆対応」と見なされる。世界全体が個人的意識の中に映される限り、個人は世界に対応するが、世界が無数の個人的意識の中に無数の異なる観点から映されるが故に、個人的意識は世界の収縮したものとなる。すなわち、個人は無数の小世界の中の一つの小世界にすぎないため、その対応は逆対応となるのである。逆対応というのは、非過程的な矛盾的自己同一の究極の形に他ならない。世界と個人は、同一でありながら、無限と有限、絶対者と相対者として根本的に相矛盾しているのである。こうした発想においては、「神人合一」のような直接的な結合は明らかに不可能となる(7)。

晩年にも、西田は一種の神人合一を認めたが、それは宗教哲学においてではなく、論文「歴史的形成作用としての芸術的創作」で説かれる芸術哲学においてである。芸術的創作は、世界の創造的作用としての我々の作用であり、主体に働きかける環境の独自性を否定し質料化する抽象的作用である、と西田は述べる。働く主体と環境とのあいだの矛盾は、環境が主体の意識範囲に包まれながら主体を包むという、超越と内在の矛盾関係である。この関係を一極へ抽象するということは、その一極を対極から独立したものとして捉えることを意味する。環境への抽象的作用は、環境を主体から超越するものとして捉える科学の起源となる。それに対して、主体への抽象的作用は、環境を主体に内在的なものとして捉える芸術の起源となる。創造的活動を極めることによって、主体は自己以上のものへ高められ「神となる」(九・二七二)。つまり、自己の有限性を超えて、自己の中に環境を包み込むようになる。

矛盾的自己同一の立場に於て我々のポイエシスが即世界のポイエシスと考えられる所に、芸術的直観の対象として芸術的作品と云うものが成立するのである。それはもはや私の作品ではなくして天の作品である。言語と云うものは、表現作用の中でも、寧ろ我々の自己が絶対者の自己射影点として、超越的自己の立場から世界を表現する立場に於ての表現作用である（九・二七四）。

こうした人間の活動と神の活動の合体は『善の研究』の神人合一に近いが、西田は、芸術的創作は環境との対立を完全に超えることはできないと主張する。具体的な世界の自己限定が必然的に両極の対立としてのみ実現するが故に、主体と環境は相互に還元され得ない。そのため、両極の合体は個人意識の絶対者への溶解まで至らないのである。したがって、芸術的創造的作用も、その対極となる科学的知識と同様に、経験の特殊な形にすぎず、何の優位も特別な意義も持たない。さらに、このような芸術的作用に比べて、神秘的経験はより低く評価される。なぜなら芸術的作用は「閑人の閑事業」ではなくて創造的活動であるからである。

結局、『善の研究』で唱えられた神人合一という神秘的経験は、「場所的論理と宗教的世界観」では不可能なものとして、また無意義な作用として否定される。それでは、西田の晩年の宗教論において、神秘的経験の意義はどこに見られているのだろうか。たとえば、神秘的経験は、環境を自己の中に吸収すること、あるいは何らかの形で世界と融合することとしてではなく、むしろ世界から離れることによって世界との対立を超えるものと考えられているのだろうか。『善の研究』の範囲においては、こうした経験が人と神性（つまり、世界を生み出しながら、世界から離れたものと考えられる神の本質）との融合として考えられる余地が存在した。『善の研究』では世界は神から映された像と見なされており、世界を神から概念的に区別することが可能であったからである。それに対して、場所の論理の発展によって晩年の西田は、世界と絶対者を完全に同一視するようになっている。

神と世界の同一視の結果、「場所的論理と宗教的世界観」では、世界の具体的な弁証法的発展から離れた神性を認める余地が全くなくなっている。「私の神と云うのは、所謂神性 Gottheit の如きものを云うのではない」（一〇・三二一）[8]。場所の論理からすれば、超越的な神性を認めることは、実在の自己限定の述語面を無視して、一方的に絶対者を主語論理の観点からのみ考えてしまうことになる。論理的に考えれば、こうした神性は我々に対する対象となって、述語によって表現される属性の基体になってしまう。晩年の西田によれば、こうした神は、実在の起源に欠かせない創造性を欠いたものとしてしか考えられない。「主語的超越的に君主的 Dominus なる神は創造神ではない」（一〇・三一八）。こうした神は、世界と我々に何の関係も意味もないもの、すなわち、この世から完全に離れた無縁の他者（totaliter alter）でしかない。西田によれば、我々に実際に与えられている絶対の他というのは、有限な汝――すなわち、私によって完全には限定され得ないが、私と同様に単なる個にすぎない他人――もしくは世界そのものでしかあり得ない。世界の超越的な他性とは、世界が私を包みながら無数の他なる個をも包むことに他ならない。このような西田の考えによれば、結局のところ、世界は無数の個の弁証法的統一にすぎない。個から離れて、それ自体において考えられる場合、世界は無である。絶対で創造的な無と言えども、畢竟、単に無にすぎない。映し合う無数の個のネットワークの他に何も「無い」わけである。

無は、開かれた場所として、個に、その実在性と独立性の根拠を与えるのであり、西田にとっては、絶対者を有限な個に先立つ一種の存在者のように考えることは、個の独立的存在を否定した不十分な立場に戻ってしまうことを意味する。西田が当初から実在の本質として考えた自己関連の構造は、晩年において、実在を完全に内在的かつ非実体的に説明する手段になる。いわば、超越的な他を廃棄して、現象的実在をそれ自体の中に閉じ込める手段になるのである（一〇・三二六）。

もちろん、逆対応において、我々は神の無限性に否定されて、永遠なるものに直面し、死すべき定めのものとして宗教的な感情を覚えると西田は述べる（一〇・三二四以下、三二四以下）。しかも、西田は、世界を生み出す神の弁証法的自己限定をキリスト教の言う神の愛に喩えて、神と世界の関係は一種の「万有在神論」（一〇・三一七）であると述べる。しかし、こうした神の愛への言及は、宗教的な神話の単なる合理的な説明のようにしか見えない。なるほど西田から見れば、キリスト教徒の言う愛、もしくはケノーシスは絶対者が自己を否定して個を有らしめることに他ならない。しかし、こうした自己否定は自由意志の行為、個人に授けられた恩寵ではなくて、むしろ弁証法的一般者としての世界の単なる必然的、あえて言えば、機械的な論理的運動にすぎない。「神は愛から世界を創造したと云うが、神の絶対愛とは、神の絶対的自己否定として神に本質的なものでなければならない、opus ad extra ではない」（同上）[9]。

「万有在神論」という概念は、一見すると西田の考える絶対者に当てはめることができるように思われるかもしれないが、そうではない。西田哲学において、絶対者は、個がそれに於いてその射影点として生まれる場所として、個に内在的でありながら、同時に超越的である（一〇・三一七）。しかし、万有在神論という「合理神学」の一つの側面は、場所の論理の初期段階においては適用できるが、晩年の西田における絶対者と相対者との関係には適用できない。西田自身がそれをはっきりと認めている。「万有在神論的とも云うべきであろう」という推量の助動詞を用いたことと、万有在神論は西洋の対象論理ではなく、むしろ般若波羅蜜の論理をもって理解すべきであると強調したことはそのためなのである。そもそも、万有在神論は西洋思想における従来の神の超越概念を含む。世界を自己の中に包むものとして、神は世界から或る程度離れた存在者と肯定的に見なされるのである[10]。その存在は、単なる存在ではなくて、たとえばプロティノスの言う一者の超存在（ὑπερούσιος ἕν）として考えられるものであり、我々が積極的な関係を有するものであって、単なる無ではないのである。西田がその概念を対象論理的に解釈すべきではないと言うのも、そのためである。対象論理的に存在すると見なされる神は、西田にとって有限なものに対する相対者にすぎないのである（一〇・三一五）。

要するに、最晩年の西田によれば、個人を包む全体性は世界そのものに他ならない。般若波羅蜜の即非の論理を押し進めれば、このような結論に至らざるを得ないであろう。(11) 結局のところ、神に直面する時に我々の感じる畏敬は、無限で永遠の全体性と有限で儚い部分との矛盾に対する感情的な反応にすぎず、「場所的論理と宗教的世界観」の神は「世界」を示す感情的な宗教用語にすぎないのである。西田哲学においては、「世界」という語を用いることによって、「神」という語を廃棄することができる。なぜならば、神という語は、論理実証主義者の言う語用論的意味以外、何の意味も持たない言葉にすぎないからである。それゆえ西田は「神秘思想」を批判して、自分を「徹底的実証主義者」と名づけるのである。「自己自身を限定する形の背後に、何等の基体的なるものを考えてはならない。それは神秘思想に過ぎない。私は徹底的実証主義者である」(一〇・三七)(12) と言われている。

西田の徹底的実証主義は有意義な超越の概念を除外するだけでなく、あらゆる神秘的な感情も否定してしまう。若き西田は、自覚の論理的構造に個性の根拠を見つけることができなかったため、神の絶対自由意志という概念を導入し、実在の起源を絶対者の計り知れない作用に求めた。自由にしてあらゆる範疇を超える作用のこうした概念は、西洋の否定神学の伝統に由来する(二・二六四)。しかしながら、晩年の西田は、その概念をもって合理的な説明への追求を満足させることができなかったため、周知のとおり、こうした立場を神秘主義への降伏として自己批判した。「神秘の軍門に請うたと自白せざるを得なかった」(二・三)。実在を完全に合理的に説明し尽くすという西田の意図は、「場所的論理と宗教的世界観」の世界観においてようやく完成する。実在の起源は、矛盾的自己同一という完全に透明な論理的過程——論理的機構——にある。絶対無は自己否定であるが故に、自己と矛盾した弁証法的な対極、すなわち、有とならざるを得ないのである。「我々が神と云うものを論理的に表現する時、斯く云うの外にない。神は絶対の自己否定として、逆対応的に自己自身に対し、自己自身の中に絶対的自己否定を含むものなるが故に、自己自身によって有るものであるのであり、絶対の無なるが故に絶対の有であるのである」(一〇・三一六)。

ライプニッツの問いかけた最上の形而上学的な謎「なぜに無があるのではなくむしろ有るものがあるのか」は、西田にとって完全に解決されたものとなっている。未知や不可知、神秘、または覆蔵性・隠蔽性(Verborgenheit)を全く残さずに実在を説明することによって、哲学的探究から、宗教哲学の探求からすらも、神秘主義を排除することができると西田は確信したように見える。全体性として我々を圧倒し否定する神は、西田によれば我々の理性によって完全に把握され得る。しかし、こうした絶対者が我々に覚えさせる畏怖は、人によっては宗教的な感情として感じられるにしても——西田自身はそういった誠実な宗教心を持っていたにちがいない——、人によっては無意義な宇宙に対する我々の存在の完全な不条理さの感情として感じられることも否定できない。最晩年の西田の世界観に依拠すれば、宗教的な感情そのものの存在理由さえ失いかねないのである。

四　晩年の西田宗教哲学への批判

この神秘主義の排除へと至った立場の変化は、田辺元の批判の影響によるもののように思われる。田辺によれば、西田の思想においては「哲学が宗教哲学(プロティノスの哲学を宗教哲学という意味に於て)として、最後の不可得なる一般者を立て、その自己自身に由る限定として現実的存在を解釈することは、哲学それ自身の廃棄に導き(13)」かねない。つまり、前期と中期の場所の論理は、世界がそこから発出する超越的なものの自覚——知的直観(14)——を基盤にすることで、神秘的な傾向があったと言うわけである。その意味で、「田辺の西田批判は、「逆対応の論理」の成立の否定的な媒介契機となっている(15)」と言える。「場所的論理と宗教的世界観」において西田が問接に田辺の批判に反論したことはその証なのである（一〇・三五六、三二〇）[16]。

田辺の批判は、西田の哲学の発展を内的に促す媒介契機になった。特に、その批判によって、西田は、個の実在の根拠を絶対者において確定する要求、および世界を完全に合理的に説明する要求を一層強く感ずるようになったと考えられる。実在を説明する要求という点において、西田哲学の発展は顕著な一貫性と真剣さとを有している。晩年の西田が絶対的な自己関連の運動として考える実在は、現象の彼方に潜んでいる絶対無という超越者から生まれるのではなく、むしろ具体的な個において自己限定する絶対無そのものとして成立する。このような独自の探求を押し進めて、西田は一種の東洋的世界観を現代哲学のなかに蘇らせ、世界哲学に実に優れた貢献をしたにちがいない。しかし、宗教の事柄をめぐっては、晩年の西田の世界観にはいくつかの重要な問題があると言わざるを得ない。「場所的論理と宗教的世界観」の冒頭で、西田は哲学と宗教の関係について次のように述べている。「哲学者が自己の体系の上から宗教を捏造すべきではない。哲学者はこの心霊上の事実を説明せなければならない」（一〇・二九五）。しかし、結局のところ、西田は自分の哲学体系に基づいて宗教を作り上げてしまったと言えるのではないだろうか。少なくとも、神秘主義の排除は、西田が宗教のありのままの姿を説明したというよりも、宗教のあるべき姿を定めようとした結果であるように思われる。神秘的経験は文明が誕生して以来、おそらく人類が誕生して以来、様々な形で宗教の根本的な要素であり続けてきた。多くの文化において神秘経験こそが、哲学者が説明するべき心霊上の事実の最も高い形とされてきた。西田は、この経験を排除することによって、自分の立場に適した宗教的経験のみを、真の宗教的経験として捉えてしまったのである。たとえ西田が東洋的な宗教観、特に一種の日本的な宗教観を哲学的に解釈したと考えられるとしても、そこには一つの論理的悪循環が潜んでいる。それは、西田が、日本的な宗教体験を表現するように自分の哲学体系を形成した後、その哲学体系に基づいて異なる宗教体験を否定し、日本的な宗教体験のみを真の心霊的経験の事実として認めたという悪循環なのである。

この点において、上述の用語の変化は偶然ではない。宗教的経験の事実を形容するために用いられる語は、「場所的論理と宗教的世界観」の冒頭では『善の研究』と同様の「心霊」であるのに対して、神秘主義を批判する箇所では「霊性」となる。「霊性」という概念は、鈴木大拙の『日本的霊性』[17]から借用されたものである。宗教を支えている精神的な事実は、根本的なところで普遍的であるはずだが、「場所的論理と宗教的世界観」では日本の宗教性、中でも禅宗と親鸞の仏教を支えている特殊な宗教性と同一視されている。「宗教的信仰とは（中略）我々の自己に絶対の事実でなければならない、大拙の所謂霊性事実であるのである」（一〇・三三二）と言われている。

もちろん、鈴木と同様に、西田も、キリスト教を一種の真の宗教的経験として認める。しかし、上述のように、自らの概念によってキリスト教の概念（ケノーシス、万有在神論など）を解釈するとき、西田は、それによって単に宗教的な神話を合理的に説明しているようにしか私には見えない[18]。自身の宗教経験やある日本的宗教性の概念に適していない宗教的経験を否定することによって、晩年の西田の宗教哲学は普遍的な力を失ってしまったように見える。その否定的排除は、キリスト教を特徴のない内在論的合理主義に還元させるのみならず、日本以外の大乗仏教をも含めて、インドの宗教を低い地位へと追いやってしまう。「その源泉を印度に発した仏教は、宗教的真理としては深遠なるものがあるが、出離的たるを免れない。大乗仏教と云えども、真に現実的に至らなかった」（一〇・三四六）[19]という評価がなされている。

「場所的論理と宗教的世界観」の宗教観は、そもそも日本の宗教性の解釈に他ならないとすれば、そこには宗教観の普遍性は存在しなくなる。そうであれば、日本人以外の人々にとって、西田哲学は日本の民族の思想に関する単なる人類学的な資料になってしまうであろう。しかし、そもそも西田哲学は実在そのものの把握を目ざしたのであり、一部の日本人から見た実在の解釈を目ざしたものではなかったはずである。西田にとって、世界が矛盾的自己同一として自己限定することは、日本にのみ局所的に見いだされる出来事ではなかったはずである。日本的霊性に基づいた思想によってキリスト教の概念も解釈し、その思想はインドや中国の思想より深いと述べる時、西田の意図は日本的霊性の普遍性を訴えることにあったにちがいない。

もちろん原理的には『善の研究』と同じく、最晩年の西田も「宗教論をどれか一つの宗教に依拠して作り上げようとはしない[20]」立場に立っている。したがって「場所的論理と宗教的世界観」を、晩年の西田の宗教観の解明や、日本に特有の宗教的経験の解釈といった観点からだけではなく、視野を広げて大乗仏教の解釈といった、より広い視点から読解することは可能であろう。しかしながら、私は『善の研究』の宗教概念の方がより寛容的で、より普遍的な意義をもっていると考えざるを得ない。

〔注〕

（1） 一九〇九年六月八日の山本良吉宛の書簡を参照（一九・一六二―一六三）。
（2） 森哲郎「純粋経験の世界」、『京都産業大学世界問題研究所紀要』第一一号、一九九〇年、一八六頁以降を参照。
（3） 「我等の精神現象は物体的現象と同じで之の絶対的精神の一 mode なる」（一六・一八〇）。
（4） Spinoza, *Ethica*, P 29, scholium.
（5） 「対象なき意志ともいうべき発現以前の神が己自身を省みること即ち己自身を鏡となすことに由って主観と客観とが分れ、之より神及世界が発展する」（一・一五二）。
（6） 言い換えれば、晩年西田の弁証法の中心は「止揚」ではなく、「同時媒介性」となる（中山延二『仏教と西田・田辺哲学』、百華苑、一九七九年、九七頁）。

（7）西田の論文「予定調和を手引きとして宗教哲学へ」を参照（一〇・一〇四、一一〇—一一一）。

（8）西田は論文「予定調和を手引きとして宗教哲学へ」では、まだ神性の概念を積極的に認めている。しかし、それは、神性を「空」と同じ概念と見なしていたからである（一〇・一〇四）。したがって、この段階でも、西田哲学においては、世界の背後には何も存在せず、神は世界そのものなのである。「絶対実在の世界は、形が形自身を限定する世界でなければならない。（中略）自己自身を限定する形に於ては、natura naturans = natura naturata である」（一〇・九五）。

（9）周知のとおり、阿部正雄は京都学派の思想に基づいてキリスト教のケノーシスを自己空化として解釈した。その説に対するキリスト教神学者の応答について、ブレット・デービス「神はどこまで自己を空ずるか」、藤田正勝、ブレット・デービス『世界のなかの日本の哲学』（昭和堂、二〇〇五年）所収を参照。

（10）"The Being of God includes and penetrates the whole universe, so that every part exists in Him, but His Being is more than, and not exhausted by, the universe." F.L. Cross and E.A. Livingstone, eds., *The Oxford Dictionary of the Christian Church*, 3 rd ed.（New York：Oxford University Press, 1997）, p.1213.「万有在神論」という語を導入したK・クラウゼの定義も参照されたい。"Alles ist und lebt in, mit und durch Gott. Kein Wesen ist Gott, außer allein Gott.. Die Welt ist nicht außer Gott, denn er ist alles, was ist；sie ist ebensowenig Gott selbst, sondern in und durch Gott." K. Krause, *Das Urbild der Menschheit*（Leipzig：Dietrich, 1903）, S.4.

（11）「又如来の如は即ち是れ一切法の如で、一切法の如は即ち是れ如来の如である。そうして如来の如というのは即ち非如である」。鈴木大拙『禅の諸問題』（大東出版社、一九四一年）一七一—一七二頁。

（12）言うまでもなく、西田の言う「徹底的実証主義」は単なる「感覚主義」ではなく、「自覚的に実証する所に、真理と云うものがある」という考え方である（一〇・五九）。

（13）『田辺元全集』第四巻（筑摩書房、一九六三年）三〇九頁。

（14）同書三二七頁。

（15）小坂国継『西田哲学と宗教』（大東出版社、一九九四年）二八一頁。

（16）　田辺による西田哲学批判について、小坂国継「西田哲学と田辺哲学」、峰島旭雄編『東洋の論理――西田幾多郎の世界』（北樹出版、一九八一年）所収、および、中山延二、前掲書、八―一六一頁を参照。

（17）　『鈴木大拙全集』第八巻（岩波書店、一九九九年）。西田と鈴木の関係については、竹村牧男『西田幾多郎と鈴木大拙』（大東出版社、二〇〇四年）を参照。

（18）　神の意志と啓示の解釈を参照（一〇・三二〇）。実際のキリスト教の世界観が単純に絶対無の場所の論理に還元できないことを西田も十分に理解していたはずである（六・三三七―三三八、三四五）。無論、晩年の西田自身の宗教観を別にして、その概念を用いてキリスト教などを解釈することは可能である。こうした試みはもはや西田哲学の解釈ではなくなり、西田の概念の自由な利用となるだろう（小野寺功『絶対無と神』春風社、二〇〇二年、および浅見洋『西田幾多郎とキリスト教の対話』朝文社、二〇〇〇年を参照）。

（19）　インドの宗教の批判は、『日本文化の問題』でのインド文化の批判と照らし合わせると一層明確になる（九・六五）。

（20）　氣多雅子、『西田幾多郎『善の研究』』（晃洋書房、二〇一一年）一一一頁。

コラム

『善の研究』の諸相1

『善の研究』の翻訳

『善の研究』の最初の翻訳は中国語への翻訳であった。一九二九年に『善之研究』という表題のもとに上海の開明書店から出版された。かつて東京高等師範学校で学んだ魏肇基によって翻訳されたものである。一九二九年は西田が京都大学を定年で退職した翌年である。以下に記すように、『善の研究』には中国語以外にも、韓国語、英語、スペイン語、ドイツ語、フランス語、イタリア語への翻訳があるが、西田の生前に翻訳されたのは、この中国語訳だけである。誰を通して依頼されたのか詳らかではないが、西田はこの中国語版のために序文を執筆している。一九二八年一月に書かれたものである。残念ながら西田自身の原稿は所在不明である。この『善之研究』に掲載された中国語の「序」を日本語に直したものを以下に掲げる。

哲学は学問である。学問は必ず理性に基づくものでなければならない。つまり誰であれ認めざるをえない真理である。このような意味において、哲学の真理には、古今東西の区別はない。しかし、哲学は学問であると同時に、芸術、宗教と同じく、我々の感情に基づく我々の生命の表現でなければならない。このような意味において、西洋には西洋の哲学があり、東洋には東洋の哲学があると言うことができる。我々東洋人の哲学は、我々の生命の表現でなければならない。幾千年来我々の祖先を孚んできた東洋文化の発揚でなければならない。哲学はその学問としての形式において西洋に学ばなければならないと思うが、しかしその内容は我々自身のものでなければならない。私は我々の宗教、芸術、哲学の根柢には、西洋と比べて優るとも劣らない内容があると信じるものである。

二十余年前、東海の一隅で書いたこの書が、我々の祖先が仰慕した隣邦大唐の国民に読まれることに、私は大いなる光栄を感じる。（呉光輝訳）

中国語訳には、これ以外に、何倩訳『善的研究』（北京、商務印書館、一九六五年）、代麗訳『善的研究』（北京、光明日報出版社、二〇〇九年）がある。また次の繁体字への訳がある。鄭発育・余徳慧訳『善的純粋経験』（台北、台湾商務印書館、一九八四年）。

近年、徐石演（서석연）の訳によって韓国語訳も出版されている。『善의 연구』（ソウル、범우사、一九九〇年）。

英語には、A Study of Good というタイトルで、ハワイ大学教授を長く務めたヴィリエルモ（Valdo Humbert Viglielmo）によって翻訳された（Japanese Government Printing Bureau 1960）。この翻訳には鈴木大拙の “How to read Nishida” という序文と下村寅太郎による解題が付されている（「アンソロジー『善の研究』はどう読まれてきたか」を参照）。ヴィリエルモはこのほかにも、西田の『自覚に於ける直観と反省』、田辺元の『懺悔道としての哲学』などを英訳している。

近年、阿部正雄と Christopher Ives による新訳 An Inquiry into Good が出ている（New Haven, Yale University Press, 1990）。

また上智大学のアンセルモ・マタイス（Anselmo Mataix）とホセ・デ・ヴェラ（Jose M. de Vera）が務台理作の助力を得て一九六三年にスペイン語に翻訳している（Ensayo sobre el bien. Madrid, Revista de Occidente, 1963）。マタイスは『西田幾多郎全集』（第二刷）の月報に寄せた「『善の研究』を翻訳して」のなかで、『善の研究』との出会いが、日本人の考え方や感受性を理解する機縁になったことを記している。

一九九五年には Alberto Luis Bixio によるスペイン語への新訳 Indagación del bien（Barcelona, Gedisa, 1995）が出ている。また Jacinto Zavala による第一編「純粋経験」のスペイン語訳がある。

ドイツ語訳としては、ミュンヘン大学文化学部日本センター教授のペーター・ペルトナー（Peter Pörtner）

訳のÜber das Gute（Frankfurt am Main, Insel, 1989）が出版されている。

フランス語訳には、大嶋仁によるEssai sur le bien, chapitre I & II（Paris Osiris, 1997）がある。第一編「純粋経験」、第二編「実在」の抄訳である。それ以外に、Frédéric Girardによる第一編、第四編第三章「神」の訳、Bernard Stevensによる第一編の訳がある。

イタリア語訳には、Enrico FongaroによるUno studio sul bene（Torino, Bollati Boringhieri, 2007）がある。

多くのものが版を重ね、それぞれの言語圏で多くの読者を見出していることも特筆に値するであろう。

（藤田　正勝）

『善の研究』とデカルト

幕末の開国は、近代科学をはじめとする西洋文明の急速な流入を日本にもたらした。明治三年生まれの西田幾多郎は、そうした時代状況の中でみずからの思索を育んでいったのである。彼は『善の研究』の中で、次のように述べている。「私は何の影響によったかは知らないが、早くから実在は現実そのままのものでなければならない、所謂物質の世界という如きものは此から考えられたものに過ぎないという考を有っていた。まだ高等学校の学生であった頃、金沢の街を歩きながら、夢見る如くかかる考に耽ったことが今も思い出される」。この文章に、近代科学的な「物質の世界」の見方に抗して「現実そのまま」の世界へ立ち返ろうとする若き日の西田の思想的努力を認めることができるだろう。

西田にとって「考えられたものに過ぎない」と思われた「物質の世界」を発見したのは、ルネ・デカルト（René Descartes, 1596–1650）である。彼は「我思う、ゆえに我あり」というもっとも確実な認識に基づいて、近代自然科学の方法論的基礎づけをおこなったといわれる。

デカルトは「我あり」というコギトの原理を定立したあと、「しかし、いまや必然的に存在するところのこの我とはいったいどのようなものなのだろうか」と問いかけて、何が「我」の本質なのかを考察している。そして、「我は思惟するものである」ということだけが、「我」から切り離すことのできないただ一つのことであり、「我は存在するために何ら場所を必要とせず、どのような物質的なものにも依存しない」とする。こうしてデカルトは、「我は思惟するものである」という本質規定をおこなうと同時に、その「我」は身体や物体、それに感覚や想像力の働きとはまったく独立して存在しているということを示したのである。

他方、思惟する「我」から切り離された物体的事物の本質を、デカルトは「幾何学的延長」と規定する。彼は、一片の蜜蠟をさまざまに変化させることで、感覚上の多様性を貫いて存続する蜜蠟の本質が幾何学的延長であることを発見する。さらにこの延長は、感覚や想像力の働きによってではなく、「精神の洞見」によって捉えられるという。こうして彼は、自然の内の数学的秩序である自然法則を知的精神によって探求する、近代自然科学の方法論を形而上学的に基礎づけるという仕事を成し遂げたのである。

こうして成立した自然科学的な立場と、物質の世界は考えられたものにすぎず、「実在は現実そのままのものでなければならない」と述べる西田の立場は、鋭く対立している。このことは、晩年の西田においても変わらない。彼は『哲学論文集第五』以降、しばしばデカルト哲学について論じているが、その中にデカルトの蜜蠟の分析について論じた箇所がある。そこで西田は、私たちは「物」の本質としての幾何学的延長を考察する以前に、この現実の世界の内で「物」と出会っているはずだと主張している。「我」と「物」が共に居合わせているような、「現実そのまま」の世界。そうした世界のことを、晩年の西田は「歴史的世界」と呼んでいる。高等学校の学生の頃から西田が抱き続け、『善の研究』という書物に結晶することになった「現実そのまま」の世界へと立ち返ろうとする西田の着想は、最晩年まで変わることはなかったのである。

それでは、両者はまったく別の方向へと思索を進めていたと考えるべきなのだろうか。西田は、「考究の出立点」というタイトルをもつ『善の研究』の第二編第一章で、次のように述べている。「今若し真の実在を理解し、天地人生の真面目を知ろうと思うたならば、疑いうるだけ疑って、凡ての人工的仮定を去り、疑うにももはや疑い様のない、直接の知識を本として出立せねばならぬ」。ところが、こうした西田の思索を導いていたのは、ほかでもない、デカルトの「方法的懐疑」だった。彼は次のように述べている。「哲学の出立点は何処に求むべきか。普通の知識の中には多くの独断がある。最深なる知識は最深なる疑より生れねばならぬ。嘗てデカートの為したように、疑いうるだけ疑うて、もはや疑いようのない処から出立せねばならぬ」。

西田が求めてやまなかった「現実そのまま」の世界は、簡単に見いだされるものではない。彼は、デカルトの懐疑にも匹敵するような哲学的努力を通り抜けることによって、あらためて「現実そのまま」の世界に到達することができたのである。デカルトとともに、だがみずからの脚で、すべてを疑い根底から思索する道を歩むことによって、「純粋経験」の立場へと至った西田幾多郎の思索は、もっとも深いレヴェルにおける西洋との対話のあり方を私たちに示しているのかもしれない。

（城阪　真治）

『善の研究』とヘーゲル

西田幾多郎はその生涯において、古代から現代にわたる多くの哲学者の思想に関心を寄せたが、中でもヘーゲル哲学に対して強い関心を示した。日本におけるヘーゲル研究の歴史は、明治初期にアーネスト・フェノロサが東京大学で哲学史の講義を行ったことから始まると言われるが、フェノロサがアメリカでの最新のヘーゲル研究を基礎にして講義をしたことが、受講者たちのノートの解読などを通して近年明らかになってきている。この講義には三宅雪嶺や坪内逍遥、清澤満之、井上哲次郎なども出席していた。西田は直接フェノロサから学ぶことはなかったが、その教えを受けた人々から、ヘーゲル哲学に関して多くの知識を得ていたと考えられる。

西田が『善の研究』執筆の段階でヘーゲルの哲学から大きな影響を受けていたことは、そのもとになった草稿――「純粋経験に関する断章」という名前で『西田幾多郎全集』に収められている――のなかで繰り返しヘーゲルへの言及がなされていることからも知られる。たとえば、ヘーゲルの言う一般者（普遍）が、単なる抽象ではなく、自らを展開し、完成させるものであること、そしてそのように発展完成するものこそ真理であることが言われている。

西田が『善の研究』のなかで、「純粋経験」は「体系的発展」であると言うとき、その念頭にあったのは、そのようなヘーゲルの思想であったと考えられる。実際、そこで西田は、ヘーゲルの『論理学』「概念論」における、「普遍的なものは具体的なものに内在する魂である」という言葉を引用している。この

「具体的なものの魂」とされる普遍は、通常言われる普遍ではない。一般的には、具体的な個々の事象から取りだされた共通する要素が普遍と呼ばれる。しかしそれは、個々の事象の具体的内容を捨て去った抽象物にすぎない。

たとえばここに一匹の犬がいるとしよう。この犬は「タロウ」という固有名を持つ独立した個体だ。しかし「犬」という概念、カテゴリーからタロウを見れば、タロウが茶色の毛並みをしているとか、私になついているとか、泳ぎが得意であるとか、そういったタロウに固有の性質は問題にならない。「犬である」という時には、タロウはお隣の「ジョン」が犬であるのとまったく同じものとして、同じ資格において犬なのである。この時、普遍的な概念はタロウとジョンに「共通なもの」としてのみ考えられ、個々の具体的内容はそこではいっさい考慮されていない。しかし実際には普遍はそのような空疎なものではない。「犬」というものは、タロウとして、あるいはジョンとしてその具体的な内実を持つのである。逆に言えば、それぞ

れの個体は、犬という種の具体的内容を表しながら生きているのである。そのような意味でヘーゲルは、普遍的なものが「具体的なものに内在する魂」であると語ったのである。

この具体的なものの魂である普遍は、ヘーゲルによれば、単純で抽象的なもの、自己自身のもとにとどまるものではなく、自己を否定し、この否定を介して発展していくもの、運動するものであった。西田はこうしたヘーゲルの思想から影響を受けて、『善の研究』の根本思想を練り上げていったと考えられる。『善の研究』の第二編「実在」において西田は、真実在の根本的な形式について次のように述べている。まず全体が潜在的、含蓄的に未分化な形で現れ、次にその内容が自ら分化発展し、さらにその分化発展が完成して実在全体が実現される、と言われている。このような理解の基礎に、ヘーゲルの普遍についての理解があったことは間違いがない。

西田のヘーゲルに対する関係において見逃すことができないのは、後年、西田が「私の立場から見たヘーゲルの弁証法」という論文を執筆している点である。そこで西田は次のように記している。「私の今日の考が多くのものをヘーゲルから教えられ、また何人よりもヘーゲルに近いと考えると共に、私はヘーゲルに対して多くの云うべきものを有って居るのである」。西田のヘーゲルに対する関係が単なる同感だけではなかったことがここから知られる。だからこそ西田哲学たりえたと言うこともできるであろう。

（守津　隆）

『善の研究』とW・ジェームズ

アメリカの哲学者ウィリアム・ジェームズ（一八四二－一九一〇）は、もともと心理学者として有名であった。ジェームズが心理学から哲学へと研究領域を広げたという話を小耳にはさんだ西田幾多郎は、明治三八年（一九〇五）の日記に、「ジェームズ氏が哲学を研究すれば、さぞ面白いだろう」と書き記している。明治四〇年（一九〇七）には、当時、アメリカに渡っていた友人の仏教哲学者・鈴木大拙へ宛てた手紙のなかで、「ジェームズ氏の論文を入手できたら、どうか送ってくれ」と依頼していることからも、西田がジェームズに注目し、期待していたことがわかる。実際、『善の研究』(一九一一)のなかで、西田はジェームズの言葉をいくつか引用しながら、自分の哲学を展開している。以下、そのうちの一つをクローズアップしたい。

ジェームズは、『心理学原理』(一八九〇)という著書のなかで、おおよそ次のような話をしている。私たちが机の上を見て、「机の上にカードの一束がある」と心のなかで思うとする。「机の上に……」と思い始めてから、「……一束がある」と思い終えるまで、二秒くらい時間がかかるが、ジェームズはその間の意識状態の変化を分析している。まず、私たちが机の上を見て、まさにこれから「机の上に……」と思い始めるとき、まだ「机」という最初の単語さえ思い浮かんでいなくても、文全体の意味を、一種のひらめき、ないしインスピレーションとして意識している。そして、まず「机」が一番強く意識され、次の瞬間には「上」が一番強く意識され、最後に「ある」が一番強く意識されて、文を一通り考え終える。これは、最初にひらめいたアイデアのなかで、スポットライトが当たる部分が順々に推移して行くプロセスである。注意すべきは、私たちの脳裏にどの単語が思い浮かぶときにも、その一単語だけではなく、「机の上にカードの一束がある」という一かたまりの全体的意味を感じていることである。もしも私たちの脳裏に「カード」という単語が思い浮かぶとき、本当に「カード」のことだけしか意識していなかったら、切れ切れの単語が次々に思い浮かんでは消えてゆくだけで、文として意味をなさなくなってしまうだろう。

ジェームズの見解は以上の通りだが、西田はそれを拡大解釈するかたちで持論を展開している。まず西田は、「机の上に……」という文の元《もと》になる、文全体のインスピレーションは、単に終始意識されているだけではなく、個々の単語へと分かれつつ伸び伸びと展開して行く潜勢力として考えている。たとえて言うなら、一つの受精卵が細胞分裂して、手足や胃腸等さまざまな器官に分かれつつ発展するのと同じである。つまり個々の単語は、最初にひらめいたインスピレーションの「表現」だと見るのである。全体的意味が意識されるのは、「机の上に……」といった短い文の場合だけに限らない。モーツァルトは、交響曲や協奏曲など、数十分にわたる長い曲の楽譜を書く場合でも、曲の全体をあたかも絵画や立像を見るように、一度に直視することができたと西田は言っている。モーツァルトが楽譜に記してゆく音符は、その全体的ヴィジョンの表現である。それはちょうど、「机の上に……」という文の一語一語が、全体的な文意の表現であったのと同じである。

作曲や、文を思う例とはだいぶ趣きが異なるが、西田は次のような例を挙げている。たとえば楽器を演奏する場合、最初のうちは、「ここはこうして、あそこはああして……」と一々意識的に注意を払いながら演奏するが、習熟すると、ほとんど無意識的に演奏できるようになる。熟練した曲を自在に演奏するとき、「ここはこうして……」と一々意識しなくなるという意味ではたしかに無意識的になるのだが、それによって、分別する意識の底に働いていた深い意識がハッキリ現れ、演奏者の挙措動作はその深い意識の表出になるのだと、西田は考える。これは西田哲学の特徴の一つである。演奏の例の他に、テニスで上達する例が挙げられているが(『善の研究』のなかではなく、京都大学での講義のなかで)、剣道や水泳などではなく、(西田にしては意外なことに)テニスの例を挙げているのは、西田が金沢にあった旧制第四高等学校の教員だったころ、テニスをした経験があったことが原因かもしれない。また、たとえば詩歌において、同じ題であっても、長年の研鑽によって、以前とは一線を画する新しいひらめきが現れ、深い句境が拓《ひら》かれるように、自らを表出する無意識的な意識にも深浅があり、練達によってより深い意識が現れ、その深まりには底がないと西田は考えるのである。

(熊谷　征一郎)

『善の研究』とベルクソン

『善の研究』が出版された一九一一年までに、ベルクソンはすでに国際的な名声を獲得していた。日本においても一九一二年から、ベルクソン哲学についての紹介や研究が立て続けに出され、ベルクソン・ブームとも呼べるほどの活況を呈していた。このブームは早くも一九一五年頃から下火になるのだが、ベルクソンの哲学は広く学界にその影響を残した。そのような日本におけるベルクソン哲学流行の口火を切ったのが、ほかでもない西田である。西田は一九一〇年と一九一一年に二つのベルクソン論を書いている。これらの論文が、初めてベルクソン哲学を本格的に紹介したものとなったのである。以後哲学界のみならず文壇や詩壇、論壇などさまざまな場でベルクソンについての論文が陸続と発表された。

一九一〇年の論文は「ベルグソンの哲学的方法論」と題されて『芸文』誌上に発表されたもので、ベルクソンの『哲学入門 Introduction à la métaphysique』(一九〇三)を概説したものである。『善の研究』の出版が一九一一年なので、西田は『善の研究』の出版以前にベルクソンの著作に接していたということになる。ただフランス語原著ではなく、ドイツ語訳で読んでいたようだ。この論文が収められた『思索と体験』の増補改訂版では削除されているが、雑誌での初出では「Introduction à la métaphysique の独訳」によって紹介するという断り書きがある。

西田が『善の研究』の出版以前にベルクソンを読んでいたとして、それではいつから読んでいたのだろうか。ベルクソン『哲学入門』のドイツ語への翻訳は一九〇九年なので、西田がこれを読んだ時期も一九〇九年以降ということになるが、もう少し詳しく特定できそうである。日記を見ると、実は西田はすでに一九〇八年の二月にベルクソンの処女作『意識に直接与えられたものについての試論』のフランス語原著を注文しているのだが、その後ベルクソンについてはまったく記されておらず、一九一〇年二月に「仏語はどうもよめぬ、やめる方がよい」とフランス語を見限っている。そして同年六月末、「ベルグソン到着す」という文字が見える。また九月には、学校で「Bergson の哲学概論かり来る」と記している。どちらかがドイツ語訳の『哲学入門』だと推測される。西田は後年「フランス哲学についての雑感」というエッセーのなかで、「最初にベルクソンの精神を掴んだのは、独訳の Einführung in die Metaphysik（『哲学入門』の意）であった」と回想している。ここには、当初フランス語の『意識に直接与えられたものについての試論』を購入したもののなかなか飲み込めず、使い慣れたドイツ語で『哲学入門』を読んだことによって初めてベルクソン哲学の本質を理解した、ということが仄めかされているように思える。

西田は一九一〇年の九月に学習院から京都大学に移ったが、その翌月に桑木厳翼からベルクソンについて書くことを依頼されている。その後集中的にベルクソンを読み込み、ちょうど一週間後に書き終えたのが、「ベルグソンの哲学的方法論」であった。

さて、『善の研究』にベルクソンの影響は見られるだろうか。西田がベルクソンの著作に接するようになったのはたしかに『善の研究』の出版以前である。ただし、『善の研究』各編の原型となった草案や論文は一九〇八年までにほぼ成立しており、そこから大幅な変更はないようである。また、すでに一九一〇年の夏、京都へと発つにあたって西田が紀平正美に出版を委託し、原稿を手渡していた（『西田幾多郎全集』後記）という事情があり、『善の研究』の完成稿は遅くとも一九一〇年の夏までに出来上がっていたと考えられる。西田が腰をすえてベルクソンの哲学を読み込み始めたのは一九一〇年の六月あるいは九月以降であったとすれば、『善の研究』にベルクソンの直接的な影響を認めることは難しいかもしれない。実際、この書の本文中にベルクソンは登場しない。とはいえ、純粋経験と純粋持続との類似性はだれもが認めるところであるだろうし、哲学の方法として分析よりも直観を重視する点でも『善の研究』のころの西田とベルクソンとはよく似ている。実は、『善の研究』の草稿の一つである「純粋経験に関する断章」にはベルクソンの名が散見される箇所がある（断章三三）。これは、西田が「ベルグソンの精神を掴んだ」ところのドイツ語訳『哲学入門』の読み込み以前に書かれたものであると考えられるが、それが果たしてどこまで『善の研究』本文に反映しているであろうか。

（日高　明）

『善の研究』とT・H・グリーン

トマス・ヒル・グリーン（一八三六―一八八二）は一九世紀後半の英国哲学界を代表する哲学者である。井上哲次郎、中島力造、大西祝、綱島梁川、そして若き日の西田幾多郎。これら草創期の日本人哲学者は、影響の深浅はあるものの、みなグリーンの哲学に触れつつ思想を錬磨していった。しかしながら草創期の日本哲学界においてグリーンの哲学は何故にかくも広汎な影響力をもちえたのであろうか。この質問に対しては複数の理由を考えることができ、またそれらが相互に連関しあってもいるので、回答することは容易でない。ただ、試みに以下ではそれらの理由のうちの幾つかを示し、あわせてそれらが『善の研究』の内容にも跡をとどめていることについて触れてみることにしたい。

グリーンの哲学が草創期の日本哲学界に大きな影響を及ぼした理由の一つに、当時は西洋思想の受容が主として英語を利用して行われていたという事情をあげることができるだろう。

むろん草創期の日本の哲学とグリーンとの間にはこのような単純かつ外面的にとどまらない関心が共有されていた。グリーンの哲学は「精神的原理による人心の涵養とその具体的現れとしての共同善の整備」を内容の中核に据えている。一方、たとえば文明開化と呼称された明治日本の急速な近代化政策は、つまるところ西洋的な〝富〟を追求する動きであったといえようが、無志向かつ貪欲な〝富〟の追求は格差の拡大と社会不安の増大という弊害を必然的に伴うことになる。そのため明治中期頃から、西洋文明は畢竟〝物質至上主義〟であり〝拝金主義〟であるからむやみに後追いすべきでないとの批判が内外の知識人たちから寄せられるようになる。日本哲学におけるグリーンへの注目はこうした西洋物質文明批判の登場とほぼ時を同じくして顕著となるが、そこには〝富〟の節操なき追求に対する精神的反動への呼応があると見て差し支えないだろう。

しかし日本哲学とグリーンとの最も深い共鳴は、普遍性へのまなざしという点をめぐってなされたといってよい。グリーンは〝神〟を、「あなたが交わりを希求するときにあなたの内に存し、あなたが信頼を寄せる時にあなたに顕わになる」と述べているが、これなどはたとえば親鸞の「まことのこころ」や『中庸』の「至誠」などに典型的に見られる、自己の内面性を徹見することで超越的次元への扉を開こうとする東洋の伝統にきわめて近い性格を有する考え方である。つまり、グリーンの哲学への注目は、東洋的思想基盤に対して哲学的論理性を付与したいとする動機に端を発しているともみなしうるのである。

以上、日本哲学におけるグリーンへの注目の理由に英語圏からの哲学思想の受容、物質主義への批判、東洋のそれに通ずる普遍性へのまなざしの少なくとも三点があり得ることを示した。そこで次に『善の研究』にもこれらの要素がひとしく認められることを指摘してみることにしたい。

『善の研究』には実に多くの哲学者及び哲学用語が登場するが、つぶさに観察すればそこにある種の偏向性を見いだすことは難しくない。この傾向は第三篇「善」において特に顕著である。そこにあってはクラーク、シャフツベリ、ミルといった多士済々の英国人哲学者が登場する一方で、たとえばカントに対する言及などは思いの外少ない。この偏向性は英語圏からの思想受容という当時の日本の事情の痕跡と見て差し支えないだろう。

次に物質主義に対する西田の批判を確認してみることにしたい。『善の研究』には西田による功利主義批判が登場するが、それは快楽を量に換算することの困難をついたもの、換言すれば外面的尺度（物質・価格）でもって人間の幸福を商量することを批判するものであった。すなわち西田にあっては、幸福は物質的豊かさの多寡に左右されない超越的価値でもって評価されるべきものとしてみなされていたのである。

最後に『善の研究』に見られる普遍性へのまなざしについても確認してみることにしたい。『善の研究』は「純粋経験を唯一の実在としてすべてを説明して見たい」という根本動機から構成されているが、ここでいう「純粋経験」とは不断に自己自身を形成する創造作用を指す。そして『善の研究』にあっては、この自己創造作用が、世界を創造する根源的創造作用と同一根柢の働きであると位置づけられることによって、「純粋経験が唯一実在である」とする西田の構想が論理的に完結する。換言すれば、西田にあっては、自己の奥底は根源的創造作用への通路を意味しているのであり、この考えは自己の内面に〝神〟を見るグリーン、そして自己の内面の徹見によって超越的次元を開拓せんとする東洋的思想伝統の両者に相通ずるものであると見ることができる。

草創期の日本哲学および西田とグリーンとの呼応を以上のように俯瞰した時、そこにおいて見いだされた地平と課題は現代にも応用できる感を強くもつ。その意味でグリーンの哲学は今なおわれわれを惹きつける磁場たり続けているといえるだろう。

（水野　友晴）

第三部　西田哲学との対話

第九章　身体と種——西田哲学と田辺哲学

竹花洋佑

はじめに

西田幾多郎と田辺元とが互いに刺激を受けながら自らの思想を形成していったことはよく知られている。田辺が西田哲学との対決を思索の原動力としたことはいうにおよばず、西田においてもまた田辺からの批判はその思想形成にとって大きな意味をもったといえる。このような西田哲学と田辺哲学の相互影響関係はさまざまな角度から考察が可能であろうが、本章は〈身体と種〉という観点から両者の関わりの一断面を照射することを目指すものである。

言うまでもなく、種とは田辺哲学の独自の概念であり、身体、より厳密にいえば「歴史的身体」という概念は「行為的直観」や「絶対矛盾的自己同一」とならぶ後期西田哲学の基本的術語である。しかも、西田が「歴史的身体」という概念を用いはじめるのは、「種の論理」に立脚した田辺の西田哲学に対する批判が公にされた直後であり、後に見るように西田が田辺の批判に応える際に大きな拠りどころとしたのが身体をめぐる思索だったのである。したがって、その意味においては〈身体と種〉という問題は西田と田辺の思想の差異あるいは対立性を表示するものであるということができる。しかしながら、〈身体と種〉という問題は同時に両者の思索が交わる場面でもある。なぜなら、西田も田辺の「種の論理」に触発されるかたちで種を独自の仕方で問題としていくことになるが、その際の種という概念は西田の身体性の思想と深く結びついたものであるからであり、また田辺が西田哲学に対する批判を念頭に置きながら提起した種という概念はそもそも田辺の身体への注目を基礎に生み出されてきたものだからである。本章が注目するのは、この〈身体と種〉という問題において西田と田辺の思索がいかなるかたちで交差し、この重なり合いから両者の思想がどのように分岐していくのかということである。[1] この問題は西田と田辺の相方の視点から考察することが可能であるが、本章においては西田の側からこの問題を捉えることにしたい。したがって、このことはまた西田の身体と種をめぐる思索がどのような意味において田辺の「種の論理」による批判に対する応答となりえているのかということを明らかにすることでもある。

一　日常経験への回帰と〈身体と種〉の問題

西田の思索において身体の問題が浮かび上がってきたのは田辺による批判がなされたのと時期を同じくすると述べたが、このことは西田が田辺の批判に直接に応えるために独自の身体概念を提起したということを意味するわけではない。西田において身体の問題は、何よりもまず『善の研究』以来追求してきた最も直接的で具体的な経験とは何かという問いとの連関において意識されていたものである。このことは講演「歴史的身体」（一九三七年九月）の中で次のように語られている。「すでに三十年近く以前に考えた『善の研究』と、唯今の考とは違っているのであるが、『善の研究』で述べた純粋経験というものはつまり我々の日常の経験から出発したものである。それは我々の日常の経験である。……『善の研究』ではこの純粋経験は何であるかということから出発して一種の世界観人生観を考えたわけである。だから我々の日常の体験から出発したと言ってよいのである。それと同様に今度もう一遍日常の経験から出立しようと思うのである」（一二・三四四）。西田がここで最も具体的な場面として捉えようとしているのは、意識現象としての直接性ではなく、「歴史的実在」の世界の直接性である。そして、そうした世界の実相を端的に顕わとするものとして西田が考えるのが身体の「弁証法」的なあり方なのである。「我々の自己は身体的なるが故に歴史的なのであり、歴史的実在の弁証法性を、我々に最も直接と考えられる身体というものの分析から摑み得ると思うのである」（八・四）。

我々の存在を歴史的なものとすることを可能にしている身体のあり方が、西田において「歴史的身体」と呼ばれるものであるが、ここで重要なのは、このような身体が同時に種と結び付いたものとして理解されているということである。このことは次の西田の言葉からも知られよう。「我々は創造的世界の創造的要素として歴史的身体的な働きの立場から色々のものを作ってゆく。歴史的身体的社会がもとになり、そこから我々は色々のものを作ってゆくのである。作られた物、創造された物は歴史的事物となって創造したものを動かしてゆく。人間の社会には色々の種、即ち形成作用があらわれる。生物の世界に色々の種があるように歴史の世界にも歴史的種があり、歴史的種が歴史的身体の基礎となり創造をしてゆくのである」（一二・三六六―三六七）。

二　「種の論理」による西田批判とそれに対する西田の応答

西田の身体への注目が最も直接的で具体的なものとは何かという問いの枠内で理解されるにしても、身体の概念と結び付いた種という発想は後期における日常的経験への回帰という観点からのみで捉えきれるものではない。ここにはやはり田辺の「種の論理」の決定的な影響を認めなければならないだろう。もちろん、このことは単純に西田が田辺の主張する意味での種概念をそのままのかたちで受け入れたということを意味するわけではない。西田は種を独自の仕方で自らの哲学のうちに位置づけていくのであり、そしてそのことが同時に田辺の批判に対する実質的な応答という意味を担っているのである。その仕方というのが、種を身体との関わりにおいて把握するというものであるが、西田の応答の意味を理解するためにはまずは「種の論理」による田辺の西田批判の要点を確認しておく必要があるだろう。

　田辺の「種の論理」の意図は、哲学が伝統的に依拠してきた〈個体－全体〉という二項的な枠組みに対して特殊性＝種の契機の意義を強調する点にある。この際、種は大きくいえば次の二つの意味をもつ。第一に種は社会が個人に対して有する強制的な力の根拠である。ここには、個人を育むものであるはずの共同体が、同時に個人に対して疎遠な他者として、しかも個人のあり方を抑圧しようとする実在的な力として現われてくるという共同体の二面性に対する田辺の洞察がある。田辺が社会構造を分析するにあたって個人とも全体とも区別された種という特殊性を原理化しようとしたのは、個体の相関関係に基づいて全体としての社会を捉えようとする論理、とりわけ個の人格的な相互承認に共同性の基礎を置こうとする論理においては、共同体のもつ対立的な他性を十分に捉えることができないと考えたことによる。このことは、田辺が「種の論理」の「実践的」な動機を、「近時各国に於て頓に勃興し来った民族の統一性、国家の統制力が、単に個人の交互関係として社会を考えようとする立場からは到底理解し得ないものを有する」（田辺 六・四四九）[2] と考えた点に求めていることからも明らかであろう。

　ただし、種を原理化するといっても、それは種を個人から独立した実体的な存在として考えるということではない。共同体が個人のあり方をそのうちに統合しようとする力として自らを現わすのは、あくまでも諸個人同士の関係においてである。この際、自己は自らを抑圧する他者に対して対抗しようとするが、このことは他者の側からすれば自己がその他者に対して抑圧的なものとして立ち現われるということでもある。このようにして、個人はそれぞれが「種の限定方向を代表する汝」（田辺 六・一一八）という意味をもち、諸個人は相互に自らのあり方を排他的に貫こうとする関係に置かれることになる。このような「反社会的な社会性」（田辺 六・一一九）が田辺の考える「種的社会」の具対相である。田辺にとって「個人の交互関係」の論理が無力なものと映るのは、そこにおいてはこうした個人の対立的な関係が、結局のところ承認関係という「完全なる本質の実現を妨げ純粋なる発現を汚す消極的制限」（田辺 六・七八）として捉えられてしまうと考えたためである。

その際田辺が特に念頭に置いていたのは、西田の『無の自覚的限定』の後半において展開された「私と汝」という立場である。この立場において諸個人の関係性が「私」に対する「汝」という具体的な場面から問題とされ、アトム的な個人とその総和としての社会という近代の契約論を越える視点が示されていたとしても、田辺の眼には西田の論理は依然として個人と全体という二元的な枠組みから社会を捉えようとする抽象的な立場と映ったわけなのである。その意味において田辺が種の意義を強調する際には、同時に西田における種という契機の不在という問題が意識されていたのである。

田辺が種という契機の重要性を主張したといっても、そのことは田辺の意図が種的な特殊性の意義そのものを称揚するところに置かれていたということではない。田辺の実践的な関心はあくまでも類と呼ばれる普遍的な共同性をいかに実現するかというところにある。ただ、その際種性をはらんだ共同体を無視し、それを飛び越えるかたちで普遍的な共同性を語ることは不可能であり、後者は個が前者の共同性のあり方を否定することを通してのみ可能となるというのが田辺の洞察であった。この時、種は個が類を実現するための否定的媒介性という論理的な意味を担うものとしても捉えられる。これが種の第二の意義であり、この意味における種は、西田の「絶対無」のあり方に対する田辺の批判に直結するものである。西田において「絶対無」は直接的・無媒介的に捉えられており、そのためにそれは一種の有／存在の原理へと転落してしまっていると田辺は考える。そこで田辺はそうした「無」の存在化を回避するために、個が有＝種を否定しようとするはたらきそのものに「無」の非実体的な性格を見出そうとする。その意味で、「絶対無とは自己を絶対的に否定的媒介するはたらきを謂う」（田辺 六・四七三）といわれる。そして、このような「無」の非実体性を実現するのが、個・種・類という三つの契機がそれぞれを不断に媒介しあう田辺の「絶対媒介の論理」なのである。

　西田の「種の論理」に対する応答は、直接にはこの第二の意味における種のあり方つまり田辺の「絶対媒介の論理」に関わるものである。西田は「論理と生命」（一九三六年七―九月）の後半の箇所において、田辺の批判を意識しながら次のように述べている。「判断的論理の立場から論理の否定的媒介として直接と考えられるものは、論理から求められたものであって、行為的直観の現実ではない。真の生命の直接態ではない。推論式の媒語的に考えられる特殊というものは、真の現実ではない」（八・九〇）[3]。ここで西田が「論理の否定的媒介として直接」と捉えられたものが「論理から求められたもの」にすぎないという場合には、ヘーゲルの推論をモデルとしながら一切の直接性の定立を否定することを目指す「絶対媒介の論理」[4]が、他面において「必然に論理が自己と否定的に対立する直接態を媒介とし、之を否定しながら却て之を肯定するものなることを意味しなければならぬ」（田辺 六・一七三）と考える田辺の主張がふまえられている。田辺においては媒介性をその本質とする論理の他性ともいうべき直接性が種なのであるが、西田からすればこのようなかたちで直接性を論理的観点からのみ捉えようとするのは「反省的論理の立場」であり、ここから「弁証法的論理へ行こうというのは不可能」であるとされる（八・一〇〇）。こうした田辺の立場に対して、西田は種と論理との関係を生命と論理との関係として把握した上で、生／生命のあり方そのものが論理性をはらんだもの、西田の言葉でいえば「弁証法的」なものとして理解されなければならないと主張する。「論理が生命の媒介となる時、それが弁証法的である。併し生命は論理によって弁証法的となるのではない。生命は固、弁証法的なのである。論理が弁証法であるのは、それが生命の媒介となるが故である」（八・九二）。

しかしながら、このような西田の主張は田辺の批判に対する応答としては十分なものであるとはいえない。なぜなら、先に見たとおり田辺において種は既成の〈個人－全体〉という枠組みでは捉えきれない社会のあり方に迫るために導入された概念であり、田辺からすれば西田の「生命の論理」からどのような意味で社会の次元が問題となりうるのかという反論が想定されるからである。田辺の批判を意識して書かれた箇所においては、田辺の論理主義的な態度に対する批判が前面に出ており、種という概念を自らの哲学に導入していくにもかかわらず、西田はそのような田辺の問題意識には直接的には目立った反応はしていない。しかし、そうであるとすれば、西田と田辺の議論は噛み合わないままに平行線をたどることになろう。両者の議論が交わるものとして考えることができるためには、西田の「歴史的種」さらには「歴史的身体」という概念を視野に入れなければならない。これらの概念こそ田辺の立場から予想されうるこうした批判に実質的に応える意味をもつものなのである。

しかしながら、この両者の思索の交わりを具体的なものとするためには、種という概念は論理的に要請されたものにすぎないとする西田の反批判の妥当性に一定の留保をつけなければならない。西田自身は論理的観点から考えられた種に対して、身体や行為の具体性から見られた種＝生命の立場を対置しているが、冒頭において示唆したように、田辺が個と種という連関において捉えようとしている事柄は、そもそも田辺の身体をめぐる思索を基礎にしているものだからである。もしこの点が見逃されてしまうならば、「歴史的種」や「歴史的身体」の概念を考慮に入れることによって西田と田辺の思想の交差が捉えられるにしても、両者の論争の意味は田辺の論理主義的な立場に対して西田が身体や行為の問題に根差した具体的な思索をもって応じたというかたちで理解されてしまうことになるだろう。このような一面的な理解を免れるためには、田辺の種という概念が身体の問題に根差したものであることが捉えられなくてはならない。

三　身体の超越性と種

すでに述べたように、西田は「我々に最も直接と考えられる身体というものの分析」を介することによって「歴史的実在の弁証法性」を捉えることができると考えているわけであるが、田辺はすでにそれ以前に身体を「弁証法の基本的所在」（田辺 三・八一）あるいは「弁証法の最も直接的な発現」（田辺 三・一七二）として理解しようとしている。

田辺の身体論の特徴は身体の超越性を強調する点にある。(5) 田辺によれば、身体とは「一方に於て自我に属すると同時に、他方に於て自我の外にありて自我に対立する」ような「超越的存在の自己顕現の尖端」である（田辺 四・三四五）。この場合超越は、身体が〈私〉のものでありながら同時に〈私〉による所有の領域の外にあるものとして決して内在化されえないということを意味するが、田辺はそのような身体が外なるものとして〈私〉との対立関係に置かれる点を強調する意味で身体の超越性を「実在的超越」（田辺 四・三三八—三三九、四・三六三—三六四など）と名付けている。

この場合に念頭に置かれているのはハイデガーの立場である。田辺が身体概念をはじめて積極的な意味で論じたのは「綜合と超越」（一九三一年四月）においてであるが、この論文は当時公刊されたばかりの『カントと形而上学の問題』（一九二九年）におけるハイデガーのカント解釈の立場を批判したものである。ここでの田辺の批判の核心はハイデガーの超越が「観念的超越であって実在的超越」（田辺 四・三三九）ではないという点にあるが、その批判は同時にハイデガーの哲学における身体の不在をつくものであった。田辺によれば、「時間を存在者として取り扱うことの代りに、生成 sich zeitigen する時間として解釈するのが先験哲学の立場であるとするならば、今や身体も亦生成する身体として考察せられるのが、先験主義的なる存在論の立場でなければ」(田辺 四・三四四) ならない。しかしながらそうした点に目を向けるならば、「身体の生成は単なる解釈学的存在論の立場のみでは解き尽すことの出来ない存在者の問題を含」(同) むと田辺は考える。『存在と時間』においてハイデガーが、現存在としての人間に対する存在者のあり方を、理論的考察の対象としての「手前存在者」(Vorhandenes) であるより以前に、道具 (Zeug) という仕方で立ち現れる「手許存在者」(Zuhandenes) であると特徴付けたことはよく知られているが、田辺によれば身体は決して単に道具として捉えきれない性格をもつ。田辺の言葉を用いれば、「身体は一方に器具 [Zeug] の典型的なるものであり、凡ての器具は身体の延長として解せられるものであると同時に、他方に於ては身体は如何にするも器具として我に所属すると解する能わざる他面をもつ」(田辺 四・三七一) のである。

田辺によれば、身体は主観の反省によって物質として対象化されうるようなものではない。田辺はこうした身体のあり方を「ノエシスの身体」と呼ぶ。「身体は決してフィヒテの意味に於ける非我として対象化し尽くされるものではない。ノエマ的なる身体は他の対象と同様に非我に属すると考えられるけれども、それは一の物体 Körper であって身体 Leib ではないともいわれる。真の身体の身体たる所以即ち身体性は、対象化し得ざるノエシス的の身体に於て始めて成立する」(田辺 四・三七〇)。田辺が「生成する身体」というのもこの意味においてである。しかしながら、田辺において身体はこのように自己と物という対立性を無効とするような場として考えられているとしても、田辺の身体概念は単に世界と自己との原初的な融合性のみを捉えようとしたものではない。むしろ、そうした世界と自己との連続的な一体性が断ち切られる側面を身体に見ようとする。その意味で、身体は「如何にするも単に内在化することを許さざる超越と内在、外と内との統一であり同時に分岐点」（田辺 三・一七二）といわれるのである。つまり、理論的な考察の対象としての物質でもなければ、〈私〉にすでになじんでいる「道具」として「自覚存在論的に内在的なるものとして解釈し去る」（田辺 四・三七一）こともできないものが身体なのである。

ここで重要なことは、このような身体の超越性に基づいて共同体の意味が理解されていることである。このことは、田辺が「家族、部族、民族より人類に至るまで、人間の属する全体的共同社会が凡て共通なる身体的基底を有することを認めるならば、共同社会の媒介と考えられる地域血縁等の哲学的意味も大体了解せられる」（田辺 四・三七五）とした上で、「身体的基底」と考えられる共同体に「実在的超越」の意味を捉えようとしていることからも知られよう。「真に実在的超越として内在化する能わざる超越的の存在者は、我の関心的に交渉する物ではなく、我を包み我と汝とを其内に於て成立せしむる共同体でなければならぬ。家族、部族、民族を経て人類社会に至るまで、利益社会［Gesellschaft］ならぬ共同社会［Gemeinschaft］は如何にするも我に対する実用的所属性［Zuhandenheit］に解消する能わざる、我の存在の母胎たり地盤たる超越的存在者である」（田辺 四・三六三―六四）。つまり、共同体は自らの存在の「基底」として自己の身体ともいうべきものであり、その限りでは田辺の言うように「地球が人類の身体であるという如き言も単なる比喩以上の意味を有する」（田辺 四・三七五）といえるが、他面において共同体は自己に対立する〈外〉という「実在的超越」のあり方を保持するものなのである。

このような「実在的超越」が、身体において、そしてさらにその延長として捉えられた共同性において可能となるのは、身体が働く身体あるいは行為のさなかにある身体として問題とされ、そこにおいて身体の超越的な他性が現われると考えられているからである。田辺の言葉を用いれば、「身体従って表現一般は実践的立場の自覚に於て、観想的に主観に内在するものとして理解すること能わざる、主観に対する超越的対立性、主観に対する根源的否定性を現わす」（田辺 三・一一七）のである。そして、このことから身体の有する根源的な共同性が単純に〈私〉のあり方を一方向的に規定するものではないということが明確となる。「母胎」とか「地盤」という表現は意識に対して先行する物質的基礎といったようなものを予想させるけれども、田辺はそうした身体における社会的限定の先行性のみを考えていたわけではない。もしそうであれば、そもそも身体が「弁証法の基本的所在」として問題にされることはないだろう。もちろん、「基底」は人間存在を包む共同体として「母胎」とか「地盤」とされる限り、行為に先行したものであるとはいえる。しかしながら、それは行為においてその存在が浮かび上がってはじめて〈より先なるもの〉であったことが捉えられるものなのであって、現実的はそうした「基底」はあくまでまず行為者にとっての否定的な他者として現われてくるのである。自らの存在の地盤としての基底つまり自らの〈内〉が、身体を伴った行為において自らに対する否定的他者として、つまり〈外〉として現われてくるからこそ、身体は「弁証法の基本的所在」なのである。

田辺の種は、このような「実在的超越」という性格を有する「身体的基底」としての共同体を概念的に言いあらわしたものに他ならない[6]。このことは、身体あるいは共同体の〈外〉という否定的他性があくまでもそれらの〈内〉に求められるという田辺の「内在二元論」（田辺 三・八一）[7]が、個と種の関係においても引き継がれていることからも明らかであろう。田辺は、レヴィ＝ブリュールの「分有の法則」（loi de participation）を念頭に置きながら、種が個人を一方向的に自らとの結合のうちに取り込もうする働きを「種の分有的限定」（田辺 六・一一二）と捉え、個はこのような「種の連続的なる限定」（田辺 六・一〇七）を逆方向に限定し、そこから「分立」することによって成立すると考える。この際田辺が強調するのは個と種との相関関係である。すなわち、個が種から分立するといっても、それは個が種から遊離した存在となることではない。田辺の言葉を用いれば、「個は必然に種に於ける個であって、種を離れた単なる個なるものは無い」（田辺 六・七〇）のである。このことは、種のもつ「分有的限定」の力が個において消失してしまうわけではないということを意味している。田辺は種の限定のあり方を「一次元的」とし、それに対して個の逆限定のあり方を「二次元的」（田辺 六・一〇九）と捉えているが、もし種の限定が個において消失してしまうならば、この「二次元的」という特徴付けは意味をなさないだろう。力が力として感じられるのはそれとは正反対の力が働く場合であるように、個が種による限定を逆限定することにおいてはじめて種の「分有的限定」がその力を個に対して現すことになるのである。つまり、個が種から「分立」しようとする働きと同時的に種が個を自らの「分有」のうちに引き戻そうとする力が出現するのである。この時種は個を抑圧するものとして現われてくるのである。このような意味で「種と個とは相即して始めて成立するのであって、離れて存するものではない」（田辺 六・一〇四）と言われるのである。

四 「歴史的身体」と「歴史的種」

このように田辺の種概念を身体との関係で理解することによって浮び上ってくるのは、鋭く対立するかのように見える両者の思想の共通性であろう。すなわち、田辺において身体の有する超越性に社会性が捉えられていたように、西田においても身体における超越において、西田の言葉を用いれば「身体から身体を超える」という点において社会性の問題が把握されている。「歴史的世界は身体的たると共に、いつも逆に身体を越えたものである。例えば、社会というものは単に身体的と考えられるものではない、身体を越えたものである。却ってそこに身体が否定せられるとも考えられる。併し身体から身体を越える所に、社会というものがあるのである。然らざれば、具体的社会ではない」（八・四―五）。この場合、身体を超えたところに社会が見出されるといっても、そのことは後者が前者と切り離されたあり方をしているということを意味するのではない。身体における超越はあくまで身体に基づいてつまり「身体から」なされるのである。そして、そのことを可能にしているのが西田の「歴史的身体」であり、その超越の働きによって捉えられる社会性が種すなわち「歴史的種」なのである。

もちろん、種が社会性を可能にするものといっても、そのことは個人と世界との間に民族や国家といった中間項を挿入するという単純な話ではない。すでに述べたように、社会といってもそれは個人の外に独立して存在するような実体的な物であるわけではないからである。現実に存在するのはあくまで具体的な諸個人であり、そうした個人が織りなす様々な関係性が社会を形作るのである。しかし、問題は諸個人が形成したはずの社会が諸個人に対して一個の独立した力をもって迫ってくるという事実をどのように理解するかということである。そこで田辺は「民族国家の強制力」を十分に理解するためには「仏蘭西社会学派の所謂「もの」chose というものが、国家社会の根底にあるとしなければならぬ」(田辺 六・四四九)とし、そうした「もの」(chose)を個人や全体とは区別された契機として、すなわち種として、言い表したのである。[8] つまり、社会は個人によって形成される諸関係であり、個人がそれを自らの存在の基礎としているという意味では個人とは隔絶した物ではないが、にもかかわらず社会は個人に対して独立の力をもつものとしてはある種の「もの」として考えられるのである。このような二面性を身体の両義性を基礎として明らかにしようとした点において、西田の発想は田辺のものと共通性を有しているということができる。

しかしながら、このような〈身体と種〉をめぐる西田と田辺の思想の交差は同時にその分岐でもある。第一に、種についていえば、西田の種は「形」として規定されているという点で田辺の種概念とは異なっている。西田は種 = species という言葉が「すがた・かたち」を意味する「エイドス」(eidos)を起源にもつという点を念頭において、種を「形」として定義しているが(一二・三六五)、この定義に決定的な影響を与えたのは、イギリスの生理学者ホールデン（J. S. Haldane）の思想である。西田はホールデンが『生物学の哲学的基礎』（*The Philosophical Basis of Biology*, 1930）で述べた思想をふまえながら、両者の関係を次のように述べている。「生命は有機体の外に環境を有つのみならず、内にも環境を有つ。生命というのは、或種属に特有な規準的な構造とその環境との能動的維持［active maintenance］である。……私が世界が世界自身を限定する形成作用というのも、かかるものでなければならない。規準的構造［a normal structure］というのは一種の形である」（八・一八—一九）[9]。ここでの西田の理解に従えば、生命＝種とは、それぞれに一定の「規準的構造」つまり「形」をもつことを通して外的な環境に適合し、そのあり方を維持していくものであるということになる[10]。ここで注意すべきは、「形」ということが二つの意味で用いられているという点である。すなわち、「形」とは一定の具体的な生命の形態あるいは構造であると同時に、そうした形態を維持する機能つまり形成作用そのものを意味している。つまり、環境との関係でみずからのあり方を形成していくことによって一定の具体的な「形」を保持するものが西田のいう種なのである。このような「形」の二重の意味は、別の箇所では次のようにいわれている。「種とは与えられた世界を変じ行く形成作用である。我々の現実のパラデーグマ［pradigma、範型］である。生物の種というものから、歴史的種即ち共同的社会に至るまで皆然らざるはない」（八・一八三）。

この西田の言葉からもわかるように、「形」というのは種の一般的な定義である。つまり、西田の考えによれば生命も社会も「形」という性質を有するという意味では両者とも種なのである。その意味においては、社会やさらには歴史をもある種の生命として、つまり「歴史的生命」として理解されるのである。しかしながら、そのことから直ちに西田の社会や歴史の捉え方が有機体論に立脚したものであると結論するのはいささか早計であるように思われる[11]。なぜなら、すでに述べたように、生命の種に対する社会的・歴史的な種の次元の差異が「歴史的種」という概念に込められているからである。そして、このような二つの種のあり方の断絶を可能にしているものが西田のいう「歴史的身体」なのである。

西田によれば、生命と考えられるものは総じて環境に対して「形」＝形成作用というあり方を示すものであるが、生物においては生命と環境との関係は融合的である。「生物的生命としては、否定の肯定としての環境は唯食物的である。云わば未だ歴史的身体というものがないのである。従って未だ自覚的に環境というものを有たないのである。環境と生命とが、尚連続的に一である」（八・二九）。その意味で、有機体においては自らの存在の基礎となっている環境が環境としてあらわとなることはないといってよい。西田が「禿鷹の眼は非常に明ではあるが、唯鼠だけを見る」（八・一〇）と述べるのはこの意味においてであろう。もちろん、人間と環境と関係も、後者が前者の基底となりそれを育むものであるという意味においては、「生物的生命」と変わるところはない。しかし人間の場合においては同時に環境との間に常に切れ目が介在している。そして、このような人間と環境との断絶面が、「生物的身体」と「歴史的身体」との断絶性として考えられているのである。「人間の存在は身体的でありながら、いつも所謂身体を越えたものと考えられるのである。物として何処までも自己に対して立つもの、自己の生物的身体に対しては死の世界に属するものが、自己の身体と一であるという所に、人間的身体があるのである。人間の身体は生物的身体と同様には考えられない」（八・二二）。

それでは、「生物的身体」に対する「歴史的身体」の質的な差異、すなわち人間の身体が「身体を越えたもの」であることはどのようにして可能となっているのか。それは、人間が身体を道具として「有つ」ということによる。このことは、西田が「動物は唯身体的な存在である」のに対し「人間は身体的存在たるのみならず、身体を道具として有つ」（同）と述べていることから明らかであろう。ここにおいて、〈身体と種〉をめぐる西田と田辺の第二の相違点が、両者の捉える身体と道具との関係性の違いとして現われることになる。すなわち、田辺においては身体が決して道具とならないところに身体の超越性が見出されていたのに対して、西田は身体が道具となるという点に身体の超越性が捉えられているのである。

道具を用いて物を制作するところに動物とは異なった人間の独自性があるという考え方は、それ自体としては目新しいものではない。西田もそのことは承知している。西田の道具と人間との関係の分析の特徴は、人間が自己の身体をも道具として「有つ」ところに自己と世界との間に切れ目が畳み込まれたかたちでの一体性が捉えられている点にある。西田によれば、一面においては人間が道具を用いて世界と関わることは、世界を自らが住まう環境へと変化させていくことを意味する。道具を用いた世界との関わり合いの度合いが増せば増すほど、世界との疎遠な関係性は消失していき、自己と世界との一体性が実現されていく。道具を「有つ」ことの「極限に於て世界が道具となり、世界が自己の延長となる」ことが同時に「自己が消え行くこと」（八・五二―五三）であるという西田の主張の意味は、このようなものとして理解することができる。人間の存在はこのような環境に支えられてはじめて可能となるものであり、その意味で西田は人間が身体的存在であることを繰り返し強調する。しかしながら、他面において、道具を用いて世界を自己の延長となすことには常に世界との断絶面がはらまれている。なぜなら、道具は「代用可能なるもの」（八・三三）として考えられてはじめて道具であることができるが、そのためには道具の物としてのあり方がそれとして客観的に見られていなければならないからである。ここには先の場合とは逆に、自己と世界の間に距離が現われることになる。このことは、道具を用いる身体そのものがすでに物として見られていることに起因する。なぜなら、身体が道具として見られているということがなければ、そもそも物を道具となしていくことはできないからである。ここおいて自己との一体性を形づくっていたはずの身体は逆に自己との距離を形づくるものとして現われてくることになる。つまり、道具を用いて行為することは、いわば常に世界の裏側に立ちつつ世界に入り込んでいくことなのであり、その際身体は自己が世界の〈内〉あることと〈外〉にあることとの反転が不断に生起する場なのである。西田はこのような身体の両義性を身体を道具として「有つ」という表現で言い表そうとしたと考えることができる。つまり、「有つ」という言い方には自己と身体との距離と一体性とが同時に表現されているのである。「我々の身体というものが、動物のそれの如く自己自身の存在であると共に、それが道具であるという所に、行為的自己の存在があるのである。身体的存在を離れた所に自己があるのでもない。然らばと云って自己は身体的存在でもない。身体は物であると共に自己である。それが身体を道具として有つということである」（七・一二七）。

以上のことから、「身体を通して身体を越える」といわれる身体の超越性が道具を用いた制作を行なう「歴史的身体」のあり方を基礎としていることが明らかとなったであろう。すなわち、身体を道具として「有つ」ことによってなされる制作が、自己の基底でありながら同時に自己に対して自立的なものであるという環境の二面性を可能にしているのである。この自立的となった環境が西田において「歴史的種」とされる社会のあり方に他ならないのである。「歴史的生命に於ては、作られたものは作るものに対して自立的でなければならない。それは制作でなければならない。かかる意味に於て作られたものが、作るものを作る、我々は物を作ることによって作られる、そこに歴史的生命というものがあるのである。……かかる矛盾的自己同一の形成作用として歴史的種即ち社会というものが考えられるのである。生物的種即ち単なる民族は、直に歴史的種即ち社会ではない」（八・一八四）。

ただ、このようなかたちで西田における身体の超越性が社会性を可能にしているものと捉えられるにしても、西田においては作られた社会が個体に対して有する否定性や対立性といった側面は田辺ほど強調されているわけではない。むしろ、西田が繰り返し主張するのは「歴史的身体」によって不断にその姿を更新していく世界の創造性である。このことによって、身体および種の社会性が同時に歴史性を伴うものとして考えられることになるのであるが、この問題については別の機会に改めて論じることにしたい。

〔注〕

（1）「種の論理」をめぐる西田と田辺との関わりを論じたものとして、以下のものが挙げられる。杉本耕一「田辺元の『種の論理』と西田哲学」（『日本の哲学』第三号、昭和堂、二〇〇二年）、板橋勇仁『歴史的現実と西田哲学』（法政大学出版局、二〇〇八年）、細谷昌志「直観と論理―西田・田辺論争が問うもの」（『日本の哲学』第十号、昭和堂、二〇〇九年）。

（2）田辺元の著作について、『田邊元全集』（筑摩書房、一九六三―六四年）から引用し、引用箇所を、（田辺 巻数・頁数）というかたちで記した。旧仮名遣い、旧漢字は引用者の判断において現行表記に改めた。また、引用文中の角括弧内および傍点は引用者の補足である。

（3）『思想』（一七〇―一七二号）に掲載された際には、「判断的論理の立場から」という箇所は「『絶対媒介の論理』に於て」とされており、ここに次のような注が付されていた。「田辺博士の『種の論理』は近来稀に見る明断透徹なる好論文である。併し私は博士と立場を異にするものである。此論文の執筆中は尚その論文を読むを得なかったので、終に少しく私の考を述べることとする。但、私は未だ十分その論理を理解せないものであるから、当を得ない所があるかもしれない」（八・五五二）。

（4）「種の論理」とヘーゲルの判断論および推論との関係については、拙稿「個体性と媒介――ヘーゲル概念論と〝コプラの論理〟としての西田・田辺哲学」（『立命館哲学』第十九集、二〇〇八年）参照。

（5）田辺の身体論については、拙稿「超越と身体――田辺元の『人間学的哲学』の構想――」（『哲學論集』第五七号、大谷大学哲学会、二〇一〇年）において詳論した。また、田辺のハイデガー批判の意味については、嶺秀樹「日本における『存在と時間』の受容―田辺元の場合」（秋富克哉他共編『ハイデッガー『存在と時間』の現在』所収、南窓社、二〇〇七年）参照。

（6）身体と種との結びつきは、前者における「実在的超越」に〈外〉＝空間性の基礎が求められ、これと時間性との否定的な相関性において現われる「世界」の立場において、空間的基体性が種の意義を担うことからも理解される。

（7）この言葉はシェリングの『自由論』における、「実存する限りでの神」と「神の実存の根拠」との関係性を念頭において言われたものである。田辺の身体論は「徹底的に［シェリングの］内在二元論の契機を承認」（田辺 三・八一）することによって明らかにされたものである。

（8）この「もの」（chose）という概念はデュルケムが社会的なものの固有の性質として考えたものである。デュルケムによれば、「社会的事実」とは「個人にたいしては外在し、かつ個人のうえにいやおうなく影響を課することができる一種の強制力」（デュルケム『社会学的方法の規準』、宮島喬訳、岩波文庫、一九七八年、五四頁）をもつものであり、その意味で「社会的事実」を「もの」のように考察することが社会学の第一の方法的規準とされる。そして、そのために導入されるのが「社会的種」（les espèces sociales、厳密に訳すならば社会的諸種）という概念なのである。田辺の種は直接的にはこの概念に由来すると思われる。

（9）ただ、このような西田のホールデンの理解は必ずしも正確なものではない。この点については、佐々木慎吾「西田幾多郎における種の概念の問題性」（『西田哲学会年報』第二号、二〇〇五年）および荒谷大輔『西田幾多郎――歴史の論理学』（講談社、二〇〇八年、一四―三五頁）を参照。

（10）西田とホールデンの関係を生命論の観点から論じたものとして、野家啓一「主体と環境の生命論――西田幾多郎と今西錦司――」（『日本の哲学』第三号、二〇〇二年、昭和堂）がある。

（11）例えば、小林敏明氏は「種＝身体＝社会＝国家という恐ろしく単純化された同定化の論理」に、西田の哲学が「一挙に怪しげな社会ダーウィニズムに結合していく」危険性を見ている（小林敏明『西田幾多郎 他性の文体』、太田出版、一九九七年、一三七頁）。

第一〇章　京都学派の宗教哲学の一考察
――西田哲学と田辺哲学の「逆対応」をめぐって

廖　欽　彬

はじめに

周知のように、京都学派の創始者・西田幾多郎の宗教論は、『善の研究』を出発点とし、「純粋経験」を基礎として「無の場所」、「行為的直観」、「絶対矛盾的自己同一」などといった哲学的な思索に結晶するとともに、最終的には遺作「場所的論理と宗教的世界観」（一九四五年）における「逆対応」と「平常底」という概念において展開された。西田の後継者・田辺元（一八八五―一九六二）は、「西田先生の教を仰ぐ」（一九三〇年）を発端に、自らの絶対弁証法を根底とした「種の論理」（一九三四―三七年）を提唱することによって、西田哲学に異を唱え、決定的な訣別を告げたが、戦後になってその哲学の方向を宗教哲学（他力哲学）に転向させ、晩年に至っては西田の宗教論に接近するようになっていった。[1] 田辺は、西田が絶対者と相対者との相関関係に対して用いる「逆対応」を援用し、それを戦後の「種の論理」における「類、種、個」、あるいは「絶対無、媒介者、個人」の相互否定媒介関係を形成する絶対無の弁証法の中に組み入れていった。それはとくに未完の遺稿「哲学と詩と宗教――ハイデッガー・リルケ・ヘルダーリン」(一九五三年)の中に明瞭に看取される。

そもそも、西田哲学と田辺哲学はもともと異なった哲学体系であるが、それにもかかわらず、それぞれたどり着いた帰結点においては、「逆対応」概念を共有するという意味で類似性を見せている。このことは一体、いかなる意味をもっているのか。両者の共通点と相違点とはいかなるものであるのか。そして、そうした京都学派の宗教哲学的な展開は、われわれ現代人にいかなる意義をもっているのか。

本論は以上の問題意識の上で、西田哲学と田辺哲学の「逆対応」の意味づけや両者の「逆対応」の呼応関係を論究することによって、京都学派の哲学の一側面である宗教哲学の発展、特に宗教哲学の西田から田辺への発展を明らかにしたい。(2)

一　「絶対矛盾的自己同一」の問題点

西田は最終論文「場所的論理と宗教的世界観」において、自らの晩年の哲学論理である「絶対矛盾的自己同一」を「場所の論理」と読み替え、それを基礎として宗教における絶対者と相対者(神と人、仏と衆生)のあるべき相関関係について論じている。「逆対応」はまさにその相関関係を説明する概念である。西田がその論文を通じて最終的に到達しようとしたのは、「場所の論理」(哲学)と「逆対応」(宗教)との結合態である宗教哲学であったと言える。というのは、「場所の論理」は、人間存在(相対者)とその根源(絶対者)との関係を体現する立場(宗教の立場)においてはじめて成り立つし、逆に、神と人、ないし仏と衆生との自己否定即肯定(自己内運動)と相互否定即肯定(自他交渉運動)を表す「逆対応」という概念は、それを明瞭化する哲学の論理を必要とするからである。換言すれば、哲学の論理が宗教的体験を必要とすると同時に、宗教的体験もまた哲学の論理を必要とするのである。(3)

この西田の宗教哲学を論究するには、まずその「絶対矛盾的自己同一」の論理を検討しなければならない。

我々の自己は働くものである。働くものとは、如何なるものであるか。働くと云うことは、物と物との相互関係に於て考えられる。それでは、それは如何なる関係であるか。働くと云うには、先ず一が他を否定し、他が一を否定する、相互否定関係と云うものがなければならない。併し単なる相互否定関係だけでは働くと云うことは云われない。相互否定が即相互肯定と云うことでなければならない。二者共に何処までも独自性を有し、相互に相対立し、相互に相否定することが、相互に相結合し、一つの形を形作ることであり、逆に相互に相関係する、相結合し、一つの形を形作ると云うことその事が、何処までも相互に相対立し、相否定すると云うことでなければならない、即ち物が各自に独自的となる、物が物自身となると云うことでなければならない。此の如き方式によって、我々は物と物との相働く世界、物質的世界と云うものを考えて居るのである。そこにも既に私の所謂矛盾的自己同一の論理があると云わざるを得ない(一〇・二九七)。

西田は人と人、人と物、あるいは物と物との関係を、二元論的な対立の図式(対象論理の立場)で考えるのではなく、一と他とが相互に否定しつつ肯定し、一つの形態として存立するという対立的統一の弁証法的な立場から理解した。つまり、相対者間の関係性が一方を抜きにして単独で成立することはあり得ないというのが西田の理解である。こうした相対者間の関係性によって形成される世界は、西田のいう生物的世界、物質的世界、歴史的世界が重なり合う世界でもある。そして、こうした重層的な世界と相対者(人や物)とはまた相互対立しつつ結合しあうという対立的統一の相即関係を形成する(一〇・二九八―三〇一を参照)。要するに、「絶対矛盾的自己同一」とは、或るものと他のものとが相互に矛盾対立しながら同時に自己の存立を保っているという存在の事態や原理を示すために西田が提唱した概念にほかならない。われわれは上述した「絶対矛盾的自己同一」の論理を一種の形而上学、つまり存在の論理と見なすことができる。

さて、上述した西田の存在とはなにか。それはアリストテレスやライプニッツのいわゆる実体的な有（主語的有）でもなければ、カントのいわゆる意識作用的な有（述語的有）でもなく（一〇・三〇二、三〇六を参照）、「場所的有」（一〇・三〇四）にほかならない。[4] このことは、以下の引用から窺うことができる。

かかる［矛盾的自己同一的］媒介者の立場からは、相互対立的に相働くものと云うものは、媒介者の自己限定の両端と云う如きものであって、両者の相互限定によって一つの結果が生ずると云うことは、矛盾的自己同一的なる媒介者自身の自己変形とも考えることができる……かかる矛盾的自己同一的に、媒介者の自己限定の中心と云うべきものが、多が一に、一が多に、変ずるものが変ぜられるものとして、私の所謂場所的有と考えられる。之に於ては、自己が自己に対立するのである。自己が自己に自己否定的に一であるのである。故にそれは自己自身を表現するものであるのである（一〇・三〇三）。

西田にとって、相対者間（人と人、人と物、物と物）の相対立しつつ結合する関係が成り立つには、矛盾的自己同一的なる媒介者の自己限定によらなければならない。われわれはそこから、西田が媒介者自身における自己矛盾と自己同一との統一態から類推して、相対者間の対立的統一の関係を解釈しているのを見出すことができる。西田によれば、そうした媒介者の自己否定による自己内の対立的統一態は場所的有であるとされる。つまり、場所的有もまた矛盾的自己同一的なる媒介者と同様に、自己における対立的統一の関係によって表現されるのである。したがって、「絶対矛盾的自己同一」の論理と「場所の論理」とは同じ存在の論理として見なされるのである。

しかし、矛盾と同一、あるいは対立と統一という二つの矛盾した命題はいかにして、あるいはいかなるものによって同時に成立し得るのであろうか。(5)西田の「絶対矛盾的自己同一」の論理は、この問題を哲学の立場に立って論理的に探究するのではなく、その答えを、むしろそうした背理の問題を矛盾した問題と見なさない宗教の立場に求めざるを得ないように思われる。その点を明らかにするために、西田の「逆対応」の概念について見ておきたい。

二　西田の「逆対応」

西田が「絶対矛盾的自己同一」の論理を、鈴木大拙（一八七〇—一九六六）の「即非の論理」（一〇・三一六）に等しいものであるとした（一〇・三四一を参照）のは、存在の論理を宗教的実践論（救済論）に関連づけ、そこに上述の問題を解決する手がかりを模索したからだと考えられる。そのことは、西田が「即非の論理」を、仏（絶対者）と衆生（相対者）との、対立しつつ媒介しあう関係を言い表したものと見なしていることから窺うことができる。

仏教では、金剛経にかかる背理を即非の論理を以て表現して居る（鈴木大拙）。所言一切法者即非一切法是故名一切法と云う、仏仏にあらず故に仏である、衆生衆生にあらず故に衆生であるのである。私は此にも大燈国師の億劫相別、而須臾不離、尽日相対、而刹那不対という語を思い出すのである。単に超越的に自己満足的なる神は真の神ではなかろう。一面に又何処までもケノシス的でもなければならない。何処までも超越的なると共に何処までも内在的、何処までも内在的なると共に何処までも超越的なる神こそ、真に弁証法的なる神であろう。真の絶対と云うことができる。神は愛から世界を創造したと云うが、神の絶対愛とは、神の絶対的自己否定として神に本質的なものでなければならない……併し私は何処までも対象論理的に考えるのではない。私の云う所は、絶対矛盾的自己同一的に絶対弁証法であるのである（一〇・三一六—三一七）。

キリスト教の神は元来人間の外にある超越的な存在であるが、人間や世界にかかわらなければ、その全知全能の働きを顕現することができない。西田はそうした何の作為もない神を自己満足の神と称している。しかし、西田にとって、真の神はそのような存在ではなく、人間を愛するために、どこまでも自己をケノシスする（空ずる、否定する、限定する）ものでなければならない。つまり神は、人間の外にある超越的な存在であると同時に、空化を通して、人間の内にある存在ともなるのである。その意味で、神は超越即内在、内在即超越という弁証法的な存在であり、矛盾的自己同一的なる存在である。われわれは「神は神ではない、ゆえに神である」という西田の背理の言説から、「絶対矛盾的自己同一」の論理と「即非の論理」との接点を明白に看取することができる。

西田の「逆対応」の概念は、上述の内容を前提として、絶対者（神や仏）と相対者（人間や衆生）との相関関係を示す。「逆対応」について[6]、西田は次のように説明している。

相対的なるものが絶対者に対するとは云えない。又相対に対する絶対は絶対ではない。それ自身亦相対者である。相対が絶対に対するという時、そこに死がなければならない。それは無となることでなければならない。我々の自己は、唯、死によってのみ、逆対応的に神に接するのである、神に繋がると云うことができるのである。対象論理学は云うでもあろう、既に死と云い、無と云うならば、そこに相対するものもないではないか、相対すると云うことも云われないではないかと。併し死と云うことは、単なる無と云うことではない。絶対と云えば、云うまでもなく、対を絶したことである。併し単に対を絶したものは、何物でもない、単なる無に過ぎない。何物も創造せない神は、無力の神である、神ではない。無論、何等かの意味に於て、対象的にあるものに対するとならば、それは相対である、絶対ではない。併し又単に対を絶したものと云うものも絶対ではない。そこに絶対そのものの自己矛盾があるのである。如何なる意味に於て、絶対が真の絶対であるのであるか。絶対は、無に対することによって、真の絶対であるのである。絶対の無に対することによって絶対の有であるのである。而して自己の外に対象的に自己に対して立つ何物もなく、絶対無に対すると云うことは、自己が自己矛盾的に自己自身に対すると云うことであり、それは自己矛盾的自己同一と云うことでなければならない（一〇・三一五）。

まず相対者と絶対者との接触不可能性が指摘されるとともに、両者の繋がりに相対者の死（自己否定）と絶対者の無化（自己否定）が必要不可欠であることが言われている。西田にとって、神は絶対無（対を絶した無）であると同時に、自己否定即肯定という自己矛盾的自己同一的なる存在でなければならない。西田はそのような仕方で絶対無を理解するのである。彼はここで人間が自己否定によって神に接し得ることを述べているのであるが、神が自己否定や限定によって人間に繋がることを主張しているわけではない、という点に注意する必要がある。神の自己否定即肯定の転換運動がいかにして人間のそれにかかわるのかという問題は明確に説明されていない。上の引用は、人間が自己否定によって神に繋がり、自己自身の存在を自覚するということと、神が自己否定によってその否定された自己と相対する（神が神自身に対する）のが真の神であるということを述べているだけであり、両者の媒介関係についてはここでは論じられていないのである。

しかし、西田は決してそうした問題に気付いていないわけではない。彼はさらに絶対者と相対者との相関関係について次のように述べている。「絶対は何処までも自己否定に於て自己を有つ。何処までも相対的に、自己自身を翻えす所に、真の絶対があるのである。真の全体的一は真の個物的多に於て自己自身を有つのである。神は何処までも自己否定的に此の世界に於てあるのである」（一〇・三一六）。絶対者は自己否定によって、個物的多（相対者）や世界に内在し、自己自身を顕す。上述の絶対者と相対者とは、それぞれ自己否定によって相互の関係性をもつようになるとともに、自己自身を表現することができるようになる。このような関係を示すのが、西田のいわゆる「逆対応」にほかならない。

われわれは以上の議論から容易に、神と相対者（人や物）、あるいは世界との接点が前後二者の自己否定にあることに気付く。しかし、神と一々の個物、ないし一人一人の人間との逆対応的な関係が、神と世界との逆対応的な関係と同一であるということはここでは言えないであろう。なぜなら、西田の「逆対応」の概念が言い表すのは、われわれ人間がキリスト教でいう原罪や浄土真宗でいう罪悪から逃れられないことを自覚したところに、神や仏のわれわれ人間への慈愛に出会うということ、つまり、あくまで絶対者と人間との相即関係であって、絶対者と世界との相即関係ではないからである。

さて、西田は「絶対矛盾的自己同一」に含まれる矛盾と同一、ないし対立と統一という背理の問題をどのように解決しようとするのか。われわれはそこに次のような宗教的実践論（救済論）を見出す。

絶対者は何処までも自己自身を否定することによって、真に人をして人たらしめるのである、真に人を救うと云うことができるのである。宗教家の方便とか奇跡とか云うことも、此の如く絶対者の絶対的自己否定の立場から理解せられるであろう。仏は自ら悪魔にも堕して人を救うと云われる。キリスト教に於てでも、受肉と云うことには、かかる神の自己否定の意義を見出すことができるであろう。仏教的には、此の世界は仏の悲願の世界、方便の世界と云うことができる。仏は種々なる形に現じて、人を救うと云うことができる。右に述べた如くにして、私は我々の自己と絶対者との関係に於て、相反する両方向を認めることができると云う（一〇・三四五）。

このような直接的な結合（無媒介な結合）関係ではない絶対者と相対者との関係は、キリストや菩薩を媒介とした結合関係として読むこともできる。西田は、絶対者、媒介者、相対者という三者の媒介関係、つまり一種の宗教的実践（救済）を説くことによって、一方では絶対者と相対者との逆対応的な関係を補い、他方では「絶対矛盾的自己同一」に含まれる背理の問題を解決しようとしたのである。(7) この「逆対応」の論理は、田辺の晩年の宗教哲学に大きな示唆を与えた。その点については第四節において論じたい。

三　田辺の西田哲学批判

周知のように、田辺の西田哲学批判は、戦前の「種の論理」だけではなく、戦後の『懺悔道としての哲学』（一九四六年）、『種の論理の弁証法』（一九四七年）においても展開されている。戦後の西田哲学批判は、戦前のそれを受け継いで一貫しており、西田哲学で説かれる「行為的直観」とそれに基づいて展開された形而上学、つまり普遍（絶対）と個別（個人）との無媒介な結合関係に集中して展開されている。

田辺は戦後、自らの哲学を「他力哲学」へと転換し、「懺悔道の哲学」を提唱するとともに、それに基づいて戦前の「種の論理」を修正して新たな「種の論理」を構築した。その具体的な成果が『種の論理の弁証法』である。田辺はこの書において、西田の「行為的直観」を、行為の主体と対象界とが相互限定しながら媒介しあう関係を表す弁証法の論理と見なしている（田辺 七・三一六―三一七を参照）。しかし、主体の行為ということだけでは、「哲学体系の要求する全体を観る」（田辺 七・三一七）ことができないとも述べている。田辺によれば、「行為的弁証法は縦被限定即能限定の転換を成立せしめる媒介として絶対無を思念する」（田辺七・三一七）としても、「それが無にして能く有を限定するのには、その主体性を具体化する為に、環境世界を形成する媒介として、世界を個性的に観る直観がなければならぬ」（田辺 七・三一七）。そのように「直観」がもちだされることによって、西田においては、直観が行為を限定する位置に置かれる。「直観は行為の為にある」（田辺七・三一七）とされる。

田辺は西田の「行為的直観」の概念に対して一定の評価を与えるのであるが、しかし、それが「制作表現の立場」に立ち、「芸術主義」に立つことに疑問を表明している（田辺 七・三一七―三二〇を参照）。西田の言う制作の知識（技術）は単なる知識のみならず、同時に習慣的徳性をも含むと考えられる。しかし、行為と直観とが相互に対立しつつも媒介しあうという不一不二の弁証法的関係を保つためには、知識を失う習慣を直観という知的活動と同一視することはできない（田辺 七・三二〇を参照）。もし、直観から知識を排除したとしたら、直観は単なる職人の習得、習慣にすぎないものになる。行為の主体は、もはや知識を媒介とする必要がなくなり、直ちに絶対と合一することによって物を作り、世界を形成することに至る。そうした「行為的直観」は、明らかに神の世界創造に擬する芸術的制作とならざるをえない。

西田の直観は、我が絶対に包まれるのではなく、あくまで対立する我と絶対との無媒介なる結合関係を表していると考えられる。しかし、このような神の世界創造に擬せられる直観には、他力に基づく自己否定の還相行が欠けている。そこでは絶対の普遍性や無性を真に裏付けることはできない。田辺によれば、西田の言う絶対無においては、その無性を現す還相行が欠落し、有に降る動性を失うため、却って有に止まるのである。田辺から見れば、西田の「行為的直観」は無の直観ではなく、あくまで有としての直観によって指導された我という主体の行為による世界形成の論理にとどまる。それは、たとえ自力で行為の源泉である直観から知識を取り除いて絶対との合一を目指したとしても、結局のところ、自力に執着するものにほかならない。その点について、田辺は次のように述べている。

行為的直観の説は一方に於て人間の相対的立場を脱しようとする宗教的要求を強くもちつづけながら、他方その自力に対する執着の故に、自己を直ちに神と同一化して、神の世界創造に擬する世界形成の芸術制作的行為を、人間の最高目的としたものと解せられる（田辺 七・三二二）。

行為の主体と絶対との無媒介なる結合による世界形成は、明らかに行為の主体の延長拡大であり、絶対への冒瀆である。田辺はこのような人間の傲慢さを批判し、「たとい行為というも芸術的制作と同一視せられ、社会的実践に於ける友愛の還相行とならない」（田辺 九・三五三）と述べ、西田の「行為的直観」はあくまで国家社会（種）の否定媒介を無視し、他者救済の還相行を欠く個人の往相行、つまり絶対者との合一を目指す芸術的表現形成の自力行為にすぎないと考えた。それに対して、田辺にとっては、行為と直観とは、あくまで相即不離の弁証法的関係にあるのでなければならない（田辺 九・五四を参照）。

田辺は「直観の特色は、対象と主体との対立的自己同一ということにある」（田辺 七・三二一）と考え、それを「生の直観、自己形成の直観」（田辺 九・五四）と言い表している。行為は、単なる作為や形成でもなければ、自力の立場に属する目的論的自己放棄でもない。それは作為形成の支離滅裂に立ち現れる絶対他力による自己否定即肯定（死復活）の転換運動でなければならない。かくして、死を行ずる自覚（行）と生を表す直観（知）とは、相互に否定媒介する行即知、知即行の弁証法的関係を持つに至る。したがって、有としての直観による世界創造という西田の「行為的直観」は発出論であり、結局は同一性論理に帰する「絶対矛盾の自己同一」の論理であると言わざるを得ない。田辺が「行為的直観の主体に死復活があるか。死復活を経由せずして宗教的無の立場に立つことが出来るか。そこでは我の否定、絶対への奉仕ということは不可能でなければならぬ」（田辺七・三二五）と指摘するように、行為を形成と解する西田の「行為的直観」には、絶対の慈愛によって国家社会（種）を否定媒介とする個人の自己否定即肯定、つまり絶対への奉仕と他者救済もなければ、個人と個人との教化救済や還相の宗教社会的関係もない。

田辺の戦後の「種の論理」には、確かに、西田の「行為的直観」で説かれる絶対と相対との、我と他者との関係における相互否定媒介の論理に通ずるものを見出すことができる。しかし、西田の「行為的直観」は、国家社会（種）の否定媒介による個人と個人との間における往還二相の回転呼応、すなわち人間同士の間における教化救済や宗教社会的関係を明白に示していない。「行為的直観」には、種の否定媒介による絶対と相対との相即関係が欠落しているという点が、戦後の田辺の西田哲学批判の中心となっているのである。

四　田辺哲学の「逆対応」

上述の田辺の西田哲学批判が正鵠を射たものであるのかどうかは、もちろん問われなければならない。われわれはそれをさらに追究しなければならない。戦前の「種の論理」から戦後の『種の論理の弁証法』まで、田辺は一貫して、西田哲学の寂静主義や自己同一的性格を批判している。しかし、西田の最終論文を見ればわかるように、西田哲学は決して田辺のいうような寂静主義の立場をとっているのではない。西田の「絶対矛盾的自己同一」の論理は単なる自己同一の論理ではなく、むしろ矛盾即同一、同一即矛盾の論理である。先述のように、絶対（神や仏）と相対（人間や衆生）との逆対応的な関係は直接無媒介に結合されているわけではなく、キリストや菩薩という媒介者の否定媒介を必要とするものである。そしてこの絶対者、媒介者、相対者の否定媒介関係は、同時に、後期田辺哲学が注目するものでもある。これに関しては、『実存と愛と実践』（一九四七年）、『キリスト教の弁証』（一九四八年）における「種の論理」の展開から看て取ることができる。

戦後の田辺の思索の中で、「種」は、応現的存在から教化救済のための方便的存在とされ、政治的実体と宗教的社会という二つの側面を同時に含むものと考えられるようになった（田辺 七・三六〇、三六四を参照）。しかし、『実存と愛と実践』に至っては、田辺は民族や文化といった境界、つまり民族国家社会を越えた宗教社会と人間との交渉関係に新たな「種」概念を主張するようになっている（田辺 九・三六六を参照）。『キリスト教の弁証』に至って、さらにこの新しい「種」概念に、神、キリスト、人間という三者の交渉関係が持ち込まれるようになる。田辺にとって、キリストは種的媒介者であるが、単なる個的存在でも種的存在でもない。それは神の愛と先進（彼以前の預言者）たちの愛、そして後進たちの友愛を包摂する類種個の三一的統一の存在でなければならない。戦後修正された「種」概念は政治的実体の色彩を薄め、一種の宗教的共同体（霊的協同、実存協同）になっている（田辺 一〇・二二〇―二二一を参照）。われわれは、こうした類種個の三一的統一態と、西田の「逆対応」で説かれる媒介者による絶対者と相対者との絶対矛盾的自己同一的なる結合態との間に、接点を見出すことができるのではないだろうか。

興味深いのは、田辺が遺稿「哲学と詩と宗教」において「逆対応」という概念を援用して、類種個の三一的統一態を形作る絶対無の弁証法を展開していることである。田辺はこの遺稿では、ドゥンス・スコトゥスの「此者性（個別性）」（Haecceitas）の概念に接近しつつも（田辺 一三・三七八、三八五を参照）、神を人間存在から切り離し、弁証法的思考から離れたハイデッガーの存在論と自由論とを批判している（田辺 七・四〇〇―四〇一を参照）。田辺は、ハイデッガーが『真理の本質について』（一九四三年）で主張した人間の自由においては、神の恩寵によって否定即肯定の絶対転換に転ぜられるということがないことを指摘し、その自力的、自己同一性的傾向を次のように述べている。

しかるにハイデッガーは、自由の直接肯定をそのまま持続主張して、それが本質上必然的に伴い含むところの自己否定を、絶対否定により媒介することをなさず、ただ飽くまで自力肯定を主張するのである。その結果、表象陳述に於ける如き主体の自由は、結局に於て、それに対立する対象の抵抗障碍を自力でもって克服し、之を自己に帰同等化することができると要請することになる。換言すれば、対象と自己とを絶対的自己同一に於て統一するところの絶対存在が、個別的自己と一即多、多即一の関係を有するとせられるのである。かくして絶対存在と個体的相対存在とは、いわゆる「存在の比論」analogia entis に於て対立的統一を形造ることとなる（田辺 一三・四〇四）。

田辺によれば、ハイデッガーが人間の自由を直接に肯定することによって、かえって対立する対象を人間の自由に同化したことは、絶対者（一）と相対者（多）とが無媒介な対立的統一の関係に置かれたことを意味する。田辺はそうした自同性に立脚した存在の類比の最大の困難が、絶対者と相対者との間に否定的な媒介を認めないことにあるとし、存在の類比が弁証法とは正反対のものであることを指摘している（田辺 一三・四〇八―四〇九を参照）。それとともに、存在の類比の弁証法的可能性を次のように示唆している。

神が絶対無即愛であるならば、それはその本質的構造上、相対存在を否定媒介として要求し、しかもその存在性を外から他動的に因果的に限定するのではなく、相対者を自発的に内から自己限定せしめ、之を媒介として活かしつつ、絶対無即愛を実現するのである……しかして相対存在も、同様に相対者間の自己犠牲的愛を通じてみずから愛の自己否定を行じ自己を放棄する限り、神の絶対無即愛に参与してそれの媒介となる。すなわち、その限りでは、相対存在たる個体も一時的局部的に絶対無としての本質を実現し、神性に参与するのである。しかし飽くまで絶対無としての相通相即である以上は、却てその間に絶対相対の分極対立を維持し、決して有的に同一化せられるということはない。神と個体相互とは、絶対と相対として否定的に相対立し、因果的創造者と被造物という無媒介的意味を失い、共に絶対無として互に否定しながら相媒介して、いわゆる逆対応をなすわけである。これこそ存在の比論の弁証法的真義というべきものでなければならなぬ（田辺 一三・四〇九―四一〇）。

われわれは以上の内容に、絶対無としての神と相対有としての人間との、自己否定即肯定（自己内運動）と相互否定即肯定（自他交渉運動）を表す「逆対応」と、西田の「逆対応」との共通点を見出すことができる。「逆対応」によって表される絶対者、媒介者、相対者三者の媒介関係（宗教的実践論ないし救済論）を主張し、エックハルトの媒介者（キリスト）なき神人合一論を、絶対者と相対者との逆対応的な関係を持たない汎神論と見なしている田辺の言説からも、そのことを裏付けることができる（田辺 一三・四二〇―四二一を参照）。田辺は「逆対応」の論理を踏まえて、ハイデッガーの存在論と自由論を次のように批判している。

私はハイデッガーの思想の発展に於て、自由が非常に重要なる位置を占めながら、自由なる自己存在が絶対無即愛の弁証法によって逆対応的に絶対と対立即統一せしめらるることなく、飽くまで存在として直接に絶対と同化せられるために、抜き差しならぬ困難を招いたと思惟するものである。或は彼の神学者であったこと余りに多きに過ぎたとしても、しかし却て宗教的信仰に於て余りに希薄であったことこそが、彼の存在学の根本的欠陥であるのではないかと思わざるを得ないものである（田辺 一三・四二三―四二四）。

この論述からわれわれは、西田と田辺における「逆対応」の共通点を見て取ることができる。しかし、その相違点はどこにあるのだろうか。それに関して、われわれは、絶対者、媒介者、相対者という三者の媒介関係における媒介者の意味づけに着目しなければならない。先述のように、田辺によれば、絶対者と相対者それぞれにおける自己否定即肯定（自己内運動）と相互否定即肯定（自他交渉運動）には、媒介者の自己否定即肯定の媒介がなければならない。

田辺はその媒介者を種的存在（宗教的共同体）と見なしている。それに対して、西田は決して田辺のように媒介者を類種個の三一的統一態として捉えることはない。西田にとって、媒介者という存在はどこまでも絶対者が相対者を救うために化した方便的な存在（一〇・三四五を参照）、あるいは神の自己表現にすぎない[8]。田辺の「逆対応」が類種個の相互否定媒介関係を含んでいるのに対して、西田の「逆対応」は一貫して、絶対者と相対者との相互否定媒介関係、つまり絶対矛盾的自己同一的な関係を意味している。

それでは、西田は単に絶対者と相対者との相即関係にのみ関心を持っていたのであろうか。田辺のいう「種」にあたる宗教的共同体のようなものをまったく考えなかったのであろうか。否、決してそうではない。彼は「場所的論理と宗教的世界観」の末尾において、国家と宗教との関係について論じている。西田によれば、国家と浄土とは不可分の存在であり、国家は宗教から離れることができない（一〇・三六七を参照）。「国家とは、それぞれに自己自身の中に絶対者の自己表現を含んだ一つの世界である」（一〇・三六六）と言われるように、国家と絶対者もまたやはり矛盾的自己同一的な関係にあるものとして考えられている。したがって、西田の国家は宗教的国家であり、一種の開かれた国家社会である。それに対して、田辺のいう種的共同体はどこまでも絶対者と相対者との媒介者として成り立つ存在である。田辺の「逆対応」において、類種個三者は往還二相の転換運動を通じて同時に存在する（田辺一三・四五八―四五九を参照）。このような三者の関係は西田の「逆対応」の中では見られていない。なぜなら、国家社会も人間も、いずれも絶対者の自己表現を含んでおり、それぞれが絶対者と矛盾的自己同一的な関係を保っているからである。

おわりに

これまで見てきたように、西田と田辺における「逆対応」はいずれも絶対者、媒介者、相対者三者の媒介関係を主張しているという点で共通している。しかし、西田と田辺の媒介者に対する認識は、前者がそれを絶対者の方便的なあり方や自己表現としているのに対して、後者がそれを類種個の三一的統一態としているという点で異なっている。

しかし、西田と田辺はともに、東洋的な無の立場から西洋形而上学の実在的な有や意識作用的な有を絶対無の弁証法によって止揚しようと試みている。ただ西田がそうした存在を否定して場所的有、つまり絶対矛盾的自己同一的なる存在を考えるのに対して、田辺は絶対無の弁証法に基づいた類種個の三一的統一態を考えようとしている。両者はいずれも西洋の有に対して東洋の無を取り上げ、それを基底に置いた存在論を展開している。しかし、両者の哲学的な基盤は存在の論理にあるというよりも、むしろ存在を存在たらしめる宗教的実践の論理を構築することにあったのではないだろうか。そのような実践の論理を根底に置いている点に、日本の形而上学の特徴があるように思われる。

さて、京都学派の宗教哲学ははたしてわれわれにいかなるメッセージを伝えているであろうか。西田の場合、それはわれわれに、人間が単独で存在することがあり得ないということ、人間と絶対者とが常に逆対応的な関係にあり、絶対矛盾的自己同一的に他者や世界との交渉関係にあるということを教えてくれている。田辺の場合、われわれが常に自らの生活基盤である国家や共同体社会との否定媒介関係にあること、絶えず絶対者とともに相対者を救済する必要性があることを教えてくれている。

また、西田と田辺の「逆対応」の概念にわれわれはどのような意義を見出すことができるであろうか。それは、われわれが、共同体の絶対化による全体主義や、神人合一による個人中心主義に巻き込まれるのを防ぐ力をもっているのではないだろうか。田辺の言う「逆対応」は、われわれの生活基盤である共同体とわれわれ個人とのあいだの一方が他方に吸収されないように、絶対者との往還二相の転換運動を呼び起こす必要性を強調するものであった。こうした京都学派の宗教的実践の論理の中には、全体主義や個人中心主義、虚無主義などを克服する思想的資源が含まれているように思われる。そこに京都学派の宗教哲学の普遍的な価値を見出すことができるのではないだろうか。

※　田辺元の文章は、『田辺元全集』（筑摩書房、一九六三―六四年）から引用した。引用については「田辺」のあとに巻数と頁数とを本文中に記した。なお引用に際して、西田の場合と同様に、旧漢字と旧仮名遣いは新漢字・新仮名に改めた。

本論の一部の成果は、台湾行政院国家科学委員会の専題計画研究費（田辺哲学的国家論 99-2410-H-110-070-）によるものである。

〔注〕

（1）後期田辺哲学が西田の宗教論に接近していることについては、上田閑照『宗教』（岩波書店、二〇〇七年）の「絶対無と宗教哲学」を参照されたい。

（2）小坂国継『西田哲学と宗教』（大東出版社、一九九四年）と海邉忠治『苦悩とけて絶対の信へ――西田哲学を契機として――』（法蔵館、二〇〇七年）は、西田の「逆対応」と「絶対矛盾的自己同一」とは場所的論理に基づく概念であり、決して別個の論理ではないと主張し、田辺の「絶対矛盾的自己同一」に対する理解に誤りがあるとしている。両者は、田辺が西田の「逆対応」をそのまま援用していることを指摘しているが、「逆対応」の西田哲学と田辺哲学における意味が異なっていることに言及しているわけではない。これに関する論述は、本論の第四節に譲りたい。

（3）これに関しては、「宗教の問題は、価値の問題ではない。我々が、我々の自己の根底に、深き自己矛盾を意識した時、我々が自己の自己矛盾的存在たることを自覚した時、我々の自己の存在そのものが問題となるのである。人生の悲哀、その自己矛盾と云うことは、古来言旧された常套語である。併し多くの人は深く此の事実を見詰めて居ない。何処までも此の事実を見詰めて行く時、我々に宗教の問題と云うものが起って来なければならないのである（哲学の問題と云うものも実は此処から起るのである）。」（一〇・三一二―三一三）という西田の主張を参照。

（4）小坂国継『西田哲学を読む1――場所的論理と宗教的世界観――』（大東出版社、二〇〇八年）、四八―五五頁を参照されたい。また、「無の自己限定として現れるものは、意志である。我々の個人的自己即ち意志的自己は、主語的有でもない、述語的有でもない。主語的方向と述語的方向との矛盾的自己同一的に場所の自己限定として、生起するのである」（一〇・三四一）という西田の主張からも看取できる。

（5）具体的には、上述した媒介者自身における対立と同一、相対者間における対立と統一、さらに自己内の対立と同一を同時に含む媒介者（一）と、他者との対立と統一を同時に含む相対者（多）との対立と統一の問題を指している。

（6）竹村牧男『西田幾多郎と仏教――禅と真宗の根底を究める――』（大東出版社、二〇〇二年）の「二部　逆対応と平常底」に、西田の「逆対応」に関する詳細な論考がある。ここでは、紙幅の関係で後期田辺哲学の展開に合わせてもっとも関連のある箇所のみを検討するに止まる。

（7）本論は田辺の観点から西田哲学に対して問題を提示し、それに自ら答えることによって西田哲学を解明するものであり、西田哲学を見てゆく新しい観点を提出しようとしている。しかし、留意すべきは、このような見方は必ずしも西田哲学自身から出てくる問いの立て方ではない、ということである。たとえば、西田は「神⇕キリスト⇕人」、あるいは「仏⇕菩薩⇕衆生」というような図式を説明しているとき、キリストや菩薩を媒介者としてではなく、絶対者の自己表現と見なしている。絶対者、媒介者、相対者という三者の媒介関係を主張したのは田辺である。その違いに関しては、本論の第四節と結論を参照されたい。

(8) これについては、「絶対者即ち仏と人間との非連続の連続、即ち矛盾的自己同一的媒介は、表現による外ない、言葉による外ない」(一〇・三五〇)、「絶対者と人間との何処までも逆対応的なる関係は、唯、名号的表現によるの外にない……響に云った如く、我々の自己は個人的意志の尖端に於て絶対者に対するのである。神も亦絶対意志的に我々の自己に臨むのである(故に何処までも逆対応的である)。」(一〇・三五〇)という西田の主張からも理解される。

第一一章　西谷啓治における経験と覚

満原　健

はじめに

西谷啓治は、いわゆる京都学派の代表的人物とみなされている。西谷の思想は西田哲学との類似点が極めて多く、そこに西田哲学からの決定的影響が見て取られているのがその理由であろう。では、西田の『善の研究』で示された哲学は、西谷にどのような影響を与えているのであろうか。

西谷は、西田を主題とした論文や随筆を『西田幾多郎』という著作にまとめて公表しているが、それを除けば、論文の中で西田幾多郎という名前を挙げることは稀である。西田哲学の中心概念についても同様のことが言える。西田が繰り返し用いた「絶対無」という概念は西谷もよく用いていたものの、「虚無と空」（『宗教とは何か』所収）からは自分の立場を表す言葉としてはほとんど使われなくなる。「場所」や「行為的直観」、「矛盾的自己同一」などは言及箇所を見出すのが困難であり、「純粋経験」という概念も、『西田幾多郎』以外では晩年の「『覚』について」という論文で一度触れられているにすぎない。

本稿では、そのわずかな手がかりをもとに、純粋経験論の西谷への影響関係を明らかにしたい。『西田幾多郎』に収められた論文のうち、『善の研究』を扱っているのは「西田哲学――哲学史におけるその位置」(一九五〇年)、「『善の研究』について」(一九六八年)の二つである。これらの論文では、西谷が抱えていた問題意識から、西田の純粋経験論が高く評価されている。まずその点について概観する。

一 西谷の問題意識

「西田哲学――哲学史におけるその位置」(一九五〇年、以下「西田哲学」と略記)が執筆された時期、科学と宗教との対立をいかにして解消するか、というのが西谷の取り組んでいた問題であった。例えば「宗教哲学――序論」(一九四一年)の「宗教と哲学」という副題が与えられた第二章では、科学と宗教との対立が哲学にとって避けて通れない問題になっていると述べられている。それによれば、ヘーゲル以後の時代には、宗教を排除してそれ自身だけで統一性をもった、自然や歴史の科学の世界観が浸透していった。そこでフォイエルバッハやマルクス、ニーチェなどの反宗教の思想が現われる一方、宗教はキェルケゴールのように、科学や歴史に対する現実生活のつながりを意識的に排除し、自己を世界から閉じて神のみへと開く主体性に立脚しなければならなかった。それによって「人間の立場は、一方では神を失って自然的な又は歴史的-社会的な世界のうちへのみ自らを開く人間、他方では世界への通路を閉じて神へのみ向かう人間、という両端に分裂した」(西谷 六・五五)[1]のである。

西谷はここで、科学的世界観の浸透が宗教の否定をもたらし、科学の影響により神との関係を断ち切って世界のみと関係する人間と、宗教の立場から世界との関係を断ち切って神のみと関係する人間とが、互いに対立し否定し合う状況を生み出したと述べている。西谷によれば、人間をこの精神の破綻と言うべき状況から救うのが、科学と宗教を媒介しうる哲学の課題、特に宗教哲学の課題である。「正統的な哲学こそ、人間と世界と神との関連を新しく建設することによって精神的破綻を脱する道を開く任務を負っていた筈であった。その破綻が、根本に於ては伝承的な宗教の諸観念と自然や歴史の新しい世界観との間の亀裂に由来する以上、かの任務は、一方では自然や歴史の科学に、他方では宗教に自らを媒介し得る唯一のものである哲学に、そして就中宗教哲学に、負わされたものであった」（西谷 六・五六）。

従来、この科学と宗教との媒介という試みを行ってきたのは、形而上学であった。だが自然科学の勃興によってその形而上学も影響を受け、否定される結果になったということが、「宗教と哲学——哲学と宗教及び科学の立場」（一九四九年）で記述されている。その影響とは、形而上学が依拠していた二世界説の否定である。二世界説では感性的事物が有限で転変していく非実在として捉えられ、無限で不変の超感性的なものに実在性を認める。それに対して科学は、変化する事物のうちに不変の法則を見出すため、感性的事物に非実在性を見ることはなく、超感性的世界に実在性を求めることもない。そのため科学は、形而上学が依拠していた二世界説に反発するものであり、その限り反形而上学的な立場であると、西谷は考えている。

西谷が捉えた当時の時代状況は、このように科学によって宗教が否定され、二世界説に依拠する形而上学も否定されるなかで、人間の精神的破綻を救うために科学と宗教とを媒介する哲学が求められているというものであった。「宗教哲学——序論」では、その課題を果たすためには「全き機能に於ける哲学」（西谷 六・五七）、つまり批判と媒介の機能を十全に果している哲学や要求されると言われているのみで、具体的に誰のどのような立場が西谷の求める哲学に相当するのかは述べられていない。だが「西田哲学——哲学史におけるその位置」では、西田の純粋経験論が科学と宗教とを媒介し、両者の対立を解消する哲学にあたると主張されている。純粋経験論が評価されるのも、この視点からである。

二　西田の純粋経験論に対する西谷の評価

一　「西田哲学」での評価

「西田哲学」でも、科学の勃興が与えた影響として、同じ二つの点が指摘されている。一つ目は、二世界説に立ち超感性的な事物に実在性を認める立場が否定され、「内的・外的な経験に捉えられるもの以外のものは認めないという立場」（西谷 九・一〇〇）、つまり実証主義や唯物論が台頭してきたという点。もう一つは、宗教が否定され、「科学的な立場と宗教的な立場との葛藤が、内生全体の範囲に波及した」（西谷 九・一〇四）点である。

そのため西谷は、観念論の形而上学は、もはや我々にとって取り得ない立場であると言う。二世界説に基づいて、経験を離れたイデアや世界に超越的に存在する神を考える立場は、認められなくなったからである。また、宗教を否定する立場では、人生の根本的な問題に解答を与えられないため、実証主義や唯物論の立場も取り得ない。しかし、マッハやジェームズなどの心理主義の立場にも立つことができない。彼等の哲学では宗教は否定されていないが、心理学的考察の資料となっているのみで、やはり人生の問題に答えることはできないからである。

それに対して西田の純粋経験論は、次のように評価されている。「『善の研究』はあくまで実証的な経験に立脚しながら、しかも同時に宗教をあらゆるものの根本としている。……近代の哲学、一般に近代の思想とか精神とかのあらゆる問題は、根本的に突きつめれば科学と宗教との衝突に帰着する。それは人間の生の自己分裂である。そして今いった西田哲学の立場は、そういう近代精神の根本問題について、はっきりと態度をとったということを意味するのである」（西谷 九・一〇四）。実証的な経験に立脚しているという点で、西田の立場は二世界説に基づく従来の形而上学とは異なり、科学的見地に沿うものとなっている。一方で実証主義や唯物論のように宗教を否定することもなく、心理主義とも異なって、宗教が根本とされている。そのため西田の純粋経験論では科学と宗教との対立が解消されているのであって、科学と宗教という問題について西田は一つの解答を与えていると言える、と西谷は主張しているのである。

しかしこの論文「西田哲学」では、純粋経験論についてのある程度の概説はなされているものの、なぜ西田が科学と宗教との対立を解消できたのか、ということについては多くは述べられていない。この点が詳しく記述されているのは、「西田哲学」（一九五〇年）のしばらく後に書かれた「『善の研究』について」（一九六八年）である。

二 「『善の研究』について」での評価

「『善の研究』について」は、『現代日本思想体系』の第二十二巻『西田哲学』に収められたものであるためか、『善の研究』の構成に従った解説が中心となっており、西谷の問題意識に従って全体がまとめられているわけではないのだが、「西田哲学」での論点が引き継がれている。

従来の二世界説に基づいた形而上学と西田の純粋経験論との違いに関して、西谷は「理」という概念に注目している。西谷によれば、従来の形而上学では、経験における主観が個人としての存在の枠を超えることはできないと考えられているため、個人的意識の枠を脱した普遍的な「理」を求める場合、経験を離れなければならない。その超経験的な領域に理性界が考えられ、さらにその理性界の根底に神が考えられる。「神を頂点とした形而上学の全骨格は、いつも「経験」を次第に遠く超えて行く方向、現実の経験から次第に遠のいてゆく方向の上に設定された」（西谷 九・一四二）のである。

それに対して『善の研究』では、理について例えばこう述べられている。「人は皆宇宙に一定不変の理なる者あって、万物は之に由りて成立すると信じて居る。此理とは万物の統一力であって兼ねて又意識内面の統一力である、理は物や心に由って所持せられるのではなく、理が物心を成立せしむるのである」（一・六一）。

西田の理は、この引用にあるように、宇宙万物の統一力であると共に意識内面の統一力であり、直接経験における統一力でもある。この理は、宇宙の一定不変なる理とされている点で個人を超えており、形而上学で言われる理と共通した性質をもつ。だが西田の理は、直接経験における統一力であって、経験を離れたところに考えられているわけではない。西田は従来の形而上学と同じように普遍的な「理」を求めながら、経験を離れたところに「理」を考える立場を取っていないのである。

普遍的な「理」を求めながら経験を離れないこのような西田の立場は、明らかに二世界説ではない。それを可能にしているのは、「理」が宇宙の一定不変な万物の統一力であるとしながら、経験を離れたものとせずに、その統一力を意識内面の統一力としている点に見出されている。「理」について違った理解をすることによって、西田の純粋経験論は二世界説でなくなったのである。

科学と宗教の媒介という問題についても、「理」あるいは統一力という概念に注目して、西谷は考えを述べている。科学の対象である自然については、「自然の生命である統一力」（一・七〇）が働いていると西田は言う。植物や動物の形態、変化、運動は単なる機械的運動ではなくその全体と関係をもっており、これが無機物についてもあてはまるとみなしているからである。この統一力については「我々の神とは天地之に由りて位し万物之に由りて育する宇宙の内面的統一力でなければならぬ」（一・一四〇）とあるように、究極的には神そのものとして考えられている。ここでは自然の生命となっている統一力は、究極的には神であると言われているのだが、それは逆から見れば、自然の内には、統一力としての神が現れているということにもある。そこで、「我々が神意として知るべき者は自然の理法あるのみである、この外に天啓というべき者はない」（一・一四〇）という主張を西田はしている。

つまり自然にはその生命である統一力が働いているとし、神を宇宙の統一者とする立場をとっているため、自然の理法の外に天啓はないという西田の主張が出てきている。これについて西谷は、「そのことによってこの宗教観が自然科学の立場を包容したものになっている」（西谷 九・一八一）と述べている。西谷は、自然の生命の統一力と神を結びつけることによって、宗教と科学との媒介が可能になっていると主張しているのである。

これまでの議論をまとめておくと、第一節で見たように、西谷は科学によって宗教も二世界説に依拠する形而上学も否定されるなかで、哲学の課題は科学と宗教とを媒介することだと考えていた。またこの第二節で述べてきたことから明らかなように、西田の純粋経験論がまさに科学と宗教を媒介する哲学たり得ているという点を、西谷は評価している。そして「『善の研究』について」では、その科学と宗教との媒介を可能にしている要因を、理が万物の統一力であると共に意識内面の統一力であり、究極的には神にまで連なっているとする思想に見出したのである。

三　空の立場

ここで、「西田哲学」（一九五〇年）と「『善の研究』について」（一九六八年）との間の時期に、西谷が自己の立場として「空の立場」を主張し始めたということに触れておかなければならない。「空の立場」の内実が始めて詳しく述べられるのは一九五五年に発表された二つの論文「虚無と空」と「空の立場」であり、「禅に於ける「法」と「人」」（一九六九年）や「般若と理性」（一九七九年）でも扱われている。純粋経験という概念が用いられている「「覚」について」（一九七九年）はこれらの論文の後に書かれたものである。

「虚無と空」や「空の立場」では、科学的世界観の浸透によってニヒリズムが登場したと述べられ、そのニヒリズムを超克した立場として空の立場が提示される。そのなかで、意識の場、虚無の場、空の場の三つが区別され、われわれは通常意識の場に立って事物を捉えていると言われている。まず意識の場では我々は自我を主体とし、事物を対象として表象する。虚無の場ではこの主客二元論的な見方が破られ、事物が無化され非実在化されるとともに、表象性を絶したものとして現れてくる。だが虚無の場では、虚無がまだ存在の外に見られたものという性格をもっており、無が表象されたものとして残っている。それが空の場へと転換されると、表象として捉えられたものはなくなり、事物が根源的なあり方で、あるがままの姿で現れるとされている。

西谷は、その空の場で「真に本来的且つ根源的な智が成立している」（西谷 一〇・一二三―一二四）と言う。意識の場では、事物が理性によって実体概念を通して捉えられるが、その実体は我々の理性に映った限りでの事物にすぎない。虚無の場では事物は実体性を失って何であるかわからないものとなり、認識の対象でなくなり、概念的に把握できないものとなる。これに対して空の場では、あるがままの事物の「現成即会得」（西谷 一〇・一五七）、すなわちもはや対象ではない事物の「非認識的な知」（西谷 一〇・一五七）、「無知の知」が成立すると言うのである。

「禅に於ける「法」と「人」」では、科学と宗教と哲学とが互いに否定し合うことによってニヒリズムが現れていると述べられており、それを克服するためには、科学と宗教と哲学が交切する唯一の場である真なる自己を究明する必要があると言われている。その過程で、まず理性の立場として絶対的理性との合一を説いたプロティノスが問題とされている。プロティノスの絶対的一者は「対自性の性格を帯びて現れている」（西谷 一一・一一七）と言う。対自性の性格を帯びているというのは、「虚無と空」や「空の立場」での言葉を用いれば表象性を残しているということであり、そのため西谷は絶対的一者から絶対の無へと転換する必要性を主張する。「絶対一から絶対無への転換ということは、理法世界のもつ客観世界の痕跡をどこか残したような「絶対」の立場が、自己の主体性の直下で主体性そのものの根底的な開けに転換されることである」（西谷 一一・一二〇）とあることからわかるように、絶対無への転換は、絶対が客観あるいは対象という性格を失うこと、二元論的な立場からの脱却を意味するのである。だが西谷は、絶対無の立場からさらに本来空の場へと転換する必要性を説く。絶対無の立場は、「事々物々の世界を離れて絶対無なる立場が存するかのような表象性の影を残すことがある」（西谷 一一・一二二）、あるいは「絶対無と言われる場合は、それと事々物々の世界の間になお二元性の隠微な痕が残る」（西谷 一一・一二二）と考えるからである。

こうして「禅に於ける「法」と「人」」では、絶対一の立場から絶対無の立場、さらに本来空の場への転換が語られているが、本来空の場ではやはりある種の知が成立していると述べられている。プロティノスのような理性の立場で成立する知は、絶対理性を根源とする知である。そのプロティノスの絶対一の立場から絶対無の立場への転換は、主客合一の理観から覚への転換、「無知の知とか無分別知とかいわれるものであって、根本的な覚、つまり文字通り目覚めてあることとしての知」（西谷 一一・一一八）への転換であるとされている。二元性を完全に消滅させたところに現れる空の場での知は、西谷によれば、覚を徹底したところでの知であり、事物をそれぞれのありのままの如実性において会得する知である。

「般若と理性」では、「論理」が抱えている問題が、ヘーゲルの哲学を手がかりとして究明されている。それによれば、まず形式論理では、その内容が常に外から与えられる。形式論理はその内容を形式化しつつ捉えていこうとするが、その内容が与えられてくる事実の世界の本源に対しては無力である。そこで形式論理はその限界を自覚し、自己否定を内に含んだ弁証法的論理へと移行する必要があるとされる。

弁証法的論理は絶対否定性を根源とし、生の有機的発展の過程を支配している論理だが、その過程の出発点と到達点は、弁証法的論理では包み切れないため、過程とその出発点と到達点を含む別種の論理、すなわち思弁的論理が要請される。思弁的論理は思惟の形式と内容が一つであるような論理であり、そこでは絶対者の最も抽象的な規定である「有」が自己自身の内から自己展開を起こして、論理の完成へと至る。だがこの思弁的論理も西谷によれば、「人間の立場と神の立場との絡み合いが、根本に不明瞭な所を残していると考えざるを得ない」（西谷 一三・五九）ような論理であり、「なお対象論理の立場を脱却したものとは言い難い」（西谷 一三・六四）論理である。

思弁的論理を貫徹したところに現れる、絶対的に知る働きそのものがその働きそのものを知るという立場、すなわちノエシス・ノエセオースという立場においても、問題は解決されないと西谷は考える。ノエシス・ノエセオースは「存在するものとそれの知という関係の上に立って、その関係を知の面に沿って徹底したもの」（西谷 一三・八三）、つまり存在とその知という二元論に立った上で、人間的理性を突きつめていくという方向の先に現れてきたものであり、二世界論に基づく立場、二元論を脱しない立場だからである。そのため、こう言われる。「ヘーゲルの哲学は、人間の思惟という立場から神と人間との間の断絶を媒介する論理の立場とも解釈できるものであり、その弁証法という論理もそこにその根本的な動機をもつとも考えられないことはないが、結局はその断絶は論理によっては充たされ得ないのであり、その論理が如何に絶対知の立場の論理であって、前に言ったようにノエシス・ノエセオースという形でその論理自身を貫徹する場合でも、それは絶対的な断絶というものの真の意味での止揚とはなり得ないと言わなければならない」（西谷 一三・九一）。

そこで西谷は、すすむべき二つの方向を提示している。一つは、ヘーゲルの哲学をさらに押し進めて、「知という性格からの絶対的な脱却……無知の知というようなものへの移り行き」（西谷 一三・八四）へと徹底する方向であり、もう一つはヘーゲルと同じ方向にすすむのではなく、逆へと進むという方向である。

これらのことから、「虚無と空」と「空の立場」、「禅に於ける「法」と「人」」、「般若と理性」という論文に共通したこととして、次の点が指摘できる。一つは、西谷が二元性の脱却を目指しており、その先に空の場が開け、「無知の知」あるいは「覚」が成立する、と考えている点である。二つ目として、二元性にとらわれた立場として、理性によって事物を把握する立場をまず提示しているという点が挙げられる。「虚無と空」と「空の立場」では理性が生み出す実体概念を通して事物を把握する意識の場、「禅に於ける「法」と「人」」ではプロティノスの立場、「般若と理性」ではヘーゲルの立場がこれに相当する。

逆に「般若と理性」とそれまでの論文との違いとして指摘できるのは、二元論に基づいて理性によって事物を把握する立場から出発し、空の場へと到達するという方向とは別の方向性を西谷が考えている点である。以下ではこの点について解明をすすめていきたい。

四　純粋経験論の西谷への影響

「般若と理性」で示されたもう一つの方向について、西谷はこう述べている。「与えられた事実をその事実としての直接に知るという、その直接知を離れて論理的な知解にすすむかわりに、その直接知そのものをそのまま深めていくという方向は、それなりに真理への道として考えられないであろうか」（西谷　一三・八六）。直接知を離れて論理的な知解にすすむというのは、ヘーゲルを含め、二世界説に立って経験を離れた超感性界に実在性を認める立場のことを指すと考えられるが、「直接知そのものをそのまま深めていく」方向については、ほとんど説明がなされていない。そのため、以下でこの文の解釈を示しておきたい。

まず、「直接知」とは何を指すのか、というのが問題となる。この点については「「覚」について」で詳しく述べられている。「「覚」について」では、「知」にさまざまな種類があると言われている。一つの「知」は知性による知であり、今ここという局所を離れたところに成立すると考えられている。もう一つは感覚知あるいは直接知と西谷が呼ぶもので、例えば赤い色のうちに林檎を見るというときに成立している知である。この例で言えば、今ここにある赤、色、林檎はそれぞれ一回的でその都度唯一的だが、赤い色のうちに林檎を見るのも一回的で唯一的な経験である。だが赤い色のうちに常に林檎を見るのであれば、「常に」というところに、一回的で唯一的な領域を離れた「理」が現われていると言える。そこで西谷は、「通常のいわゆる「論理」の圏内にあるもの、「知性」の知、とは別種な感覚知にまで及んでいる如き「理」を問わざるを得ない」(西谷 一三・一〇三)と言う。

「知性」の知は経験から離れたところ、経験を越えたところに成立すると考えられているが、今述べた感覚知は、一回的唯一的な経験のうちに成り立つ知である。ただし、そのときの経験は、通常の経験ではなく、純粋経験あるいは直接経験であると西谷は述べている。「その知は直接的な知であり、「知性」による如何なる表象化や概念化の以前なる知である。かかる局所に成立する事柄が「経験」というものに外ならない。但し、純粋経験、直接経験といわれる如き、その本来性における経験である」(西谷 一三・一〇四)。この記述からは、西田の純粋経験論を西谷が自分の思想として取り込んでおり、純粋経験のうちに成立する知が直接知であるとの考えがはっきりと見て取れる。

純粋経験のうちに成立する知については、『善の研究』の次のような記述が手がかりとなる。「知るといい意識するということは即ち他の可能性を含むということである。……意識には必ず一般的性質の者がある、即ち意識は理想的要素をもって居る。これでなければ意識ではない」(一・九三—九四)。西谷は「『善の研究』について」で、この文について解釈を行っている。それによれば、「他の可能性を含む」ということは、例えば赤だけを現実に知覚している場合でも青や黄への可能性を含んでいること、赤を赤い色として知覚することである。また理想的要素は一般的性質のものとも言われており、それは例えば「赤」や「青」に対する「色」に相当するという。そのため西谷に従えば、「知るといい意識するということは即ち他の可能性を含むということである」という文が意味するのは、知るということは例えば赤を赤い色として知覚すること、色などの一般的性質をもったものとして知覚することとなる。

また西田は次のようにも言っている。「普通の知覚であっても、前にいった様に、決して単純ではない必ず構成的である、理想的要素を含んで居る。余が現在に見て居る物は現在の儘を見て居るのではない、過去の経験の力に由りて説明的に見て居るのである。この理想的要素は……知覚其者を構成する要素となって居る、知覚其者が之に由りて変化せられるのである。この直覚の根底に潜める理想的要素は何処までも豊富、深遠となることができる」(一・三三)。この文では知覚が理想的要素を含んでいると言われているが、それは西谷によれば、赤だけを知覚している場合でも、赤を赤い色として知覚しているということである。そして、知覚においても「理想的要素は何処までも豊富、深遠となる」というのは、たとえば芸術家の知覚が知的直観という形で無限の統一を実現し、深い生命の捕捉を体得すること、「「理想的要素」が無限の統一へ向って拡大深化されて行くこと」(西谷 九・一七〇)であるとされている。

この西谷の解釈によれば、純粋経験は一般的性質をもったものであり、純粋経験のうちに成立する知とは、一般的性質をもったものとして知覚することである。そしてそれだけでなく、この一般的要素、あるいは理想的要素は、どこまでも深遠となること、無限の統一へ向かって深化されて行くことができるものとなる。直接知とはこのようなものである、と一応言うことができる。だが、「無限の統一へ向って拡大深化されて行く」という表現も抽象的であり、解釈を必要とする文である。

「無限の統一」については、「理想的なる精神は無限の統一を求める、而して此統一は所謂知的直観の形に於て与えられたのである。……併し真の知的直観とは純粋経験に於ける統一作用其者である」(一・三五)という記述を手がかりに、「無限なる統一の発現として、真の知的直観は「純粋経験に於ける統一作用其者」といわれ、「生命の捕捉」といわれたのである」(西谷 九・一六三)と述べられている。西谷によれば、無限なる統一が発現するということは、知的直観が成立することなのである。その知的直観は、西田においては、「真の宗教的覚悟とは……知識及意志の根底に横われる深遠なる統一を自得するのである、即ち一種の知的直観である」(一・三七)とあるように、真の宗教的覚悟であると主張されている。また、「神は……宇宙の根底に於ける一大知的直観と見ることができ、又宇宙を包括する純粋経験の統一者と見ることができる」(一・一四八)という文からわかるように、究極的には純粋経験の統一者である神と同一視されている。知的直観は、深遠なる統一を自得する宗教的覚悟であり、究極的には純粋経験の統一者である神と冥合することと言われているのである。

純粋経験のうちに成立する知とは、赤を赤い色として知覚することであった。それが知的直観であるとは到底言えないだろう。無限なる統一の発現が知的直観の成立とされていたことを考慮に入れるなら、その知が無限の統一へ向かって深化されるということは、その知から知的直観へと向かうこと、つまり知識などの根底にある深遠な統一の自得へと向かうこと、究極的には純粋経験の統一者である神との冥合へと向かうことであると考えられる。純粋経験のうちに成立する知、すなわち直接知は、単に一般的性質をもったものとして知覚するということにとどまらず、純粋経験の統一者である神にまで深まって行くことのできるものとされているのである。

普通の知覚がそのようにどこまでも深遠となっていけるのは、その知覚が「学問、芸術、道徳、宗教における「無限なる統一」へ自発自展的に直通しているから」(西谷 九・一六三)、「意識の最も原初的なものも究極的なものへ直通していると見るのが、直接経験という本書の立場」(西谷 九・一七〇—一七一)であるからだと西谷は言う。

このように純粋経験においては、意識の最も原初的なものも究極的なものへ直通しているため、純粋経験のうちに成立する知、すなわち直接知は、純粋経験の統一者である神にまで深まって行くことのできるものとされているのである。このことを踏まえるなら、「直接知そのものをそのまま深めていくという方向」とは、直接知という原初的な知から、究極的な知へと、つまり西谷のいう「覚」へと深めていくという方向のことであると解釈することができるであろう。

「「覚」について」でも、直接知の性質として、「知性」による如何なる表象化や概念化の以前なる知を含んでいるというだけでなく、究極的な知へと通じているということが主張されている。

「「覚」について」では、直接知あるいは感覚知が「感じ」という言葉に置き換えられた上で、さらに説明が加えられている。例えば何かを飲んだ時、それが冷たいか暖かいかは、それを飲んだ者にしか、また飲んだ時にしかわからないが、その場に冷たさや暖かさが現れ、直接的に、明白にわかる。西谷はこの直接知が、「覚」という意味を含んでいると言う。「「感じ」といわれるものに含まれるその直接知、むしろ直接的自知は、既に「自覚」と呼び得るものではないであろうか。……ただ、それは目覚め、覚醒を意味するような意味での「覚」としてである。……「感じる」という直接知の明白さをもつ開けとしての「現」、ともいうべきものにも似た「覚」の意味を、感覚が既に原初的に含んでいないかと思うのである」(西谷 一三・一〇九―一一〇)。

西谷の「覚」、とくに「目覚め」を意味する「覚」というのは、「無知の知」などと呼ばれていた、空の場で成立する知である。その覚の意味を直接知がすでに含んでいると西谷は述べているのである。それが具体的にどういうことかは全く説明されていないが、少なくとも、直接知が「覚」の意味を含んでいるという主張、原初的な知にも究極的な知である「覚」が含まれているという主張には、「意識の最も原初的なものも究極的なものへ直通している」という『善の研究』の思想を重ね合わせることができる。

以上この章では、二つの点で『善の研究』との共通性が見て取れるということを指摘してきた。一つは、「般若と理性」において、感覚知を深めるという方向性が打ち出されている点。二つ目は、「「覚」について」で、直接経験のうちに「覚」の意味が含まれているという点である。

これらの主張は、「『善の研究』について」(一九六八年)以前には見られなかったものと言っていい。第三章で見たように、空の場で成立する知へと至る道筋は、二元論に基づき理性によって事物を把握する立場から始められ、その二元性を乗り越えるという方向で進められていた。それは直接経験のうちの感覚知から始めて、その経験を離れることなく深めていくという道筋とは全く異なったものである。そのため、感覚知を深めるという方向性は、単に西田の純粋経験論と共通点があるというだけでなく、理想的要素を深遠なものにするという西田の思想からの影響があると考えられるのである。

直接経験のうちに「覚」の意味が含まれているという考えも、「「覚」について」ではじめて現れたものであり、「意識の最も原初的なものも究極的なものへ直通している」という西田の議論の影響をそこに見出すことができるであろう。

おわりに

科学と宗教を媒介させる哲学を求めていた西谷は、「西田哲学」と「『善の研究』について」で、西田の純粋経験論がまさにそのような哲学に該当すると考え、それを可能にした要因として、理が究極的には神にまで連なっているという思想を見出した。それ以前には、二元論に基づいた理性の立場を乗り越えるという方向の先に空の場が見られていたが、「般若と理性」では、直接知を深めるという方向性が新しく打ち出されている。この点と、直接経験のうちに「覚」の意味が含まれているという点に、「意識の最も原初的なものも究極的なものへ直通している」という思想、あるいは理が究極的には神にまで連なっているという純粋経験論の思想の影響が見て取れる。端的にいえば、ごく原初的な直接経験が、究極的な覚へと通じているという思想を、西谷は西田から受け継いだのである。経験が覚へと通じているがゆえに、経験を深めて覚へと至ることができ、覚が経験へと現れることが可能となる。ここに、西田の純粋経験論の影響を見ることができるであろう。

〔注〕

(1) 西谷啓治の文章は、『西谷啓治著作集』(創文社、一九八六―一九九五年)から引用し、引用箇所については、「西谷」のあとに巻数と頁数とを記した。なお旧漢字、旧仮名遣いは、新漢字、現代仮名遣いに改めた。

第一二章　善と道徳——西田幾多郎と新儒家

林　永強

一　待望の出会い——西田幾多郎と新儒家

東アジアにおける近代の哲学的運動の中で大きな役割を果たした日本の「京都学派」(1)と、中国語圏の「新儒家」(2)とを取り上げ、考察することは大きな意義を持っていると考える。(3)前者の「創始者」である西田幾多郎と後者のメンバーとのあいだに直接的な交流はなかったが、両者の出会いは決して偶然ではない。そこには、外的要素と内的要素の二つがある。まず外的要素というのは、日本と中国とのほぼ同様の歴史的状況を指す。十九世紀の中旬から近代化を通して「西洋」文明を受容し、知識人たちはそのような新たな知識を輸入するとともに、自らの伝統を再考することになった。フィロソフィアないしフィロソフィーはそのなかの一つのアジェンダであった。西田幾多郎と新儒家のメンバーは、「西洋」哲学を受容、それと対決しながら、それぞれの「独自」の哲学的体系の創造に力を注いだ。

それに対して内的要素とは、「西洋」と日本や中国の知的伝統との「哲学的」対話において、西田幾多郎と新儒家とのあいだに暗黙の繋がりがあったことを指す。例えば西田の著作のなかでは、「中国」の哲学者である孔子、荀子、王陽明、また至誠、知行合一、智勇仁義などの中国の哲学的用語、概念への言及がしばしばなされている。それによってただちに、西田のなかに中国哲学による決定的な影響があったと言うことはできないが[4]、新儒家と同じアジェンダを西田がもっており、「哲学」を再定義しようとしているのは間違いない。西田の場合は、「哲学」を「人生の問題」（五・一三九）[5]と言い、新儒家は「哲学」を「生命の問題」〔中国語で生命的学問〕[6]であると述べている。「人生」や「生命」は「哲学」の単なる一つの課題ではなく、「哲学」そのものであると両者は主張している。そのような「哲学」の再定義によって、倫理学の課題、つまり人間は何をすべきなのか、何をしてはいけないのかなどの課題が哲学と関連づけられ、それぞれの哲学的創造の中で、一つの不可欠の要素になっていると考えられる。

本論文はそこで、西田と新儒家が注目する「善」と「道徳」とを取り上げ、『善の研究』と「中国文化与世界——我們対中国学術研究及中国文化与世界文化前途之共同認識」[7]（中国文化と世界——中国学術研究及び中国文化と世界文化の前途の共同認識）というそれぞれの代表的な著作を中心に考察を行いたい。前者は西田の出世作であり、その中の第三編には「善」という倫理学に関する論述がある。後者は新儒家のメンバーである張君勱、徐復観、牟宗三、唐君毅の四人による新儒家の「共同宣言」でもあり、「道徳」の問題が多く取り上げられている。西田と新儒家における倫理学を比較する際、以下の四つの論点が重要となる。

一、西田と新儒家はなぜ「善」と「道徳」を問題にしたのか。

二、西田と新儒家との「善」と「道徳」をめぐる論述はそれぞれの哲学的創造にどのような意義をもったか。

三、それは倫理学に対してどのような意義をもったか。

四、それは、日中哲学の対話という観点において、どのような意義をもっているか。

西田と西洋哲学との比較研究はすでに膨大な量に達しているが、それに対して西田と東洋哲学、中国哲学との比較研究はまだ十分にはなされていない。しかしそれもまた無視できぬ課題であると考える。特に西田と新儒家との出会いは、「世界哲学のフォーラム」[8]において待ち望まれた課題である。どのように西洋哲学を受容し、それとの対決のなかで、どのように自らの哲学を創造するのかという問題に関わって、両者の対話は必須の課題になっていると考える。

二　善と道徳――「哲学」の再定義における倫理学

周知のように、日本ではPhilosophyは西周によって「哲学」と訳された。その際に手がかりとされたのは、周敦頤の言葉である。しかし西が理解した「哲学」と儒学との間には大きな相違点があることを藤田正勝が指摘している。

まず儒学の特質を西は、その起点となる孔子・孟子の教えのなかに「真理」を置き、それを代々受け継ぐことを求めてきた点に見出している。……それに対して、西によれば、西洋の学問においては「真理」はそれとは根本的に異なった仕方で受け取られている。もちろん一面では学問は伝統との関わりなしには成立しない。しかし、その根底にあるのは、伝統をそのまま前提とするのではなく、それに対して批判と検証を加えることによってはじめて事柄の真相に至りうるという真理観である。[9]

「真理」を基準にして西は「哲学」と「儒学」とを区別したと考えられる。もちろんそれは「儒学を全面的に否定しようとしたということを意味しない」。もし「祖師の言葉を規距準則とするのではなく、それを批判的に検討し、新しい真理を見出す努力を積み重ねる」のであれば、「儒学」もまた「西洋の哲学に匹敵しうるものになりうる可能性を〔西は〕認めている」[10]と藤田は強調する。つまり「儒学」でも、「哲学」のように、「批判的に検討し、新しい真理を見出す」ことができないわけではない。もし「真理」に向かう「規距準則」が「祖師の言葉」ではなく、「批判的な検討」であるならば、両者は区別しなくてもよいし、完全に別のものではない。

もちろん、儒学が「批判的な検討」ではなく、常に「祖師の言葉」を規矩としているのか、「哲学」には「祖師」に当たるような存在、つまり過去の哲学者の言説や、前提、制約などがまったくないのかなど、検討すべき点はあると思うが、「批判的な検討」が「真理」の基準であることを否定する必要はないであろう。そうであるとすれば、まずそこに西田や新儒家の相似性を見るべきであるように思う。われわれが両者の膨大な哲学的体系の中から特に倫理学の問題を取り上げて究明するのも、そこから説明できるであろう。

まず西田の場合、西洋哲学や東洋哲学などを「批判的に検討」し、そこから自らの哲学を作り出そうとした。「哲学」そのものに対しても、従来の理解と異なった独自の見解を示している。

> 哲学は思弁的と云われるが、哲学は単なる理論的要求から起るのではなく、行為的自己が自己自身を見る所から始まるのである、内的生命の自覚なくして哲学というべきものはない、そこに哲学の独自の立場と知識内容とがあるのである。かかる意味に於て私は人生問題というものが哲学の問題の一つではなく、寧ろ哲学そのものの問題であるとすら思うのである(五・一三九)。

西田は、「哲学」は西洋哲学のように、「単なる理論的要求から起こるのではなく」、「人生問題というものが哲学の問題の一つではなく、寧ろ哲学そのものの問題である」と述べている。もちろん、「人生問題」とは何か、どのような意味でそれが「哲学そのものの問題」であるのか、それと「倫理学」とはどのように関わるのか、等々の問題が残るであろう。しかし、西田が過去の「哲学」理解をそのまま受け継ぐのではなく、独自に定義しようとしていたことは明らかである。

いま引用したのは、一九三二年に出版された『無の自覚的限定』のなかの文章であるが、西田は『善の研究』初版の序（一九一一年）のなかですでに次のように述べている。

此書を特に「善の研究」と名づけた訳は、哲学的研究が其前半を占め居るにも拘らず、人生の問題が中心であり、終結であると考えた故である（一・六）。

ここでは「哲学」を「人生の問題」として再定義するという意図は明確には見えないかもしれないが、「人生の問題」は、『善の研究』の段階から、哲学的探求と切り離しえないものと考えられていたと言える。また西田は『善の研究』以前にも倫理学に強い関心を寄せ、いくつかの論文を公にしている。例えば「韓図倫理学」（一八九三年七月）、「カント倫理学主義」（一九〇一年四月）、「倫理学説［一から五まで］」（一九〇八年三月から八月まで）[11]などである。そのなかには金沢の四高時代に倫理学の講義に基づき、執筆したものもあり、その後『善の研究』の一部分になったものもある。西田が早くから倫理学に強い興味をいだいていたことはここからも知られるし、また一九一〇年に京都大学に赴任し、最初に担当したのも倫理学であった。

西田においては初期から、「哲学」は決して「理論的要求」に限定されず、生きることと密接な関わりを有するものと見なされていた。もちろん『善の研究』においては理論的な考察が基礎に置かれているが、しかし中心の問題として「人生問題」が位置づけられていたことも間違いがない。『善の研究』の第三編「善」の第一章にはこのような記述が見られる。

実在は如何なる者であるかということは〔第二編において〕大略説明したと思うから、之より我々人間は何を為すべきか、善とは如何なる者であるか、人間の行動は何処に帰着すべきかという様な実践的問題を論ずることとしよう（一・八三）。

「哲学」の中心問題としての「人生問題」として、「我々人間は何を為すべきか」、「善とは如何なる者であるか」、「人間の行動は何処に帰着すべきか」という「実践的問題」が考えられていたことがここから知られる。これらは倫理学の主要問題である。西田にとっては、「哲学」と同様に「倫理学」も、「単なる理論的要求」に基づくものではなく、「直接経験の事実」に、言い換えれば「人生の実生活」に深く関わったものであった。西田は一九〇二年十月二十七日に親友鈴木大拙宛の書簡で次のように書いている。

今の西洋の倫理学という者は全く知識的研究にして　議論は精密であるが人心の深き soul-experience に着目する者一もあるなし　全く自己の脚根下を忘却し去る　パンや水の成分を分析し説明したるもあれともパンや水の味をとく者なし　総に是虚偽の造物人心に何の功能なきを覚ゆ（一九・六三）

西田は西洋の倫理学を「全く知識的研究」と批判し、倫理学とは「パンや水の味をとく」ような「人心の深き soul-experience」に関わるもの、つまり「虚偽の造物」ではない「事実」としての実生活にこそ関わるものであることを主張している。

興味深いことに、中国語圏の新儒家も、ほぼ同様の仕方で「哲学」を捉え直そうと試みた。メンバーの一人である牟宗三は、「哲学」は「生命の学問」であると繰り返し述べている。

哲学とは何か。全ての人性の活動、理智及び観念を反省して説明するのは、哲学である。……中国哲学においては、「主体性」(Subjectivity) 及び「内在的な道徳性」(Inner-morality) をより重視する。……西洋哲学は、逆に主体性ではなく、客体性を重視する。それは大体「知識」を中心として展開する。……中国哲学は「生命」を中心とする。(12)

それ「中国哲学」は、西洋のように知識を中心とした学問、理智遊戯の孤立的哲学ではなく、……「生命」を中心とし、そこから教訓、知恵、学問、修行を展開する。(13)

西洋の哲学はもともと知識を中心として始まり、「生命中心」とはしない。……「知識中心」の論理的思考は、論理的問題、科学の問題、外在的で思考的な形而上学の問題であり、生命の問題に目を向けない。西洋哲学を学んでも、生命の学問に接することは難しい。……本当の生命の学問は中国にある。(14)

「全ての人性の活動、理智及び観念を反省して説明する」というのは、客観的な「知識」を無視することなく、人性を対象として反省し、説明することが「哲学」だという意味である。そのような仕方で牟宗三は「哲学」の再定義を試みたと言える。また、「「主体性」(Subjectivity) 及び「内在的な道徳性」(Inner-morality) を重視する」という表現から知られるように、牟宗三の考える「哲学」においても倫理学が重要な位置を占めている。

牟もまた、西田と同様に、早い時期に倫理学に関心を持った。一九二九年二十歳の時、北京大学哲学部に在籍中に『従周易方面研究中国之玄学及道徳思想』(周易の研究における玄学及び道徳の思想) を完成し、一九三五年に出版した。その中ですでに中国哲学が倫理学としての性格を持つことを述べている。

哲学はあくまで知の問題であり、行為の問題ではない。しかし、中国の哲学者は常に行為に知を付け加える。(15)

牟は倫理学への関心を晩年まで持ちつづけ、「哲学」を「生命の学問」として理解することによって独自の倫理学を打ち立てた。例えば、「生命の学問」という論文で次のように述べている。

> 私自身は、戦争以来……、（また）民国三十八年（一九四九年）からの中国大陸の転覆を見て私の生命は絶望的だと感じた時に、文化的生命を交流させる仕事を志し、……生命の学問を始めた。それが『歴史哲学』、『道徳理想主義』及び『政道与治道』の三つの本を書いた理由である[16]。

牟は自らの生命の絶望を意識するとともに、言わばそれを打開するために「生命の学問」という仕事に身を捧げた。そのなかで三つの代表的な著作『歴史哲学』（一九五五年）、『道徳理想主義』（一九五九年）及び『政道与治道』（一九六三年）を著し、「歴史」「道徳」「政治」など生命の「内」と「外」に関わる問題、つまり倫理学の主要問題について論じた。

三　善と道徳——倫理学における事実と当為

西田幾多郎も、そして牟宗三も、「哲学」を「人生の問題」や「生命の学問」として捉え直し、「西洋哲学」との差異化を試みる一方で、それが倫理学と深い関わりを有することを強調した。両者にとって倫理学は大きな位置を占めていると考えられるが、しかし、両者の倫理学に関する研究は決して多くない。西田について言えば、『実践哲学としての西田哲学』[17]や『実践哲学の基礎——西田幾多郎の思索の中で』[18]などの研究があり、近年、「環境倫理学」との関わりで西田の思想が論じられているが[19]、西田哲学研究全体のなかでは倫理学をめぐる研究はそれほど多くはない。『善の研究』を中心とする倫理学の研究は、さらに少ない[20]。新儒家の場合も、それぞれの著作に関するもの――特に台湾中央研究院で出版されたもの――があるが[21]、牟の倫理学に関するものは多くはない[22]。

西田と牟の倫理学における特徴の一つとして、当為（ought）より、事実（is）に目が向けられている点を指摘することができる。

西田は『善の研究』で「純粋経験」について次のように述べている。

> 少しの仮定も置かない直接の知識に基づいて見れば、実在とは唯我々の意識現象即ち直接経験の事実あるのみである（一・四三）。

もちろんこの「直接経験の事実」と、倫理学が考察の対象とする「行為」、「意志的動作」（一四・五二九）との関係が問題になる。西田では「純粋経験」を一切のものの基礎として、「事実」から「当為」へと考えられているのだろうか。この点について氣多雅子は、前者から後者が導出されるのではなく、前者は後者を「包摂する概念」であることを指摘している。

> 実在論を基礎として倫理学を論じているこの書の西田自身の態度と矛盾しているのではないか、という疑問が生ずるかもしれない。知識上の真理と実践上の真理との一致が西田の根本的課題であったわけであるから、存在問題と価値問題の峻別を支持するような考え方とは相容れないと見なすのが普通であろう。……西田の「実在」は存在問題と価値問題を包摂する概念である。……西田の議論全体のなかに存在問題と価値問題の峻別がどう位置づけられるかということは、見極め難いところがある。西田は存在の法則から価値的判断を導出できないということの論拠を「直接経験の事実」に求めている。……西田の「事実」はいわば高次の事実であって、この高次の事実には価値的なものが含まれている。この高次の事実は、存在問題と価値問題の双方がそこから分化してくる

ところのものとして捉えられている。(23)

この「包摂」という概念をどのように理解すべきかについては、詳細な検討が必要であると考えるが、少なくとも、西田においては「当為」について、それが「事実」と切り離しえないものと考えられていたと言えるのではないかと思う。

そして新儒家もまた——特に牟は——その点を強調している。

まず、先に述べた「中国文化与世界——我們対中国学術研究及中国文化与世界文化前途之共同認識」という新儒家の「共同宣言」のなかで、倫理学における「事実」（is）の重要性が明白に述べられている。それは、「西洋の」倫理学と異なり、客観的（objective）、究極的な存在（Supreme Being）に基づいて道徳を形成するのではなく、内在の心（Innate Mind）や人性（Human Nature）と、「事実」としての「天」とを結び付けている。そしてそこに「中国」の倫理学の特徴があることを主張している。

> 西洋の一般の形而上学は、客観的な宇宙としての究極の実在を先に把握する。……だが、孔子や孟子から、中国の宋明儒学に至る心性の学は、……対象としての心理的行為あるいは魂の実体を先に固定的に置き、外からそれを研究して思索することをしない。またそれは、如何にして知識を説明することが可能なのかを問う心性の学でもない。その心性の学のなかには、一つの形而上学が含まれている。それはカントのいう道徳的形而上学と近似している。それは道徳的実践の基礎であり、また道徳的実践によって証明される。しかし、客観的宇宙に究極の実在を仮定するのではなく、一般の経験理性によって証明を行う形而上学である。(24)

牟はカントの哲学を踏まえるとともに、それを批判し、儒学の思想に基づいて独自の「道徳的形而上学」（moral

metaphysics）を構築することを試みている。そしてそこで牟は、人間は何をすべきなのかという「当為」の課題より、「事実」としての形而上学に関心を示している。そのことは牟の『中国哲学十九講』という著作のなかで明確に言われている。

儒教は存在の問題に触れず、当為（ought）のみを講じることはない。……中国の「天」という観念は、万事の存在を担う。いわゆる「天道生化」（天道により、変化を生じる）である。……孔子は仁を重視するが、「天」を否定していない。……儒教では、天が存在を担う。孔子の仁及び孟子の性は必ず天と相通し、一つになる。この仁と性は塞ぐことができないから、儒教の moral of morals は必ず moral metaphysics を含む。(25)

牟はカントと異なり、儒学は神学に関心を持たないこと、「天」が孔子のいう仁と孟子のいう性を結び付ける「事実」（is）という性格を持つことを主張する。(26)「天」は、孔子のいう仁と孟子のいう性とに接続されている。人間は道徳的要素を生まれつき持つが故に、自律的に道徳的行為を行なうのである。その倫理学は、神のような外在的基礎に基づき、道徳的規則を守らなければならなという他律的道徳とは大きく異なる。

四　善と道徳——日中哲学の対話における倫理学

西田が「善」をどのように理解していたかは、『善の研究』第三編の次の言葉から知られる。

善とは一言にていえば人格の実現である（一・一三一）。

善を学問的に説明すれば色々の説明はできるが、実地上真の善とは唯一あるのみである、即ち真の自己を知るというに尽きて居る。我々の真の自己宇宙の本体である、真の自己を知れば啻に人類一般の善と合するばかりでなく、宇宙の本体と融合し神意と冥合するのである。宗教も道徳も実に此処に尽きて居る（一・一三四）。

ここで言われる「人格の実現」、あるいは「真の自己を知る」ことは、儒学で言われる個人の道徳的修養と近似している。しかし、西田がそのもとに理解していたのは、儒学、とりわけ新儒家で言われる「聖人」、「聖哲」、または「聖王」のことではない。そこでは政治的なことが含意されているが、『善の研究』では政治的な意味は込められていない。『善の研究』における「人格の実現」の概念は、「政治的」なことを意味するところまで成熟していない。もちろん、『善の研究』第三編において、すでに家族や社会、国家、世界の問題に言及がなされてはいるが、後期西田における「世界」への「転回」へはまだ半歩しか踏み出していない。

一方、牟はその「哲学」理解のなかで「政治的」なものへの関心をはっきりと示している。

生命の学問は、二つの面から講じることができる。一つは個人的な主観であり、もう一つは客観的な集団である。前者は個人的な修養、つまり個人的な精神生活を向上させることであり、すべての宗教で問題にされることである。後者はすべての人文世界ということであり、国家、政治、法律、経済などのことである。ただしそれは生命の客観的な表現という意味においてである。(27)

生命の学問における「個人」と「集団」という両面は、儒学で言われる「内聖外王」にあたる。「個人的な修養」に基づき「個人的な精神生活を向上させる」というのは、聖人を目指して道徳的な面での修養を積むことである。そのような「内聖」をさらに発展させ、政治、法律、経済、国家へと押し広げることによって、「外王」へと至る。

中国の古代では、聖と哲という二つの概念が相通ずる。もともと、哲という言葉は、賢明（明智）を意味していた。その賢明を徳性とし、人格化すれば、聖になる。そのため、聖哲という二つの文字は常に一つの言葉として使用される。聖王は理想の実践を重視するが、その実践のプロセスは政治的な活動である。その活動は、自己から出発し、人、事及び天という三つの側面に関わる。(28)

行為の基礎を内在的なものに求める点で西田の倫理学は、新儒家、特に牟のそれと共通するものを持っている。もっとも、西田にとって行為の基礎はあくまで意志であり、牟にとってのそれが「天」に基づく主体性であるという点で、両者の理解は異なっている。そのような相違点があるとしても、両者の理解を突きあわせることは、倫理学とは何か、哲学とは何かを考える上で大きな意味を持つであろう。「西洋」と「東洋」との哲学的「インターダイアローグ」だけでなく、倫理学を通じての東洋における「イントラダイアローグ」が可能になるであろう。それこそいま待望されているものと言うことができる。

〔注〕

（1）本論文では、「京都学派」のアイデンティティについて詳しく論じるつもりはない。現在では主な二つの観点がある。まず、竹田篤司が指摘したように「西田・田辺の両者を中心に、その学問的・人格的影響を直接的に受けとめたものたちが、……相互に密接に形成しあった知的なネットワークの総体」（竹田「下村寅太郎――「精神史」への軌跡」、藤田正勝編『京都学派の哲学』昭和堂、二〇〇一年、二三四―二三五頁）という観点である。それに従って藤田正勝は、「京都学派」は「ある一定の理論を共有することによって成立した集団ではない」と語っている。同氏『西田幾多郎の哲学――生きることと哲学』（岩波書店、二〇〇七年）一八三頁、「京都学派とは何か――近年の研究状況に触れながら」（『日本思想史学』第四十一号、二〇〇九年）三五―四九頁参照。そしてもう一つは、「京都学派という名称は、「学派」というかぎりでの最小限の規定、すなわち「哲学思想」を共有する学者グループという意味を、もたなければならない。いま改めてその場合の鍵概念を探すなら、やはり「無」ないしそれの類縁語（例えば「場所」、「空」）となるだろう」という観点である（大橋良介「なぜ、いま「京都学派」なのか」、大橋良介編『京都学派の思想――種々の像と思想のポテンシャル』人文書院、二〇〇四年、十頁、同氏『京都学派と日本海軍――新史料「大島メモ」をめぐって』ＰＨＰ新書、二〇〇一年、十二―十三頁、『西田哲学の世界――あるいは哲学の転回』東京、筑摩書房、一九九五年、一五八―一六〇頁、そして同氏編 *Die Philosophie der Kyôto Schdule* (Freiburg: Alber Verlag, 1990) の序を参照)。中国語圏にもそのような見解を持つ研究者がいる。呉汝鈞『京都学派哲学――久松真一』（台北、文津出版社、一九九五年）（1）頁、同氏『絶対無的哲学――京都学は哲学導論』（台北、商務印書館、一九九八年）III-V頁、また『京都学派哲学七講』（台北、文津出版社、一九九八年）（1）-（4）頁。さらに「無」という哲学思想をめぐって「京都学派」を論じるものとして、James Heisig, *Philosophers of nothingness: an essay of the Kyoto School* (Honolulu, University of Hawai'i Press, 2001) を参照。菅原潤は、「哲学思想を共有する学者グループ」という見解に対して、「近代の超克」という課題からみて、「「世界史的立場と日本」の参加者と西田・田辺の間には思想的な同質性があったかと言えば、必ずしもそうとは言えない部分がある」と指摘している。菅原潤『「近代の超克」再考』（晃洋書房、二〇一一年）五頁参照。

（2）「京都学派」と同様に、「新儒家」の定義も論述するつもりはないが、いくつかの文献を挙げておく。劉述先『現代新儒学之省察論集』（台北、中央研究院中國文哲研究所、二〇〇四年）一三七頁。同氏『儒学的復興』（香港、天地圖書、二〇〇七年）九二頁、『論儒家哲学的三個大時代』（香港、中文大学出版社、二〇〇八年）一八三―二四七頁、*Essentials of contemporary Neo-Confucian philosophy*. Westport: Praeger, 2003. 鄭家棟『現代新儒学概論』（南寧、廣西人民出版社、一九九〇年）十四―十六頁。劉述先の観点によれば、新儒家は「三代四群」という形で纏められる。第一世代第一群は梁漱溟、熊十力、馬一浮、張君勱、第一世代第二群は馮友蘭、賀麟、銭穆、方東美を含む。第二世代は唐君毅、牟宗三、徐復観、第三世代は余英時、劉述先、成中英、杜維明を含む。

（3）京都学派と新儒教とを比較研究したものに、呉汝鈞「当代新儒学与京都学派的比較――牟宗三与久松真一論覚悟」（『儒家哲学』台北、商務印書館、一九九五年、二七三―二九四頁）がある。これは江日新、蔡仁厚編『牟宗三哲学与唐君毅哲学論』（台北、文津出版社、一九九七年、二四三―二六六頁）に再掲されている。また林鎮国「東方鏡映中的現代性――新儒家与京都学派的比較思想史省察」（劉述先編『当代儒学論集――傳統与創新』台北、中央研究院中国文学及び哲学研究所、一九九五年、二五三―二七三頁）。これは林鎮国『空性与現代性――従京都学派、新儒家到多音的仏教詮釈学』（台北、立緒文化、一九九九年、一三一―一五七頁）に再録されている。他に同氏「理性、空性与歴史意識――新儒家与京都学派的哲学対話」、劉笑敢・山田洋一編『儒釈道之哲学對話』（香港、商務印書館、二〇〇七年、四九―七四頁）、黄文宏「西田幾多郎与熊十力」（『清華学報』、第三十七巻、第二期、二〇〇七年十二月、四〇三―四三〇頁）、朝倉友海「「道徳」への東アジア的アプローチ――京都学派と新儒教の道徳論をてがかりとして」（東京大学哲学部『応用倫理・哲学論集』第三号、二〇〇六年、七四―八七頁）、同氏「「生命の学問」から「死の現象学」へ――後期牟宗三における仏教的転回と京都学派」（『死生学研究』第十一号、二〇〇九、一四七―一七二頁）などがある。

（4）小坂国継は次のように述べている。「『善の研究』に見られる陽明学の影響についてはすでに何人かが指摘している。しかし、……双方の思想が表面的ないしは部分的に近似していることころから短絡的導出された一つの臆断、……いささか恣意的な推測の域を出ないものである。……『善の研究』と陽明学との関係を云々するには、『善の研究』で展開されている個々の思想と王陽明の教説とを相互に綿密に比較・対照してみる以外に方法はないように思われる」（小坂国継『善の研究　全注釈』講談社学術文庫、二〇〇六年、四八八―四八九頁）。このような批判や忠告は、西田と中国哲学との比較研究にも適用されるであろう。

（5）西田幾多郎の文章については、『西田幾多郎全集』（岩波書店、二〇〇二―二〇〇九年）から引用し、巻数と頁数とを本文中に記した。

（6）牟宗三『中国哲学的特質』（台北、学生書局、一九九八年）四―七頁、及び『生命的学問』（台北、三民書局、一九九四年）三四―三五頁を参照。

（7）張君邁、徐復観、牟宗三、唐君毅「中国文化与世界――我們対中国学術研究及中国文化与世界文化前途之共同認識」、

（８）唐君毅『説中華民族之花果飄零』（台北、三民書局、一九八四年）一二五―一九二頁。
（９）James Heisig, *ibid*. 2001, p.8.
（10）藤田正勝「日本における「哲学」の受容」、『岩波講座　哲学　十四』（岩波書店、二〇〇九年）二六三頁。
（11）同上、二六四頁。
（12）二四・一八一―一八三参照。
（13）牟宗三『中国哲学的特質』四―六頁。
（14）同書七頁。
（15）牟宗三『生命的学問』三四―三五頁。
（16）牟宗三『従周易方面研究中国之玄学及道徳思想』（台北、文津出版社、一九九八年）一―二頁。
（17）牟宗三「関於生命的学問」、『生命的学問』三八頁。
（18）柳田謙十郎『実践哲学としての西田哲学』（弘文堂書房、一九三九年）。
（19）高坂史朗『実践哲学の基礎――学の思索の中で』（創元社、一九八三年）。
（20）例えば小坂国継「西田哲学と現代倫理の問題」、環境倫理学ノート』（ミネルヴァ書房、二〇〇三年）二一九―二四六頁や小川侃編著『京都学派の遺産――生と死と環境』（晃洋書房、二〇〇八年）などがある。
（21）例えば行安茂『近代日本の思想家とイギリス理想主義』（北樹出版、二〇〇七、一〇八―一四三頁）の第四章には、『善の研究』を中心とする西田幾多郎とT・H・グリーンとの比較研究がある。
（22）詳しくはこのサイト http://www.litphil.sinica.edu.tw/publish/publish_catlog.htm に記載されている。
（22）牟宗三に関する全般の研究はいくつかの著作がある。例えば顔炳罡『整合与重鑄――当代大儒牟宗三先生思想研究』（台北、学生書局、一九九五年）、鄭家棟『牟宗三』（台北、大東出版、二〇〇〇年）及び王興国『牟宗三哲学思想研究――従邏輯思弁到哲学架構』（北京、人民出版社、二〇〇七年）などがある。牟の倫理学に関する研究としては次のようなものがある。閔仕君『牟宗三「道徳的形而上学」研究』（成都、四川出版集団巴蜀書社、二〇〇五年）及び殷小勇『道徳思想之根――牟宗三対康徳智性直観的中国化闡釈研究』（上海、復旦大学出版社、二〇〇七年）。

(23) 氣多雅子『西田幾多郎『善の研究』』(晃洋書房、二〇一一年)八三―八六頁。

(24) 張君邁、徐復観、牟宗三、唐君毅「中国文化与世界――我們対中国学術研究及中国文化与世界文化前途之共同認識」、唐君毅『説中華民族之花果飄零』一四八頁。

(25) 牟宗三『中国哲学十九講』(台北、学生書局、一九九七年)七五―七六頁。

(26) 同書七六頁。

(27) 牟宗三「関於生命的学問」、『生命的学問』三七頁。

(28) 牟宗三『中国哲学的特質』、十五頁。

第一三章　西田哲学と牟宗三の仏教的存在論

朝倉　友海

一　はじめに

哲学は哲学的な対話を通して展開していく。西田幾多郎もまた無数のやりとりを通して変化していき、また他の思想家たちへも深い影響を与えていったし、そのような生きた哲学の気分をわれわれは多くの回想録から想像することができる。一般的に言って、そのような「生きた哲学の気分」を何らかのしかたで実際に知ることが、哲学するためには必要であろう。戦後京都学派に接することができた学者たちはそれを知ることができた。また京都学派とは無関係なところでも、たとえば近年にわかに回顧の対象となってきた黒田亘（一九二八—八九年）の周りにも、そのような気分があったと言われる[1]。では、そのような「生きた哲学の気分」に接することができない、いわば哲学的な末法の世に生を受けたものにとって、哲学的対話はどのように可能となるだろうか。

だが、これまでなかった方向から過去の哲学へと視線を向けることにより、新たな哲学的対話を生み出していくという課題は、後世のものに託されている。なおかつそれは、後世のものだけに可能な、哲学的な作業である。西田哲学ないし京都学派の哲学に関して言うならば、後世のものがなすべき仕事の一つとして、東アジアにおける現代哲学、とりわけ中国語圏における現代哲学との対話ないし比較研究というものがある。

日本においては近年ようやく手が付けられ始めたばかりの西田哲学と牟宗三の思想との比較研究は、すでに中国語圏ではいくつかの成果が生まれており、さらに日本においてその展開が期待されているところの、研究領域である。(2) 日本においてこのような比較研究が長らく可能ではなかったのは、おそらく中国思想の研究が「哲学」の研究と切り離されてきたことによるのであろう。(3) 同時代を生きながらも東アジアの政治的・文化的混乱の中で京都学派の思想家たちとは互いにまったく知ることのなかった牟宗三《ぼうそうさん》(一九〇五—九五)は、カント哲学という共通言語のみならず、なによりもその徹底的な論理化への意志を共有するため、東アジアにおいておそらくもっとも有効な対話ないし比較の相手となる。

とはいえその思想は、日本ではまだ「哲学」に関わるものにとって、よく知られたものとはなっていないので、本稿でも基本的な事項の確認を省くことはできない。牟宗三によって代表される中国語圏の現代哲学とは、一般に「現代新儒家」と呼ばれる思潮であり、通常は三人の思想家すなわち熊十力・唐君毅・牟宗三がこの思潮のもっとも重要であるとされているが、なかでも牟宗三が中国語圏において現れた突出した思考を残したことは多くが認めるところであり、後世への影響は計り知れないものがある。牟宗三はカントの三批判書およびウィトゲンシュタインの『論理哲学論考』の中国語訳者としても知られており、カント哲学の徹底的な咀嚼と、徹底的に論理的なる思考による中国思想の概念的整理によって、「中国と西洋の哲学の会通」を力技で成し遂げようとした。真剣に思索をするためにわれわれが真っ先に西田に向き合わねばならないように、中国語圏においてはかならず牟宗三に向き合わねばならない。

だが比較研究に着手する前に、注意しておかねばならないことがある。それは、やみくもに西田哲学とこれらの思想家たちとを比較対照するのは、少なくとも京都学派の視点に立つならば、ちょうど西田以前がそうであったように、「哲学とは何か」という問いへの感受性をもつことのない時代へと後戻りすることになりかねないということである。もし西田が生きていたならば、われわれの比較研究の試みなど、「普通無識の徒」として叱られることになるのではないか、ということである。このことをわれわれは忘れてはならない。

そこでわれわれは、そもそも西田哲学と牟宗三の思想のあいだに対話が成立するとすればそれはいかなる点においてかを、注意深く見定めるところからはじめなければならないことになる。つまり問題は、どのような観点から牟宗三との対話が成立するのかということである。もっぱらこの問題をめぐって、以下で論じることにしたい。

二　牟宗三がもつ二つの側面

どのような点において西田と牟宗三との対話なるものが成立するのか。この問題をめぐっては、すでにこれまで手をつけられてきた比較研究において、いくつかの見方が提出されてきているように思われる。対話が成立するのは何もある一点をめぐってのみではないため、本稿でもそれらの見方をけっして退けるわけではない。そこでわれわれは、西田哲学ないし京都学派の立場から見た場合に、どのような点に牟宗三との興味深い対話が成立しうるのかという観点から、この問題を考えることにしたい。

最初に、林永強の見方を取り上げてみよう。彼がとるのは、西田と牟宗三との比較対照を進めるにあたり、後者がみずからの思想を「生命の学問」（生命的学問）と特徴づけたことに依拠して、この点を西田との比較の軸に据えるという立場である。(4) これは、とりわけ新儒家の立場から見るならば、きわめて自然なものと言えるだろう。なぜなら、ある意味では牟宗三によってはじめて「哲学」が生きた思考として中国語圏において示されたのであるから、この点で牟宗三の立ち位置は西田のそれに近似しているからだ。

しかし京都学派の立場から見れば少し様子は異なってくる。なぜなら、「生命」をキータームとした場合には、他に多数の対話の相手が想定されることになるからだ。そのような多数の対話者のなかに、牟宗三は埋もれてしまうようにも思われるのだ。例えばベルクソンからドゥルーズにいたるある種の「生の哲学」との比較対照は、多くの点で理論的な接続のスムーズさを呈しうる。(5)それに対して、牟宗三は対話の相手としていったい何を提供してくれるのかと、当然のことながら問われることになるだろう。

実は京都学派と牟宗三とのあいだには、見過ごすことのできない思考の枠組みないし方向性の大きな相違がある。この相違を基本的な事項として確認しておかなければ、対話が有効に成立することをのぞむことすら難しくなるような、そのような大きな相違である。それは牟宗三が「新儒家」と呼ばれる一群の思想家に属しているということと深く関係している。この点を明らかにするために、つぎにいかなる点で牟宗三は現代新儒家の理論的な支柱となりえたのかを説明せねばならない。

牟宗三が現代新儒家の理論的な支柱であるのは、儒家の思想的枠組みをきわめて明確に示したことによる。それは道徳性に重きをおく立場であり、「道徳的形而上学」(道徳的形上學 moral metaphysics)という語が彼の思想を象徴している。牟宗三はこの立場を徹底的に推し進めた点で、新儒家の理論的支柱となったのである。「現代新儒家宣言」(『為中國文化敬告世界人士宣言』一九五八年)においてすでに明確に示されているこの枠組みは、一言で言えば「儒家=カント」という等式で示すことができる。それはつまり、実践理性の優位性にカント哲学の最大の要を見ることにより、その先に「可能なる形而上学」を構想するという枠組みである。道徳性によって形而上学が基礎づけるというこの点を、他のどの近代東アジアの思想家たちよりも鮮烈に示しえたことにより、中国語圏の思想家たちのなかで牟宗三は、まさに儒家精神を体現するものを自認しえたのである。

この「儒家＝カント」という等式は、カント解釈としてみても十分な根拠があることは忘れてはならない点である。いわゆる存在論的〔形而上学的〕カント解釈が強調したように、ちょうど『形而上学の進歩』論文においてカントが述べたような、第三段階としての「実践的＝独断的」practico-dogmatic な形而上学が、カント哲学の指し示す方向であるという見方を思い起こしてみよう。(6) 牟宗三が言う道徳的形而上学のヴィジョンは、それを儒家風に言い換えたものであることは明らかであろう。

だがこのように、牟宗三が新儒家の理論的支柱であるかぎりにおいては、西田との対話は決して実り多きものとならない。少なくとも京都学派の立場に身を置くならば、このような儒家的＝道徳的な形而上学の立場は、あまり魅力的なものとは感じられないのだ。本質的に儒家的な発想に基づいているその思想は、京都学派のなかでも儒家的な発想に近いところにいたように見える田辺や高山といった思想家たちとは、何かしら通じるものがあるかもしれない。しかし、後に確認するように、西田幾多郎の哲学とは、基本的な思考の方向性がまったく異なっていると言わざるをえないのである。(7) 思考の方向性がまったく異なるならば、どうして有効な対話が成り立ちうるだろうか。

たしかに表面的に見るならば、牟宗三は京都学派と同じく仏教用語を効果的に用いて哲学をしている。中国思想の専門的な研究者でもある現代新儒家たちは、スコラ哲学的な蓄積がある数多くの漢語を自家薬籠中のものとして用いることができた。それはきわめて魅力的であるし、その使用の巧妙さはおそらく日本の哲学者たちはとてもかなわないとさえ思わせるほどのものである。そのため、この仏教用語の使用を通じて比較研究が成立するように思われなくもない。

ところが、一般に新儒家たちによる中国仏教の用語の使用は、けっして仏教的な用い方ではない。その使用は、あくまでも儒家思想を表現するための、補助的あるいは「戦略的」なものにすぎないのであり、この点は新儒家が共有する基本的な戦略となっているのである。[8] したがって、この点を通じて京都学派との対話が成り立つなどと言うならば、「普通無識の徒」として批判されることになりかねないのだ。

牟宗三の例を見てみよう。牟宗三には中国思想と西洋哲学との「会通」というテーマがあるが、その核となるのは、叡智界と現象界との区別である。この区別は、『大乗起信論』における真如門と生滅門との区別、いわゆる「一心開二門」をキータームとすることで、東アジア思想のなかに消化吸収される。生死流転がそこにおいて見られる生滅門が現象界であり、清浄なる無漏なる事物それじたいが見られる真如門が叡智界にあたるわけだが、これらは一つの「心」によって開かれる二つの門として、あらゆるもの（一切法）への扉となる。この会通は徹底的に推し進められる。一方では、感性的な直観による人間的な認識は、「認識」と呼ばれるものが「執着」によって成立しているということを意味している。言い換えれば、悟性の範疇によって規定された相（定相）とは、水面の波風により存在の表面に皺をよせることに譬えられるような、「執着」の存在領域に他ならない。したがって現象界は「執着の存在論」（執的存有論）と呼ばれる。他方で、ものの「実相」ないし「如相」は、執着から離れた存在論（無執的存有論）を構成する。そしてこの方面にこそ中国思想のいわゆる三教が重きを置いてきた領域があると牟宗三は主張する。

このように「一心開二門」を中心として翻訳消化された「道徳的形而上学」の結構は、「二重の存在論」（両層存有論）と呼ばれ、牟宗三解釈において大きく扱われてきた。[9] 科学的認識は執着に他ならないということ、つまり執着には積極的に評価されるべき点があるということは、儒家的かつ人文主義的な精神にもとづいて科学と民主を唱える現代新儒家の立場において、もっとも重要な主張の一つである。そして、遍く執着された存在領域において、唯識の言葉で言う「遍計所執性《へんげしょしゅうしょう》」こそが悟性のカテゴリーにあたるとして、執着をめぐる仏教的な理論がいわば換骨奪胎されることで「会通」が実現するというのは、牟宗三の卓見であると言わねばならない(10)。

このように、牟宗三による仏教用語の使用は、あくまでも儒家的カント理解ないしカント的儒家理解のなかにあるため、京都学派のそれとは似て非なるものである。それどころか、そのように中国文化を背負った儒者などというものと、禅と深い関係をもつ西田哲学との対話の可能性などについて考えるならば、われわれはほとんど絶望的になるほかはない。

だが、いわばこの表の顔とは別のある側面を、この思想家はもっている。このような枠組みに対する根本的な否定を孕むある着想が、徐々に牟宗三にとっては抜き差しならない哲学的問題となってきたのだ。それは晩年には「仏教的存在論」（佛教式的存有論 Buddhistic Ontology）という概念に結実し、上で述べた「道徳的形而上学」とは根本的に異なる発想として追究されていくことになる。

そして、新儒家の理論的支柱としてのイメージに隠れてしばしば見失われがちになるこのような別の側面こそが、少なくともわれわれにとっては、実に興味深いものなのである(11)。以下で論じていくように、この仏教的存在論の問題こそが、西田哲学との比較をおこなうさいに中心とならねばならないのだ。この点を明らかにするために、ここでひるがえってわれわれは、そもそも西田哲学がどのようなものであったのかに目を向けねばならない。

三　主意主義から場所的論理への西田

西田の思考がどのような基本的な方向性をもっていたかを、以下で簡単に振り返るにあたり、確認すべきことを先に挙げておこう。第一に、それはどのようにして仏教的なものを漂わせることになるのか。第二に、それがどのような意味で「存在論的」と言いうるのか。西田の初期思想つまり場所的論理にいたるまでの道筋を、ここで簡単に辿りなおすことにより、この二点を確認することにしたい。

周知のように西田哲学は多くの変遷を経るとはいえ、『善の研究』から一貫して同じ探究を続けていたと言うことができる。「純粋経験」として掴まれた思想が突き詰められることで、次に「自覚」をめぐる論述へと進むことになるが、そこでは「無から有を生ずる創造作用の点……そこに絶対自由の意志がある」として意志の生じるところが見られているとはいえ、「実在界の極限であり、その具体的根元である」とされているのは、『意識の問題』（一九二〇年）においてもやはり「意志」である。この時期はしばしば「主意主義的」と評されるが、それは決して間違ってはいない。

ところで、この時期の西田は、カントの存在論的解釈を先取りしていると指摘されてきた[12]。京都学派においては、西田の「徹底的批評主義」（四・一四八）から田辺の言う「絶対批判」、さらには西谷の『宗教とは何か』に至るまで、カントはつねにかわらぬ参照軸として機能し続けるが、それはつねに存在論的な考察と関係していると言っても、決して過言ではない。

牟宗三との関係で言えば、一見するとこの「主意主義」の立場のほうが、続く時期の西田哲学よりも、先に述べた「道徳的形而上学」の枠組みとうまく重なるようにも見えるが、どうであろうか。この点に関しては、つぎの二点を指摘しておきたい。第一に、たんに重なることは、かならずしも有益な対話を生むとは限らない。うまく重なる点のみを恣意的に取り出すならば、両者の相似以上のことを明らかにすることは難しくなる。第二に、まだ西田哲学の特徴が明確には現れていないこの時期に比較の主眼を置くことは得策ではない。たしかに西田哲学は『善の研究』から一貫して同じ探究を続けている。それに、「主意主義」とはいえ西田はごく初期から「無」や「否定の否定」、それに「宗教の立場」などの語を用い続けている。だがこの時点では、これらの語はけっして考察の中心に置かれているとは言えない。たとえばこの時期には、「無」の概念はおもにコーエンとの関係で論じられていることは（後にも触れることになるが）強調されてしかるべきである。

西田哲学の特徴が明確に現れてくるのが、続く「場所」の論述（一九二六年）においてであることは、広く認知されている。関係性を幾重にも折り重ねるしかたでのその論述は、あきらかに意志を超えたものとしての何かへ一直線に向かっていくが、この点でそれまでの論述から大きく進展していることは明らかである。その道行きとして、そこにおいて意識現象が互いに関係性をもつところの意識の野から、対象と意識とがそこにおいて関係性にもたらされるところにある純なる作用ないし潜在的な有へと進み、そして潜在的な有のまさに「成立する背後に、尚場所という如きものが考えられねばならぬ」と言わるにいたる（三・四二三）。そしてこう述べられる。

一つの作用というものが見られるには、その根底に一つの類概念が限定せられねばならぬ、一つの類概念の中に於てのみ相反するものが見られるのである。……真の場所に於ては或物がその反対に移り行くのみならず、その矛盾に移り行くことが可能でなければならぬ、類概念の外に出ることが可能でなければならぬ（三・四二三）。

このようにして「類概念をも映す」「真の無の場所」へと向かう点に西田哲学の大きな方向性が定められ、「此故に意志の根底に何等の拘束なき無が考えられるのである」と言われるに至り、西田哲学の基本的な特徴が誰の目にも明らかとなる（三・四二八）。

これ以降、一直線に意志的な立場を突破して無底へと進みいく論述は、ますます顕著になっていくとともに、そこには宗教的な色彩が濃厚になっていく。『一般者の自覚的限定』（一九三〇年）では、まずは自然界の判断的一般者から意識の自覚的一般者へ、そして「自覚的一般者に於てある最後のもの、即ち我々の意識的意志をも越ゆることによって」知的直観の一般者つまり「叡知的世界」へと叙述は進行する。(13) ここでこれまでになく前面に出てくるのは次の一歩であり、それはすわなち、「道徳的自由意志は「有るもの」としては自己撞着である」という点から、「更に之を包む一般者即ち絶対無の場所」言いかえれば「宗教的意識」への転入である（四・一三九）。そしてこの一歩はまさに禅的な表現によって述べられることになるのだ。つまり「心身脱落」の語によって（四・一四二）。

なぜここで宗教的な色彩が濃厚になるのだろうか。西田哲学のよき解説者たる高山岩男に倣って単純化するならば、意志ないし叡知的世界を超えて真に根底的なるものへと達するには、道徳的なるものがさらに抱えうる矛盾、義務葛藤のような悲劇的なものにより理性主義を超出することが必要になる、ということである。実際、西田自身もこのように述べている。

> 矛盾の意識は判断の意識から意志の意識への転回点を示すものである。此の如き判断的知識の背後の意識、即ち真の無の場所というべきものは何処までも消えるものではない。その究極に於て意志をも越えて、上に云った如き純粋状態の直観に到る。此時、我々は再び矛盾の意識の超越を見る、前者は判断の矛盾の超越であり、後者は意志の矛盾の超越である。意志の矛盾を超越することによって我々は真の無の立場の極限に達するのである（三・四四六—四四七）。

この過程、つまり道徳的ないし意志的な立場から、それを突破した宗教的な立場へと転入する過程において、高山の言葉を借りれば、「宗教的立場を以て人間的立場よりの絶対死の立場とする」「反人間中心主義とでも名付くべき特徴」が認められ、それが「東洋風の、特には禅宗風の色調を与え」ているのである(14)。

ここで確認せねばならないことは、第一に、この宗教的な立場こそが京都学派の基本的な思想の特徴であり、いわば共通了解となっていくということだ。さらに言えば、この点を共にしつつもそこから各々の立場の違いが分かれてくる、そのような分岐点ともなっているということだ。そして、見過ごすことができないのは、ここで西田の言う「矛盾」が、田辺や高山の場合のそれがいわば正面から弁証法的なものであるのと異なっており、むしろ山内得立が後に強調していくように「差異」といった側面のほうが強いということであるが、これは西田哲学の解釈としては重要であっても、本論での主題からは大きく外れるためここでは詳述できない。いずれにせよ、宗教的な立場、特に西田の場合は禅仏教のそれが、基本的性格として認めうるのは、ここにおいてである。

第二に確認せねばならないことは、以上のような道筋が示すこの哲学の基本的な性格とは、有論的ないし存在論的な探究に他ならないということだ。たとえば、もしここで西田哲学は断じて存在論ではなく、有から無へと到っているのでそれは「非存在論」や「非有論」とでも呼ぶべきものだとするならば、それはわれわれの論述とはまったく異なる関心と文脈におけるところの、言葉遣いの問題になってしまうだろう。(15) 少なくとも西田自身はそのような新語を好まず、むしろ「形而上学」というきわめて穏当な語をもって自身の思想を表現していたことを思い出す必要がある。『善の研究』以来の有るものを「そのままに有るもの」としてとらえるこのきわめて一貫した思考の方向性は、すでに述べたようなカントの存在論的解釈と呼ばれるものとの類似などをはるかに超えて、すぐれて存在論的と呼ぶのがふさわしいことは、すでに論を俟たないであろう。さらに言えば、それはすでに「仏教的存在論」という牟宗三の語を連想させさえするのである。

四　牟宗三のいわゆる仏教的存在論

この連想の正しさが明らかとなるのは、後期牟宗三が言う「仏教的存在論」なる着想がいかなるものなのかの理解を通じてである。この着想の背景は、おそらく先に述べた儒学についての思想よりも簡素に説明されうる。

この着想は、まずは統覚と自我をめぐる「智的直覺」（知的直観）の議論と中国仏教史上の「教相判釈」についての考察との二つが重なり合わさるところに成立する（『智的直覚與中國哲學』、一九七一年）。それはつぎに『実践理性批判』のアンチノミーをめぐる考察を通じて深められていく（『圓善論』、一九八五年）。この思想が主張するところを簡単に述べれば、それは天台教学で言うところの「円教《えんぎょう》」こそが、真に存在論的な思想であるということに尽きる。

仏教的ということと存在論的ということとの結びつきこそが、この着想の核心である。注意すべきことが二点ある。第一に、ここで使われている「存在論的」（存有論的）というタームは、先に述べた道徳的形而上学の枠組みにおけるそれからは逸脱した意味をもつ。一見すると牟宗三は天台円教の「存在論」を「執着から離れた存在論」（無執的存有論）としているように見えるし、多くの解釈者たちがそう受け取ってきたのであるが、ではなぜかれは「形而上学」と呼ばれる「傲慢な存在論」に対して仏教的存在論の概念を対置せねばならないのか[16]。そもそも形而上学（＝道徳的形而上学）いう語が、まさにその出典（『繋辞伝』）からして儒学的・道徳的なものであるのに対し、それとはまったく異なるなにかが、新たに存在論的と呼ばれねばならなかったのである。

第二に、仏教的ということと存在論的ということは、一般的には結びつかないという点である。それが結びつく点に、まさに天台円教の特徴があると牟宗三は主張するのである。仏教が全体として存在論であるのではなく、天台円教のみが存在論的であり、中国仏教における教相判釈の議論のなかにこそ、その存在論的な問いが如実に示されていると言うのだ。

円教をめぐる教相判釈の議論とはこうである。等しく円教を主張する天台と華厳の対立の中で、前者は後者の問題点を一言で「縁理断九《えんりだんく》」と表現してきた。「縁理断九」とは、十界《じっかい》のうちで仏界つまり真理の世界にのみ依拠して、他の九界とりわけ三悪趣（地獄・餓鬼・畜生）を捨て去っているということである。もちろん華厳教学の側からすれば、理事無礙《むげ》さらに事事無礙を説くのは我が「別教」だけだという反論が返ってくるだろうが、しかし華厳的な理の世界の輝きには、やはりどこか悪の問題が欠けているように思えることは否めない（「性起」説）。なにより、その「別教」という尊称はこの事態をよく示していると牟宗三は言う。(17)

そのようないわば汎神論的体系に対して、悪の可能性および現実性を見ていないと指摘する天台の側が強調するのは、他の九界に即した成仏、「地獄に即した成仏」、「地獄・餓鬼・畜生などに即して仏となる」ことである（「性具《しょうぐ》」説）。(18) いわば超越的な真如にすべての基礎をおくことで悪の可能性と現実性とを内在的に追求しきれない形而上学的な思考としての性起説に対して、十界の等しい互具に徹底することでけっして悪の問題を切り離すことのない性具説こそが存在論的と言われるのである。言いかえれば、仏と地獄とのこの存在論的な等しさにおいて、円教は円教となるのだ。

牟宗三が天台円教のなかに見る存在論的な問いの性格をさらに見てみよう。そもそも大乗仏教が共通して強調する「空」とは、先の枠組みからすれば、定相を成り立たしめる執着から離れたところにあると言われえるが、牟宗三によればそれはまだ作用的な立場を出ていない。この作用的な立場に対して、ある別な立場が、存在論的な立場が見出されねばならない。牟宗三はこう述べる。

「仮名を壊さず諸法の実相を説く」とは一切法を成立させるということである。これはどのような意味で成立させることなのか。それは智慧の作用のなかに一切法を具足して成立させるということに他ならない。それは作用的で水平的な具足であり、存在論的で垂直的な具足ではない。(19)

それに対して、「天台円教が円教たる所以は、一切法の存在の問題上にある」と述べられる。(20) 悪趣に即する天台的な仏は、存在論的な意味での円満性をもつのであり、天台が真の意味で「円教」と言われるのは、まさにそれがこの存在論的な「問題」をめぐって展開されているからだとされるのだ。一切の存在者の存在への問いのなかに、円教の本質があるというのである。

　このことは最初に、カントにおける統覚と自我をめぐる議論のなかで示される。牟宗三は智的直覚を積極的に認めることを論じるのだが、西田の場合と同じく、いわば自覚において底が抜けるという事態に達するところから、議論は大乗仏教における「無住の本より一切法を立つ」（従無住本立一切法）という有名な表現の解釈をめぐって展開されていく。牟宗三は天台教学の骨子は、この無底の思想にこそあるととらえ、いわゆる「一念三千」説すらこの一句の解釈に依拠していることを強調してやまない(21)。この『維摩経』の語の解釈は、天台教学においてさらに進展させられ、「自住を説くはこれ別教の意、依他住はすわなち円教の意」（湛然《たんねん》）として教相判釈の議論のなかで中心的な役割を果たすことになる。依他とは他のものに即するということに他ならない(22)。悪の現実性から離れない最高善とは、地獄に即した成仏とは、悪をも含んだ一切の存在者と徹底的に相即するということである。それは一切の存在者をその存在の根源からその必然性において掴むことであり、一切の存在者の存在を肯定することである。

　このような道徳的＝実践的なものからの逸脱の原理は、さらに実践理性のアンチノミーをめぐる考察のなかで、さらに深められていく。最高善の理念における「徳」と「福」との必然的な結合がもたらす矛盾は、そもそも「幸福」概念はどう考えられるべきかという問題を孕んでいる。ここで、「幸福」概念の処理には少なくとも二つの道がある。それは、「幸福」概念を読み替えるか、それともそれなしにアンチノミーを見出すか、である。たとえば田辺元や高山なら、後者をとるだろう(23)。高山はカントが言う「幸福」を斥け、むしろアンチノミーの本質は、義務がそれじたいで孕んでいる矛盾にあると考える。それが義務葛藤であり、あるいはこの矛盾を突破することで道徳性を超えた宗教性が見出され（高山）、あるいはこの矛盾に徹底的に徹する「懺悔道」へと向かうことになる（田辺）。

だが牟宗三は、「幸福」概念の読み替えによって違う方向に進んでいく。「幸福」概念を「存在」概念に置き換えるのだ。これによって矛盾はもはや矛盾ですらない、何か別の課題へと変わるのだ。牟宗三は、存在するということ、つまりは「存在の肯定」こそが、「幸福」という概念に置き換えられねばならないと断言する。有るものを有るものとして映し出すこと、有るものを決して断罪して棄却したり類比性により遠ざけたりせず、有るがままに如実に存在を照らし出す、つまり肯定することが、実践的な意味において言われるところの幸福に他ならないと言うのだ[24]。

したがって実践理性のアンチノミーは、幸福と徳とのあいだの関係に見出されるのではなく、存在の肯定と徳とのあいだの関係、つまり有るものを有るがままに照らし出すという課題へと転換する。それはもはや矛盾ではなく、それにわれわれがどこまで耐えられるのか、それをどこまで追究できるのかという課題へと置き換えられるのだ。

そのような肯定がいかになされうるのかをめぐっては、天台円教の観法が多くを教えてくれる。十法界（地獄・餓鬼・畜生・修羅・人間・天上・声聞・縁覚・菩薩・仏）は互いに他のすべてを具している。このような「一念三千」じたいはたんに「事実」的なるものにすぎないが、この注視を推し進めることが、すなわち存在の肯定を極めることになる。それらがありのままに（如如）現成するまでに至ったとき、そのような大乗の悟境は一切の悪に即している。もっとも暗いもの、現実としての悪、地獄の存在さえをもが、仏とともに仏によってありのままに証しされ、そのありありとした現成が肯定される。有るものが有るがままに照らし出される。それこそが牟宗三の言う「智的直覚」なのである。

このように解釈された実践理性のアンチノミーにおいて、もし何がしかが「要請」されているとすれば、それはそのような仏の実在である。それはわれわれとは別の存在者ではなくわれわれ自身の実在であり、われわれが仏になることにおいて証される。[25]十法界の回互的な存在は、仏教的な存在論としての円教において、実践的にあらわにされ保持される。

以上が牟宗三のいう仏教的存在論の大枠となる。この思想が、先に述べた新儒家的な道徳的形而上学とはまったく異なる発想によるものだということは明らかであろう。それは実は牟宗三自身にとっても、厄介な思想であった。本稿では詳述することはできないが、この仏教的存在論はけっして牟宗三思想の表の顔と調和するものではなく、彼自身にとってもいわば異質の着想なのであるが、その思想の意義はむしろ京都学派の立場から見たとき、きわめて大きなものとなるのである。[26]

五　おわりに——いかに哲学に寄与しうるか

仏教的存在論の着想を中心に見た場合、西田哲学が辿った途と、晩年の牟宗三が到達した地点は、たとえ重なることがなくとも、少なくとも大いに響きあっている。一方で根本的に存在論的な探究であることにおいて、他方で仏教的なものを連想させるという点において、他では見られないような大きな共鳴の可能性がそこにあるのだ。したがってここに基礎を置くことにより、両者のあいだには有効な対話が成立するだろう。それだけでなくまた、われわれの哲学の展開のためには、そのような対話がぜひとも要請されているのである。

要するに仏教的なる「存在論」とは、人格の立場における意志的な自己の底が抜けることによって、すべてのものが有るがままに映し出されるということである。それは道徳的なる「形而上学」とは異なり、道徳的矛盾を突き抜けて「地獄に即して」はじめて開かれるということ、最低なものも最高のものも等しく存在というものが一義的なものとなる点に実践的な――ニーチェが述べたように、どれほどの真理に耐えられるのかという――課題をわれわれに教えるのである。

このような思索は、西田に続く京都学派の思想家たち、たとえば西谷のそれともまた強く響きあうだろう。西谷がカントの実践理性について述べていることを見てみよう。それはアンチノミーについてではなく、「人格」概念の超出をめぐって示されるのだが、西谷は「空の立場」を、「自己が人格として自己目的であるという立場から、自己が他のあらゆるものの手段であるという立場への、全き轉換」として理解する。[27] そして、一切のものが互いに主となり従となる「回互的關係」あるいは「回互的相入」において、あらゆるものが一つの「世界」に集められつつ「一切が一つ」なるところにおいて、「あらゆるものがありのままにという現成の本來相」があらわとなると言われる。[28] これはここではもう詳述することはできないが、地獄に即して仏と成ることとして牟宗三が円教の立場につい述べたこととときわめて近いところにある議論である。

しかし最後にもう一度注意しておかねばならないことがある。牟宗三は西田のようにみずからの哲学的考察を倦むことなく推し進めるというよりは、むしろ思想史家として、過去の思想を忠実に語ることを主とした。この点で京都学派の中でもっとも近似した態度を示しているように見えるのは、西洋哲学の思索を「直ぐ禅や念仏と直結」させるのではなく、膨大な概念的蓄積をもつ学問仏教を「中に挟む」ことについて述べた、高山岩男である。高山はこのように述べている。

筆者は先師、西田幾多郎、田辺元の両先生に哲学の目を開いていただき、両先生の逝くなるまで教えを仰ぐ幸運に恵まれたのであるが、両先生共に天台、華厳、三論、唯識等の精彩に富む大乗仏教を尊重されることなく、明治以後伝来の西洋哲学の思索を直ぐ禅や念仏と直結されようと努力せられた。筆者はこの点で両先生と行き方を異にし、仏教中最も精緻な哲学的思索を行ない、深邃な哲学的論理を樹立し、考えようでは西洋哲学に最も近い華厳、天台、三論等の大乗仏教を、一つ中に挟む必要を痛感してきた。[29]

だが高山の試みははたして成功していると言えるだろうか。むしろ、そのような学問仏教を「中に挟む」必要を説かずに、むしろ「ヨーロッパのニヒリズムが我々の痛切な問題となることによって」、「過去の伝統のうちに埋もれて」いた仏教が、「取り出され現実化される」ことを述べた西谷のほうが、もっぱら学問仏教の解釈の問題を追及した牟宗三の思考とよく響きあうように見えるのは、何を意味するのだろうか。[30]

ここにこそ、安易に仏教などを持ち出して論じることを西田が厳しく諫めた理由がある。そしてこのことは、何度強調してもしすぎることはないほどの重要性をもっているのである。東アジアが共有財産としてもつ仏教的なものの価値は、そのタームの蓄積から量られるものではなく、思考としていかに活きたものとなるかにかかっているのであり、そこにこそ東アジアの哲学者による哲学への寄与の可能性があるということだ。[31]

そしてそのような可能性を切り開いていくためにも、牟宗三と西田哲学および京都学派哲学との対話、つまりは比較対照を通しての思考は、われわれにとって重要な手がかりとなるだろう。そのような対話のまさに基礎となるのが、牟宗三の仏教的存在論の着想が、西田哲学の基本的な性格と響きあうという事実なのである。まだ多くの論点を残しつつも、東アジア哲学の理念に向けてのこの対話の基礎は、以上でその概略が示された。[32]

〔注〕

(1) 黒田に関しては以下の二つのシンポジウムが開かれている。西日本哲学会第六〇回大会シンポジウム「黒田哲学の再評価」（二〇〇九年）、哲学会第五九回大会シンポジウム「黒田哲学再考」（二〇一〇年）。

（2）牟宗三以降の中国語圏の思想家たちに広く見られるこの視点は呉汝鈞によって代表され、日本語圏では林永強の仕事を嚆矢とする。拙稿「ニヒリズム・絶対批判・教相判釈」（『哲学雑誌』七九五号、有斐閣二〇〇八年）および「「生命の学問」から「死の現象学」へ」（『死生学研究』第一一号、東京大学大学院人文社会系研究科二〇〇九年）を参照。

（3）この点に関する議論は、拙稿「思想の伝統の中の哲学」（松永・鈴木編『哲学への誘いⅠ　哲学の立ち位置』収録、東信堂二〇一〇年）を参照。

（4）林永強「生命の学問としての哲学――西田幾多郎と牟宗三」（『理想』六八一号、二〇〇八年）。

（5）檜垣立哉『西田幾多郎の生命哲学』（講談社現代新書二〇〇五年）。ドゥルーズの言う「差異哲学」はハイデガー的な問いの文脈にあるが、「否定」ではなく「差異」をもって西田に光を当てることは大変有効である。朝倉友海「ドゥルーズ『差異と反復』における時間論とシステム論」（『流砂』第三号二〇一〇年）参照。

（6）Kant, *Preisschrift über die Fortschritte der Metaphysik*, Ak. 20. Heinz Heimsoeth, *Studien zur Philosophie Immanuel Kants I* (Köln：Kölner Universitäts-Verlag, 1956).

（7）朝倉友海「道徳への東アジア的アプローチ――京都学派と新儒家の道徳論をてがかりとして」（『応用倫理・哲学論集』三号二〇〇七年）；Mou Zongsan and Koyama Iwao On Morality, *Philosophical Studies* [Ronshu] 27 (2008), pp.70–83.

（8）Joel Thoraval, (translator's) introduction to Mou Zongsan *Spécificités de la philosophie chinoise* (Paris：Cerf 2003).

（9）代表的なものとして以下があげられる。N. Serina Chan, "What is Confucian and New about the Thought of Mou Zongsan?," *New Confucianism; a critical examination*, ed. John Makeham (New York：Palgrave 2003).

（10）牟宗三『現象與物自身』（臺灣學生書局一九七五年）

（11）近年、特に欧米の牟宗三研究の多くは、この仏教的存在論をめぐる思索に集中する傾向があるのは興味深い。中国系の研究者は儒学解釈に重点を置く傾向があるのに対し、天台解釈が欧米人による牟宗三研究の大きな部分を占めている。

（12）門脇卓爾「西田哲学とカント」（上田閑照編『西田哲学への問い』、岩波書店、一九九〇年、六九―一〇〇頁）。

（13）もっとも西田は、「叡知的世界が我々の認識対象となると云うのではない、かういう意味に於ては、私は何処までもカントの立場を守るものである」と述べている（四・一三一—一三二）。

(14) 高山岩男『西田哲学』（岩波書店一九三五年）、一六—一七頁。

(15)「無」をめぐる用語はキリスト教神秘主義思想の研究において多く生み出されており、それを適用することで、例えばミシェル・ダリシエは ontologie / méontologie / néontologie（あるいはむしろ néantologie?）を区別して西田を論じている。しかし西田はメー・オンからウーク・オンへというキリスト教的文脈よりむしろ思惟の畸形としてのメー・オンの他性に着目するコーエンに近い。「我々の真の自覚はオンの方にあるのではなくしてメ・オンの方にある」（五・一八一）。

(16)『現象與物自身』、三九九頁。

(17)『現象與物自身』、四一八頁。

(18) 牟宗三『中國哲學十九講』（臺灣學生書局一九八三年）、三六三頁。『現象與物自身』、四二〇頁。

(19)『現象與物自身』、四〇四頁。

(20)『中國哲學十九講』、三五八頁。

(21) 牟宗三『智的直覚與中國哲學』（臺灣商務印書館一九七一年）、二一五—三二五頁。

(22) 同上、二二六頁。

(23) 高山岩男『道徳とは何か』（創文社一九五八年）および『教育哲学』（玉川大学出版部）参照。

(24)『圓善論』（臺灣學生書局一九八五年）、二七八頁。

(25)『中國哲學十九講』、三八二頁。

(26) この点で牟宗三以降の思索者が京都学派に近づいていくのは故なきことではない。拙稿「「生命の学問」から「死の現象学」へ」（前掲）ではこの点を分析している。

(27) 西谷啓治『宗教とは何か』（『西谷啓治著作集』第十巻）、三〇二—三〇三頁。

(28)『宗教とは何か』、一六六頁、三〇六—三〇八頁。

(29) 高山岩男『哲学とは何か』（創文社一九六七年）、二—三頁。

(30) 西谷啓治『ニヒリズム』（『西谷啓治著作集』第八巻）、一八五頁。

（31）拙稿「ニヒリズム・絶対批判・教相判釈」（前掲）参照。

（32）より詳細な議論は、以下の論文を参照されたい。Asakura, "On Buddhistic Ontology : A Comparative Study of Mou Zongsan and Kyoto School Philosophy," *Philosophy East and West*, 61-4（2011）, pp.647–678.

コラム

『善の研究』の諸相2

『善の研究』と現象学

現象学という言葉はカントやフィヒテ、ヘーゲルも用いた概念だが、通常単に現象学というと、彼らのいう現象学ではなく、フッサールが生み出し、ハイデガーやメルロ=ポンティ、サルトルらによって批判的に継承されていった思想運動のことを指す。

そのフッサールに日本ではじめて言及したのは、『善の研究』が出版された七ヶ月後のこと、西田が一九一一年八月と九月に発表した「認識論に於ける純論理派の主張に就て」という論文である。どのようにしてフッサールを知り、なぜその著作を読む気になったのか尋ねられた西田は、アメリカの哲学者ロイスの本の脚注にフッサールの本が引用してあったような気がすると答え、「良い学者の引用する書物は大抵良書だが、下らぬ奴ほど下らぬ本をあげるものだ。自分は昔はこの標準で新しいものを読んだ」と言ったらしい。

「認識論に於ける純論理派の主張に就て」では、認識論には大きく見れば二つの立場があると言われている。一つは「純粋経験派」と名づけられ、『善の研究』はもちろんこの「純粋経験派」に近い。もう一つは「純論理派」と呼ばれ、新カント学派とともに、フッサールの『論理学研究』も、「純論理派」に属すると述べられている。

一九〇〇年と一九〇一年に『論理学研究』が出版された当時、流行していたのは心理学主義だった。心理学主義は、矛盾律や同一律などの論理学の法則、あるいは「一たす一は二」といった数学の命題のような普遍的で客観的な真理は、我々のそれぞれがもっている心のはたらきという個別的で主観的なものによって成立すると主張する。しかしこの主張に従えば、「一たす一は二」は、我々の心がたまたま真理とみなしているだけで、どこか別の星、別の時代では、あるいは今地球上にいる誰かある人にとっては、真理ではないということになってしまう。そこでフッサールは『論理学研究』第一巻で、この心理学主義に対する徹底的な批判を行った。

続く『論理学研究』の第二巻では、心理学主義とは異なった方法で論理学を基礎付けることが目指されている。それは、思考体験と認識体験を分析・記述し、論理学で用いられる概念や法則の源泉を解明すること、すなわち「現象学」でもって遂行された。

このように心理学主義批判という内容をもつフッサールの『論理学研究』が、真理の基準を純粋経験にもとめる『善の研究』のような立場と対立するものとみなされたのは、当然のことであろう。

しかし『論理学研究』での「現象学」は、個人の内的な体験をそのままに記述する「記述的心理学」とほぼ同義であった。心理学主義を批判したにもかかわらず自分もまた心理学の一種によって論理学を基礎付けるという矛盾に気づいたフッサールは、ただちにこの考えを修正し、現象学と記述的心理学との区別を明確にしていく。それによって、よく知られた「現象学的還元」などの方法論を備えた超越論的現象学が生まれ、その後も発生的現象学などとして発展を遂げていった。

そしてフッサールは晩年、「我々の全生活が実際に営まれている、現実に直観され、現実に経験され、経験されうるこの世界」、すなわち「生活世界」への還帰を説くようになる。西田の名を世に知らしめた『善の研究』と、現象学の誕生を告げるフッサールの『論理学研究』とに共通性を見出すのは難しいが、純粋経験の世界とこの「生活世界」であれば、たとえその内実に大きな異なりがあったとしても、その方向性ではかなり接近していると言えるだろう。

フッサールの思想が変遷していったのと同様に、西田の哲学もまた『善の研究』の立場にとどまることはなかった。『善の研究』が「心理主義的」であったことを認めた西田は、「場所の論理」へ、さらに「行為的直観」などへと思索を展開させていく。そこでの哲学が現象学と大きく重なるものであること、さらにそれだけでなく、現象学に寄与する思想を含んでいるということが、日本を代表する現象学者によって指摘されている。

現在、現象学は世界的な広がりを見せ、大きな潮流となっている。それに対して、『善の研究』のみならず、西田哲学は何を言いうるのだろうか。それを明らかにすることが、西田哲学の現代的意義を明らかにするうえで、重要な問いとなるであろう。

（満原　健）

『善の研究』と禅

「『善の研究』は西洋哲学書研究からのみ出来たものか、それとも禅的修行とか見性体験とかが加わって出来たものでしょうか」。西田門下で後に著名な禅僧となる森本省念が、学生時代に西田に右のような質問をしたとき、西田ははっきりと「両方からだ」と答えたという（『禅　森本省念の世界』）。

西田は、第四高等学校時代の恩師である北条時敬や同級生の鈴木大拙などの導きで青年時代から禅を始め、金沢洗心庵の雪門禅師、妙心寺の虎関禅師、大徳寺の廣州禅師らに参禅した。雪門禅師からは、居士号「寸心」を与えられている。『善の研究』に結実する思想が構想されつつあった明治三十年代の西田の日記を見ると、「夜八七時ヨリ十二時半マデ打坐」「午前坐禅。午後坐禅。夜坐禅」といった形で、日々の打坐の克明な記録が残されている。西田は、しばしば学問以上の情熱を打坐に向けており、「余は禅を学の為になすは誤なり。余が心の為め生命の為になすべし。見性までは宗教や哲学の事を考えず」（明治三六年七月二三日）という強い言葉も日記の中に見られる。

右のような背景を知った上で『善の研究』を読むと、禅への直接的な言及が少ないことに意外の感を受けるかもしれない。『善の研究』における禅の言葉の引用としては、第三編第十章に「古人も道は知、不知に属せずといった」（『無門関』第一九則「平常是道」）とあり、同第十一章に「天地同根万物一体」（『碧巌録』

第四〇則「南泉如夢相似」とある位で、これは他の宗教の言葉の引用と比べて必ずしも目立つものではない。『善の研究』における西田の課題は、「禅」という特定の宗教を論ずることではなく、「真の実在」を論ずることであった。したがって、実在の真相をとらえたものであるかぎり、禅や浄土真宗、あるいはキリスト教や儒教といった宗教の別にかかわらず、多岐にわたる聖賢の言葉が引用される。

周知のように、「真の実在」として西田が提示するのが、「色を見、音を聞く刹那」とか「未だ主もなく客もない」というような言葉で論ぜられる「純粋経験」である。興味深いのは、このような特定の宗教に限定されない記述が、禅者によって、まさに禅の体験を表すものとして読まれてゆくということである。鈴木大拙や久松真一は、各所で『善の研究』の「純粋経験」と禅の体験との一致を語っている（本書「アンソロジー『善の研究』はどう読まれてきたか」参照）。西田の言うように、「禅というものは真に現実把握を生命とするもの」であるとすれば、「真の実在」に関する記述が禅の事柄と重なってくるのは、ある意味当然といってもいいのかもしれない。

とはいえ、『善の研究』をあまりに直接的に禅の立場と結び付けることには注意が必要である。『善の研究』が完成に向いつつある頃には、西田はすでに、自覚的に、「禅」の立場ではなく「学問」の立場で生きてゆくことを選び取ろうとしていたからである。西田は、明治四〇年七月一三日付鈴木大拙宛の書簡の中で、「余は宗教的修養は終身之をつづける積りだが余の働く場所は学問が最も余に適当でないかと思うが貴考いかん」と書いている。西田はその後、自身の思想を「哲学」「論理」として練り上げてゆくことに努力を集中させるようになり、自身の「哲学」が「禅」であり「宗教」であると言われることを嫌った。

ただし、西田の立場には両義的なところがある。晩年に書かれた西谷啓治への書簡（昭和一八年二月一九日）では、「背後に禅的なるものと云われるのは全くそうであります。……私はこんなこと不可能ではあるが何とかして哲学と結合したい。……併し君だからよいが普通無識の徒が私を禅などと云う場合、私は極力反対いたします」と言われている。西田は確かに、「哲学」と「禅」とを混同させることに反対しているのであるが、同時に、両者を結合させたいという念願を告白している。西田が構築しようとした「哲学」には、狭い意味での（「宗教」と厳密に区別される）「哲学」に収まりきらないものがあり、場合によってはそれは、「宗教」と（あるいは「禅」と）重なり合ったものとして成立しているのかもしれない。我々は、西田が「哲学」の立場に立ったということを踏まえつつも、既成の学問分野としての「哲学」という枠組にとらわれることなく、西田が「哲学」の名のもとで何を目指したのかを、西田に即して明らかにしてゆく必要があるであろう。

（杉本　耕一）

『善の研究』と親鸞

禅との深い関わりがしばしば指摘される西田であるが、彼の宗教への関心は決して禅のみに限られたものではない。西田は若い時分から聖書に親しみ、そしてまた親鸞の思想にも深い共感を寄せた哲学者であった。

西田の生まれた石川は歴史的に真宗の信仰に厚い土地であり、西田の生家も真宗を宗旨としていた。母寅三《とさ》は熱心な浄土真宗の信者であったことが知られている。乳をねだる西田に母は『歎異抄』の暗唱を求め、西田がすらすらとそらんじたという逸話が残っているが、真偽の程は定かではない。竹内良知が指摘しているように、この逸話自身の信憑性は薄いといえる。しかし、幼少の西田にとって真宗が身近な存在であったことは確かであろう。務台理作によれば、西田は母の影響の下で少年のころから親鸞の思想になじみ、とくに『歎異抄』に心引かれるものがあったと語ったという。さらに、東京・横浜の空襲の際に、一切が焼尽に帰してしまっても『臨済録』と『歎異抄』が残ればよいともらしたというエピソードも伝えられている。また、真宗大谷派の僧であり、他力信仰を基礎に独自の宗教思想を展開した清沢満之からの影響も、西田と親鸞の接点を考える上で欠かすことのできない観点である。

西田が親鸞をどのように見ていたかを私たちに直接示してくれるのは、『善の研究』の公刊と同じ年の一九一一年（明治四四年）に書かれた「愚禿親鸞」という短いエッセーである。「愚禿」とは親鸞が用いた自称であるが、西田はここに親鸞の人となりや真宗の教義の特質のみならず、「宗教其者の本質」を見ようとする。人間の知や徳には様々な幅がある。しかし、三角形の辺の長さがどれほど長くとも全ての角の和が二直角に等しいということになんらかわりのないように、しょせん人間の知は人間の知であり、人間の徳は人間の徳である、このように西田はいう。知や徳の大小にとらわれている自己のあり方をひるがえすことによって、「新たな智を得、新たな徳を具へ、新たな生命に入る」ところに西田の考える「宗教の真髄」はある。しかしながら、このように「新たな生命に入る」ということは、自己が日常的なあり方から離れた何か特別な境地に達するということではない。それはむしろ、「赤裸々たる自己の本体に立ち返」ること、つまり知や徳の深浅に拘泥している際にはかえって隠されてしまっている自らの愚かさや不徳をありのままに直視することである。その意味で、西田は「他力といわず、自力といわず、一切の宗教は此愚禿の二字を味ふに外ならぬのである」と述べるのである。

『善の研究』においても『歎異抄』からの言葉が数回引かれている。主客未分の「純粋経験」から全てを説明することを目指した『善の研究』においては、宗教の次元もまた「純粋経験」から捉えられることになる。「第四篇宗教」の叙述は基本的にはこのことを明らかにすることを目的としている。西田においては、万物の諸々の対立の最深の直接相であり、かつ万物の根底にあってそれらを働かせる力が「宇宙の内面的統一力」としての神である。ただ、神が不断にその統一の働きを現わすためには、半面において分裂・対立の側面がなければならない。その意味で、西田は神が統一の力を示すためには「先ず大いに分裂せねばならぬ」とし、この側面が統一への契機となっていることを「善人なおもて往生をとぐ、いわんや悪人をや」という親鸞の最も有名な言葉に託して語る。しかしながら、「物は総べてその本来においては善である」とみなす『善の研究』の立場において、現実の分裂・対立の側面、宗教的にいえば悪の問題がどのように位置づくのかはなお疑問の余地が残るところである。

しかしながら、このことは『善の研究』における西田の親鸞への関係が表面的なものにとどまったということを意味するわけではない。西田にとって宗教の問題は、神と「純粋経験」とのつながりを理論的に解明することでつくされるようなものではなく、われわれがなぜ生きるのかという問いから生まれでるものであり、「生命其者の要求」に根差したものであった。このような「宗教的要求」は、具体的には、「我々の自己がその相対的にして有限なることを覚知すると共に、絶対無限の力に合一してこれに由りて永遠の真生命を得んと欲するの要求」とされるものであるが、ここに「愚禿親鸞」において語られた思想と響き合うものを認めることができるだろう。『善の研究』においては、「愚禿の二字を味ふ」という事態、有り体にいえば有限者の自覚という問題は表立っては論じられていないけれども、それは決して見過ごされていたわけではない。『善の研究』の最後の箇所で西田が、「念仏は、まことに浄土にむまるるたねにてやはんべるらん、また地獄におつべき業にてやはんべるらん、総じてもて存知せざるなり」（大意：念仏によって浄土にうまれるのか、それとも地獄におちてしまうのか、このことについては私の知るところではない）という親鸞の言葉を「宗教の極意」とみなしていることがそのことを示しているように思われる。

（竹花　洋佑）

『善の研究』とキリスト教

西田幾多郎は生涯、哲学の根本を「宗教」に置いた。今日私たちが宗教という言葉を耳にするとき、非合理的で迷信的なもの、教派的なもの、反社会的なもの、あるいは土着の信仰や葬式の形式などといったものを思い浮かべる。しかし西田が語ったのは、そういったものでなく、自身があるべき宗教として考える「真正の宗教」「真正の宗教心」であった。それは、特定の人のみに関わるものではなく、現実に生きている私たち個々人の最も深いところから起こる「自己の生命についての要求」に基づいたものであると言う。もっとも「真正の宗教」と言っても、それは現実に存在する宗教と全く関係のないものではなくて、仏教と共に、キリスト教という具体的な宗教を手がかりとして捉えられている。

西田といえども十代の頃は、宗教は妄想であり「皆一の迷いにて決して信ずべきものにあらず」という考えであった。そんな西田がキリスト教に真剣な関心を寄せ始めるのは、山口へと赴任する二七歳の頃からである。破産状態の父とその借金、最初の妻との離縁、一度決まった就職の罷免といった現実生活の苦難にぶつかった西田は、真に自己に立ち帰り妄念を断つことを必要と考えたのだろう。その頃から朝夕と参禅を行いながら、当地の宣教師などと交流し夜には聖書などを読む毎日を送っている。特に『マタイによる福音書』の六章の「空の鳥をよく見なさい。種も蒔かず、刈り入れもせず、倉に納めもしない。だが、あなたがたの天の父は鳥を養ってくださる」などの言葉に感銘を受けたようである。

ただし、現実のキリスト教団の活動に対しては不満であった。西田はある手紙で「余は耶蘇教の人は（ひとり耶蘇教に限らぬ今のいわゆる宗教家は）注入を主として自分の信仰箇条のごときものを直に未信者に話すの弊あり」と記している。個々人の心の底から起こるものを導き現実の力にするのではなく、自らの宗教を絶対化し、その教理を人々に「注入」することに対しては、西田は冷ややかな目をもっていた。

そういった西田の『善の研究』の宗教論の叙述の多くは、キリスト教に関するものであるが、制度的な教会的キリスト教の教理ではなく、キリスト教の神秘思想に関わるものである。特に、エックハルト（一二六〇頃─一三二八頃）やヤコブ・ベーメ（一五七五─一六二四）といったドイツ神秘主義と呼ばれる遺産に注目している。

では「真正の宗教心」とは一体何か。それには、まず自らの「罪」を徹底的に自覚することが必要だと言う。「罪を知らざる者は真に神の愛を知ることはできない」。西田はこの「罪」をキリスト教の「原罪」の問題に結びつけている。ただし「原罪」を、遠い昔にアダムとイヴが知恵の実をかじって、その遺伝相続として人類があるという神話的事実としては考えていない。それは、私たちが色々な仕方で自分や他人の「人格に背く」行為をしてしまう「我らの心の中に時々刻々行われている」日常のあり方として理解されている。この「罪」の自覚によって「自己の変換、生命の革新」が起こり、自己が新しい仕方で生き直される。この「内面的再生」にあっては「神すらも失った所に真の神を見るのである」と言う。この新生の経験を、西田は『ガラテヤ信徒への手紙』の中でのパウロの言葉「生きているのは、もはやわたしではありません。キリストがわたしの内に生きておられるのです」という言葉を引いて述べている。西田は原罪や復活という神話的教義を、魂の究極的な次元での「経験」の問題として捉えているのである。「真正の宗教」の中のキリスト教的なもの——それが本当にキリスト教に固有なものかどうかはここでは措いて——は、何よりもこの罪の意識とその自覚による再生にあるだろう。

この思想の基盤にあるのが独特の「神」の考えである。西田は世界の外にあってそれを支配するキリスト教の伝統的理解としての人格神を斥けている。では西田の考える「神」とは何かというと、それは「生命の源」とも言われるような、私たちの存在とこの世界を根底で支えている「統一力」であると言う。より具体的には、決して何等かの内容としては捉えられず——「この点より見て神は全く無である」——、私たちの心を背後で支える「意識の根本」が「神」とされている。これを西田はエックハルトの「神性」やベーメの「無底」といった概念で表している。

その後も西田は数々のキリスト教の思想家に敬意を払い、一九三一年には熱心なクリスチャンであった琴夫人を後妻として迎えている。琴は西田の没後にYWCA（キリスト教女子青年会）の会長となり、その間に原水爆禁止運動に携わっている。西田にとって、キリスト教的なるものは「真正の宗教」に深い関係をもつものであったと言えるであろう。

（太田　裕信）

『善の研究』と儒学

一冊の本が、読者の教養と関心に応えて、様々の表情を見せる。そうした現象は『善の研究』のようなテクストではよく起ることだ。京大での同僚だった漢学者、狩野直喜は「西田君の憶い出」と題する短い追悼文の中で、『善の研究』を読んだ或友人が「あれは陽明学だ」と言った、というエピソードを紹介している。狩野の友人が誰であったかは分からない。だが、恐らくは漢学者、そうでないにしても漢学の素養がある人物であっただろう。そうした読者の目には自から陽明学と重なって見えてくる、ある種の表情をこのテクストは確かに持っている。

しばしば指摘されてきたのは、若き日の西田が儒者の熱烈な学究態度にシンパシーを抱いた、という事実である。明治二四年十月の或日、選科生として東京帝国大学に入学したばかりの西田は、上京への野心を抱く郷里の友、山本良吉へ一通の手紙を書いた。それは孟子や江戸時代の儒者、熊沢蕃山の名を出しつつ「不運はこれ余輩を試みるの試験場なり　大丈夫奮うべし屈すべからざるなり」と郷友を励ます内容であった。若き西田の友情と志の熱っぽさを感じ取ることが出来る。同じ手紙の中で西田は陽明学に傾倒した幕末の志士、雲井龍雄の墓に参った時の印象についても記している。「余身体羸弱少しく勉むるあたわず　龍雄の苦学を見て慚愧に堪えず」と自身の至らなさを嘆く一方で、自らを牛に擬え「遅牛尚千里の遠に達す」とも書いているのが印象的だ。学問に於て大事なのは少しずつでも進み止まらぬことだというのである。

単に心情的な親和性だけはない。『善の研究』の理論そのものが幾つかの局面で儒学的伝統の諸理論との符合を見せる。例えば『善の研究』は当時の日本で大変注目されたT・H・グリーンの自己実現説を取り入れて形成されるが、この自己実現説そのものが陽明学の「致良知」の説と相似る。致良知、つまり良知を実現するという実践は、その良知が人の良知であるとともに宇宙の良知でもあると解釈される場合には、人と宇宙と相即する実践となる。宇宙の精神的原理と人のそれの相即というアイデアはグリーンの自己実現説の中でも、そして西田の『善の研究』の中でも中心となる思想の一つである。

別の角度から陽明学との接点にアプローチすることも可能だ。修養期の西田がヴントやジェームズなどの心理学に学んだことはよく知られる。彼らは、旧来の形而上学的心理学と異なり、目的を選択し実現する行為のプロセスの只中で意識を捉えようとした。こうした主意主義的な意識理解に親しんだ西田は知識を意志と関連づけ、それが行為へ展開すべきことを説く。興味深いのはこの主張を西田が陽明学のアイデアに沿うものだと考えたことである。『善の研究』の中で西田は「王陽明が知行同一を主張したように真実の知識は必ず実行を伴わなければならぬ」と書く。ここでは人を実践的存在として捉える観点が西田と陽明学を結び付けている。

また『善の研究』の存在論的構造に注目する場合には、朱子学との接点がより前面に浮かび上がる。『善の研究』の中で繰り返し登場する「統一」「統一的或者」――これは意識を、そして宇宙を統一する精神的原理である――は別名を「理」ともいう。この「理」を内在的超越として捉える西田の理論が朱子学の体用相即の論理に通じるのである。朱子学は仏教、道教の新勢力に対抗しながら、同時にそれらから、特に華厳教学から影響を受け、体用のカテゴリーを定式化した。『善の研究』を体用の論理と関連付けることは、このテクストを東アジアのより広い思想圏へと開いていくことに繋がりそうだ。

『善の研究』と儒学は驚くほど多くの多様な局面で接点を持っている。それは儒学そのものが歴史に育まれ鍛えられて現代に至る生きた思想であり、それゆえに様々な表情を持っていることと無関係ではないだろう。道・仏の新思想への対抗意識の中で再生する儒学（朱子学）、その朱子学の形骸化にプロテストする儒学（陽明学）、日本で受容され、独自の歴史を経て、志士たちの精神を支える儒学。そのどれもが儒学の豊かな表情の一つである。近年、『善の研究』と中国の新儒家を突き合わせる研究が試みられている。近代化という歴史的課題を負い、西洋哲学を導入しつつ形成されたこの新しい儒学へ注目することで、われわれは儒学の、そして『善の研究』の、これまで気づかれなかった新しい表情を発見することができるかもしれない。

（中嶋　優太）

第四部　シンポジウム

『善の研究』はどのような意味をもったか、どのような意味をもつか

第一四章　『善の研究』と西田哲学における失われた場所

ジェームズ・ハイジック

一

私にとって『善の研究』はなんとも苛立たしい書物であった。この本を初めて読んだとき私は、必ずしも整合的でない命題のまわりに西洋哲学の諸見解をごたごたと並び立てた代物だと思った。当時は西田幾多郎がどのような人物なのかを知らず、また日本の哲学についてもほぼ無学であった。この本の内容を解読するためには、自分がそれまで受けてきた教育や持ち合わせの取るに足らない力量に頼るよりほかに道はなかった。この本を薦めてくれた同僚に対する礼儀としてなんとか読み終えたが、つづけてさらに西田の思想を研究していこうという気にはなれなかった。ところが、西田について知るにつれて、私自身の能力が不足しているのではないかと疑うようになった。西谷啓治や田辺元の著作を見出して以降は、そうした思想へとかれらを駆り立てた人物に立ち戻りたいという衝動を強く感じた。そして私の西田のイメージがなんとかその令名に及ぶようになると、西田哲学の発展ならびに日本哲学そのものの歴史において『善の研究』がどれほど重要な転換点となったかが少しずつわかってきた。

　とはいえ、西田が刊行した最初の本に戻るたびに相変わらず挫折感はついてまわり、円熟期の西田哲学を解明する糸口を見つけることはできなかった。興味を引いたのは、のちに「哲学の根本的問題」へとつながる発想の萌芽であったが、そのような着想はしばしばあいまいな表現に包まれていた。この点については後述するが、さしあたり『善の研究』に関しては、哲学的内容や立論様式よりも、西洋哲学を研究する当時の日本人が臆病だったことと比較して、西田の主張が示した勇気をこそ賞賛しておきたい。

　内容に関しては、西田が当時読んでいた哲学者たち、とりわけショーペンハウアー、ジェームズ、ヴントそしてベルクソンを念頭におけばただちに、西田の哲学的モザイクを構成する断片がどこから拾い集められてきたかがわかるだろう。その組み合わせは思索の始まりにおいて提示された命題を支えるものである。その命題とは、統一された意識――すなわち、主と客、知識と意志、精神と物質のそれぞれの分裂以前の意識――が現実そのものと同一であるという命題である。しかしこの上に立って生まれ出た西田の思索は、個々の発想源となったそれぞれの出所へと還元できない、独自なものというしかない。

　同書の立論様式もまた異質である。ある主張に達するまでの道程を帰納的に述べるにせよ、あるいは基点となる仮説を演繹的に述べるにせよ、『善の研究』の論理は西田が主に言及する西洋哲学の論理とは異なっている。それのみならず、従来の儒教、仏教、国学などの思想から読み取れる古典に忠実な論じ方もしていない。むしろこの本は一箇の随想集に思われてしかたがない。発想から発想へと流れるその文体は、その後の文体とはかなり異なっている。ただし最も明白な例外は西田の最終論文である。その論考はたとえみずからの思想を総括するものとして書かれているにせよ、最初の書と類似する特徴がみられる。そしてまた西田哲学の専門家は、論点がそもそも根本的に異なっている場合においてすら、西田の最終論文を引用する。しかし、疑いもなく『善の研究』

の意義を評価するにあたっては後の思想を考慮するほうが容易であろうが、そうすればこの本が当初なぜあれほどの影響力をもったのか、そして西田に初めてふれた読者がいかなる感銘を受けたのかといった点が隠されてしまう。

要するに西田のこの本は、たしかに長所はもつものの、だからといってそれだけでは近代西洋哲学の領域で持続的に貢献する書にはなりえなかったのではないだろうか。もしただちに欧米の言語へと翻訳されていたとしたら、海外の読者はこの書を珍奇のたぐいにすぎないと受け止め、借り物の思想があれこれつなぎ合わされた代物を日本の学界がなぜかくも声高に歓迎するのだろうかと訝ったことであろう。私は何も若手の哲学者の最初の本だからといってことさらに厳しく裁断を下しているわけではない。じっさい西田自身も出版にあたっては「志を果たすことができなかった」、「不完全」な作品と語り、さらに十年後においても「飽き足らな」さのあまり「絶版しよう」とさえ思ったと述べているのである（一・五―六）。つまり西田は『善の研究』でなした主要な結論から後年離れ、数多い西田学者とは違い、同書を基盤的な著作とはみなさなかったのである。また処女作を刊行した翌年以降、新カント派研究に端を発する論考を公にしたが、問題の定義や論証の方法において、『善の研究』とはかなり異なったものであった。結局のところ西田は、『善の研究』を刊行後ただちに思索の精華として歓迎した国内の評価を容認しなかったし、後になって哲学の傑作とした弟子たちの評価にも賛成しなかったものと思われる。

一九一二年に倉田百三が『善の研究』を「乾びた山陰の瘠《や》せ地から、蒼ばんだ白い釣鐘草《つりがねぐさ》の花が品高く匂い出ている」と称賛したものの、西田はあまり感動しなかったようである[1]。西田の直弟子である西谷啓治が同書の中心的テーマについて綿密に論じた長文の論考を一九六八年に出版し、そこで「かりにその後の展開がなかったとしても、それ自身だけで他の有力な諸体系に伍してその独自な意義を主張し得る」[2]と述べているが、西谷の評定は額面どおりには受け取りがたい。その解釈がたんに後知恵に依拠しているからというだけではない。さらには西谷自身の概念をちりばめることで、西田の思想的展開における論証の隙間を埋め、さらに孤立した陳述には原文の裏づけのない意味を与える文脈を提供しているからである。

上に述べたような西田への高い評価の中に、西田哲学の専門家が西田のイメージを輝かせようとしてかえってそれを曇らせてしまった事態を見て取ることができるとするならば、翻って西田自身による思索の展開と自己批判がいっそう真摯に受け取られなければならないであろう。なぜなら偉大な哲学は、女神アテナが甲冑一領を着たままゼウスの頭から誕生したようには誕生しないと思われるからである。哲学は既成の思想を分析、評釈、比較することに止まらず、熟慮された批評や反論によって誕生、衰退、消滅するものである。ホワイトヘッドが学生たちによく語ったように、「批評とは思想の進歩のための原動力である。……書いてのち一世紀ごとに反論されてこそ成功の極致なのである」[3]。『善の研究』の刊行から一世紀が経ったいま、西田哲学を現代の問題にあわせるためには、西田をもっとも深く理解しているひとびとによる忌憚なき批評や反論が必要である。私個人は決してその一人に値しないが、ともあれ若き西田の最初の著書に見出しうる勇気に励まされながら、彼の論理を貫く重大な「欠陥」を追跡してみたいと思う。

二

西田の文体には多様な特徴が見出せるが、なかでも二種類の「核心的文章」が存在する。文脈から切り離してそれだけを取り出せば、この二つは混同されてしまいがちである。

第一は「蒸留された陳述」である。この陳述は論証の終わりに、または論証のさなかで息を抜く場面で出てくる。西田の読者なら誰でも痛感することだが、誤解ないし理解不足を犯しているという感覚に襲われるなかで、どこまでその責を西田自身に負わせるべきかと思い悩む。むろん、読めば読むほど、文書の表面には決して浮かび上がってこないが密かに働いている思惟の存在を認めることになる。たとえば、論証の飛躍、はっきりと言い表せない関連の微かな示唆、婉曲な言い回しや見方の微妙な変化、隠匿された前提等々である。それらはささいなものだが、文書の行間に蒔かれた種のように、しばしば、そしてまったく予期しないときでさえも、甘い果物を実らせることになる。つまり読者は仮説や反仮説の密林を切り開いていくように、書きながら考えている西田の文章を頁から頁へと読み進める――こうすれば、そうなる、そうすれば、こうなるといったように――うちに、ところどころで簡潔明快なる文章を見つけて立ち止まり、欄外に線を引くため鉛筆を取ろうと手を伸ばすことになる。もっとも、難解な文章のなかに明白な主張を見つけることは西田の著作を読む際に享受できる魅力ではあるが、そこに特徴的な紆余曲折や閃きの絡み合いを外国語に翻訳する難しさはいまや伝説といってよいであろう。とにかく私にはこういった「蒸留された陳述」が西田研究の大半を支える背骨であるように思われた。一環の真珠のようなこうした陳述に助けられて、読者は西田を苦しめた拷問を経ることなく西田の思想を整然としたかたちで一瞥することができるのである。しかしそうはいっても、西田が論証をあれやこれやと推し進めた結果、そのような蒸留された陳述に至ったという事実は忘れてはなるまい。

第二の核心的文章は「託宣的陳述」と呼べるものである。これらは論じて得られた結論ではなく、論証抜きの権力的な声明である。(4) あとに続く議論を導くような問題提起の陳述とは異なり、託宣的陳述は砂漠のただなかで不思議に咲き出でた花のように、にわかにしかも環境とはほとんど無関係に際立っている。西田にとってこの託宣的陳述は、蒸留された陳述に劣らず重要であるが、その機能は異なっている。託宣的陳述は教理的であり、多くの場合には誇張されている。必ずしもそうではないが、しばしばこの陳述は後に続く論証過程で扱われる洞察に先行する直感的な予覚だったのかもしれない。じっさい誇張は“bon mot”（響きのよい文句）に多分につきものである。『善の研究』においては「最も」「最大」「最上」「全て」等の語がそれにあたる。もちろんそこに不整合が生じることは紛れもない事実である。連続性のおかげで研究者は一方では容易に後期西田の思想的論拠として前期の著作を引用できるのだが、他方では西田の思想がいつ方向転換をなしえたのかを見極めることに困難を覚えると言ってよいであろう。いずれの場合にせよ、西田による託宣的陳述は聖典に類する性質をもつようになる。そうした陳述はいちいち弁明されたり出典にこだわったりする必要がなく、文脈から切り離して前後関係なく引用できるものである。

『善の研究』の論述はことのほかこのような陳述によって成り立っている。それは短い文章に限らず、数節にわたる場合もある。同じ語句が何度となく登場する箇所ですら、つまりその語句を保ちながら異なる角度から検証し、その結果を考察する場合ですら、託宣的なスタイルは保持されている。たとえば同書の冒頭に出てくる「純粋経験」という語がある。その概念の由来をなすウィリアム・ジェームズとは違って、西田は純粋経験を意識状態に限定し、それを「唯一の実在」とする。しかしジェームズにとって意識は「あらゆるものがそこから成る」純粋経験の一部にすぎない(5)。

この考えを明確に説明する論考がジェームズによって一九〇四年に二本出版されている。その思想は西田が前期に唱えた思想と驚くまでに一致する。にもかかわらず、両論文を検討すると、西田は論考「純粋経験の世界」には軽く目を通したが、論考「意識は存在するか」については最初の数ページすらも読まなかったと判断せざるを得ない。もし西田が後者による新カント派への論駁を読んでいたとすれば、おそらく後年の苦労の大半は回避できたであろうし、みずから後に拒否することになる心理主義へと滑り込むこともなかったであろう。主体と客体の分離や意識と意識内容の分離の否定、感覚や認識における連続即非連続の主張、存在物ではない機能としての意識はジェームズの両論文に明瞭であり、しかも、そこでは対立する見解と積極的に取り組んだかたちで論じられている。「意識は存在するか」の内容を知らない西田が、「純粋経験の世界」を誤解したことは驚くべきことではない。

それはともあれ、西田は純粋で直接的な形態にある意識の根本的性質が実在そのものと同一であるという主張から論じ始める。その立場を説明する文章はいくつかの結論をもたらすが、その各々が述べている見解は、その表明に必要な前提に言及することもなければ、その前提から見解へ向かう過程を論証することもない。それら見解の陳述は、思惟が論理的に展開しているといった印象を与える枠組みの中に置かれてはいるものの、じっさいにその枠組みが同様の事柄に関して思索をめぐらせた人々の基礎資料や哲学的文献へと向かうことはないのである。かろうじて推定できることといえば、実在は妄想であり現象的なものにすぎないとする仏教にひろく染み渡った洞察の香りが微かに文章に漂っていることから、それがこの枠組みを確定する際に暗黙の背景となっているのだろうという程度のことである。

実際に西田は後年になって、純粋経験についての陳述のすべてとはいわないものの、その多くを綿密に論じることになるのだが、その際には『善の研究』の論証の流れや根本的枠組みとは違った立場で論じている。そのため、後のよりいっそう蒸留された陳述との関係が曖昧となるため、両者を比べてそこに思想の「発展」を見出すことは明らかに無理である。

さて、ここに至り私が主張したいのは次の点である。つまり、思想の発展は言葉使いの類似のみで判断することはできず、むしろ言葉が置かれた議論や文脈の流れにおける発展をたどることが欠かせないという点である。純粋経験の場合、意識の統一を確定する力が主体と物質的世界の区別に先立つものであり、その統一は実在と一体であるとみなすことがその基礎的な文脈となる。西田は当時この発想によって人間存在の目的を明らかにできると考えた。要するに「実地上真の善とは唯一つあるのみである、即ち真の自己を知る」(一・一三四)という目的である。これが意味するのは「人心の根底に於ても一つの統一力の支配」は「宇宙の統一者」としての神となんらかのかたちで関連しているということである(一・一四二―一四三、一四五)。しかしこうしたさまざまな陳述を積み重ねても、明白な哲学的問題提起には至らない。さらに西田自身がこうした方向性は誤解を招くものとして放棄したが、それが理にかなっている以上、後年の論文で明らかに同じ言葉使いがなされている意義は他の次元に求めなくてはならない。

私見を述べれば、実在全体を純粋経験とみなす西田の最初の営みがもつ意義は、そのことを通じて西田が自力でさらに注意深く物事を考え抜かねばならないと促された点に見出せる。だからといって、『善の研究』以降の著作は霊感を受けて書かれた最初の本についての釈義であるとみなすことはできない。むしろこの本はのちに生じた、別様に考えるべきことがらをあまりに多く抱え込んでいる。つまり『善の研究』はあくまでも西田の本であって、後の著作がなかったら、この一冊から西田哲学の根本的立場を想像することなどできなかったにちがいない。

純粋経験のみならず、ほぼ同じことは「神」と「宗教」の章においてもいえるだろう。他の哲学者を横目でちらりと見たような言及は増えるが、そうした哲学者たちの立論からの影響は相変わらず欠けたままである。私が間違っていなければ、後年の西田は『善の研究』が継ぎはぎ細工であることを他の誰よりも痛感していたであろうし、西田本人がこの書の主な学説をマニフェストとして一生かけて練り上げようと試みたとする研究者たちの見解をもし知ったとするならば、大いに当惑したことであろう。

三

つづいて『善の研究』の内容と取り組むこころみとして、ここでは意志概念を取りあげたい。初の著作刊行の後、西田は新カント派の哲学と長らく、かつ実り少ないまま取り組むことになったが、そのトンネルから脱する出口を示してくれた光がまさしくこの意志概念だった。そこで意志を絶対者の地位へと高めることは明確な転換点となったが、この変化をひそかにほのめかす前兆はすでに『善の研究』が示す意志概念の両義性の中に見て取ることができる。そこで意志に関する西田の考えを五つのテーゼにまとめてみたいと思う。いずれも意志を純粋経験における意識の本来的統一つまり実在そのものへと相対化するものである。

一、意志そのものとは動作でも力でもなく、理性的思考であって、主体の行為と関係するこころの諸表象を統一する意識を構成する。

二、場合によって意志の表象は知る主体にも知られる客体にもなりうる。その意味で、意志の対象が顕になるとき、もはや意識の統一状態は失われている。

三、意志の意識化に先んじて、説明不可能な事実として、受動的目的志向本能が存在している。意識化した意志は（1）本能的衝動、（2）相応の根拠に支えられている目的への欲望、（3）行為への決意、という三段階からなる統覚である。

四、心理学的にいえば、意志とは意識の全現象の背景にあるものとして自己意識を明白に表現するが、理性ほど根本的ではない。

五、哲学的にいえば、意識は物体界を含めてあらゆる実在を創造するものであり、意識の統一に必須なものとして実在の基盤をなす。

それぞれの点について、どの部分がショーペンハウアー、ジェームズ、ヴント、ベルクソンらの意志論に通じるのかを指摘することもできるが、そうした突き合せは結局さほど有益な営みとはならいであろう。先述のとおり、こうした先駆者から得た着想がどのようにして統合されて一つの意志論になりえたかについては明らかではないのである。

西田にとって次の一歩はむしろ同書全編を通じて未回答の問いを再定義することであった。すなわち知る者が自己を知るということは何を意味するのか、という問いである(ショーペンハウアーが自己に対する自己の知性を意志に基づかせた上、それは結局、知性に値しないとした主張が思い出される)。(6) 単なる偶然に過ぎないかもしれないが、意志を実在の根拠と考える西田の最初の直観と、新カント派の思想との激しく、しかも骨身を惜しまず論じ尽くした対決から得られた方向はじつはほぼ同じだった。一九一七年、新カント派の思想をめぐる冒険を終えるにあたり、西田は意志の問題に一時的に戻ることになった。そして『善の研究』の見解と響きあう陳述をもって語り始める。

我々に最も直接なる具体的経験の真相は絶対自由の意志である、種々なる作用の人格的統一である、種々なる経験体系の内面的結合である。それぞれの立場の上に立つ経験体系を一つの円に喩えて見ると、此等の円の中心を結合する線は絶対自由の意志でなければならぬ、即ちその統一は認識対象として考え得る静的統一ではなくして、それ自身に独立なる無限の動的統一でなければならぬ、之を繰り返すことのできない無限の発展というのも、既に之を対象化したものである(『自覚に於ける直観と反省』二・二四一)。

後年「場所」の論理を説明する際に重要な表象となる同心円の比喩をもって、認識の限界を超える絶対意志について語っている。つまり「認識の世界に対して神秘の世界でなければならぬ、此処に芸術の世界があり、宗教の世界があるのである」(二・二四四)。ここで西田は意志を理性に優先させるばかりか、「経験としての実在」という発想を意識の統一という目的から開放して、世界そのものの統一を目的とするいっそう包括的な絶対者を導入する。ショーペンハウアーに間接的に言及して「物自体の世界は意志の世界」(二・二四六)であり、意志によってのみそれに到達できると主張するが、西田は世界体系を自然から語ろうとするショーペンハウアーとは異なり、神概念に戻るのである。

> 時空を超越した「永久の今」とも云うべき我々の意志其者である。……絶対意志は全体を統一して一体系となすが故に、宗教家の考える如く世界は神の人格的顕現となり、所謂物体界はその身体であって、歴史はその伝記であるということができる。真理の世界は神の思想とも云うべきであろう(二・二五五)。

すでに『善の研究』において、神は心の基にある、ゆえに宇宙の基にある統一の力といわれていた。西田は神を実在の外にある超越者とはせず、しかも神をしてわれわれの「世界」に関する語りとほとんど変わらない象徴的表現とするため、彼が影響を受けた哲学者がそうはとてもいえないといったことを、すなわち神は世界においてはたらいている意識的であり、人格的な力であると主張する。

> 宇宙と神との関係は、我々の意識現象とその統一との関係である。……神は宇宙の統一者であり宇宙は神の表現である。この比較は単に比喩ではなくして事実である。神は我々の意識の最大最終の統一者である、否、我々の意識は神の意識の一部であって、その統一は神の統一より来るのである。……宇宙は神の人格的発現ということ

となるのである（『善の研究』一・一四五）。

絶対意志の説によって西田はこうした立場から離脱することになった。約言すれば、西田は実在の根拠である「絶対者」を探求したが、そのことで、統合されたこころという発想や、あらゆる意識現象を統一する原理としての人格的神という発想を超えて、あらゆる存在するものを活かす力である「純粋意志」という概念に到ったのである。経験はもはや意識の「純粋経験」に限られることはなく、ジェームズが論じたように現実一般を指す名辞となった。人間のこころとそのすべての作用は、非人間的、非人格的、非意識的な意志の力へととりあえず転移させられた。しかし、この転移を肯定する表現や否定する表現が『善の研究』において見出され、しかも西田の表現があまりにも不明瞭であるため、その当時の立場を明瞭に見定めることはできない。

四

たとえ西田の論じ方が『善の研究』以降は劇的に変化したと認めても、同書の中で試みた立場や着想から生じた刺激はしばらく持続していたはずである。意志概念に戻れば、それは意識の一時的な統合機能をもたらす。その際、自然の外的世界から心の内的世界を区別する分岐点は保たれるとともに、道徳的な当為を成立させる機能が生じていると西田は言う（二・二八五、三九四―三九五）。まだ「自由意志」について語ってはいるが、それは単に意識が先験的にもつものとしてであって（二・四二五）、絶対者としてではない。それはあたかも後年ひそかに神概念一般へと吸収されることを狙って「絶対自由意志」の発想が思想から消し去られたかのようである。

私は西田が間違っていると主張するつもりはないが、それ以降自然界を無視した点は、永久にして、かつ悔いが残る選択上の誤りだったと考える。『善の研究』における自然観はなによりも、あらゆる現実がそうであるように、「主客を具したる意識の具体的事実である」ことを前提としている。たしかに純粋経験の一部として自然は意識の統一作用に関与し、そしてその意味であらゆる具体的な形態変化や運動に反映される「一種の自己を具えている」。しかしながら自然そのものに意識以外の「力」を推断すれば、一方では人間の意志を自然秩序に投影しておきながら、他方では人間の意志作用ならびに自然界の力をこえる純粋経験についての「類推」にすぎないものが客体視されてしまうことになろうと西田は主張する（一・一六九—一七一）。要するに、自然全体は唯一の現実としての意識という範疇へと還元されるのである。

とはいうものの、『善の研究』で提唱された意志概念には自然界に対するある種の両義性が潜んでいる。その両義性を最も明白にするのは「要求」という言葉である。私の記憶する限りでは、その言葉は後年の著作において重要な役割を果たさないし、この最初の使い方と一致する事例もほとんどないので、見落とすやすい。一見、原文脈の中でも「要求」は意志の説明としてそれほど重要だとは思われない。実際には、見過ごされているものの、意志説の議論に対する興味深い挑戦なのであるが。

「要求」の種々の意味、そして意志の理論的位置を決める上での重要性を示すため（数少ない一般的な使用を除いて）、三つの用法があることを確認しておきたい。なお、できる限り西田自身の言葉を用いることにする。

一、動物的、肉体的な働きの背後にある要求とは異なる、意志、感情、理性へのより微妙幽遠なる人生の要求が潜んでいる。最も価値のある要求は必ずしも最も強力でまた最も大きな快楽を与えるものではないので、単なる生存競争の要求だけでは高尚なる意志や意識の先天的要求を説明できない。

二、真の要求は事実であり、実在の真意を理解する秘鑰《ひやく》であるが、いろいろな形をとる。一層大いなる要求を攀援《はんえん》すべきであり、小なる要求を抑制する必要がある。宇宙における唯一の絶対的価値を持つ要求は、意識の統一への人格の要求である。それは意志と理性の本来の原因であるが、意志はその小なる要求であり、理性はその深遠なる要求である。従ってすべての本能の基に働いている観念的活動から起きる要求を満足させることは人間にとって真の善である。

三、我々の要求の大部分は個人的ではなく社会的であるが、個人において絶対の満足を与えるものは、単なる主体性の要求を中心としない、より広い意味での自己の個性の実現である。この要求は思慮分別以前の状態においてのみ自覚できる。そこでは内面的要求の声が聞かれる。まず真の自己を満足し、そして他人に満足を与えることによって、最大の要求、いわゆる宗教的要求が現れてくる、すなわち意識のあらゆる作用の根本にある宇宙と合一するのである。

要求概念をこのようにまとめると、文章の流れで見落としやすいいくつかの矛盾が浮き彫りになる。いうまでもなく、西田自身にとって論理の矛盾——論理的にせよ、存在論的にせよ——は必ずしも消極的に考えられていたわけではない。いかにも矛盾は場所の論理の動力として、一つの場所を突破し、より包括的な場所へと開くために必然的であり、力動性を解き明かすものでもある。それはともあれ、『善の研究』の立場を踏み出てはじめて調和できる矛盾をここで三つ指摘したいと思う。

第一の矛盾は、意識の統一を最大の要求としながら、宇宙との合意を、単なる意識の統一を超える、いっそう深い要求とする点である。「精神は欲求の体系（一・一三六）」であるとしても、これらの要求の根拠は精神ではないものにある。西田は要求のなかに階層を設定する、ないしは、少なくとも階層の存在を認めているので、この問題を無視することはできない。そこではまた、意識の諸現象が「唯一の実在」と言われているので、意識を統一する力は実在を統一する力と同一でなければならない。しかし要求の多様性とその力とのあいだには齟齬があるため、この同一性に関しては疑問が残る。

第二の矛盾は、一方で他者愛があたかも自己愛を超えるものとされているにもかかわらず、他方で、最高善が真の自己を知りたいという望みにあるとされ、他者愛とは関係がないとされている点である。これらの二つの要求は自己と他者を超越する次元で調和しなければならないが、そのために欠かせない宇宙から与えられる要求と宇宙が目指す目的がつねに自己満足の次元へと引き戻されてしまっている。

そして第三の矛盾は、意志への要求は知性への要求に従属させられ、さらに両要求は意識において統一されねばならないとされている点である。不思議なことに、その統一の一部をなす感情は特に指摘されていない。いずれにせよ、先天的要求のあいだに根本的な矛盾がある、つまり一方で意識の上位と下位の機能を分裂させる要求があり、他方でその分裂を修復する要求がある。そこでの選択肢は二つある。つまり、意識は自己の病気であると同時に自己の薬でもあるのか、それとも意識の中には意識以外の癒しへの要求があるのかという選択肢である。前者だとすると、(純粋経験と呼ばれる)唯一の実在は単純でも統一されたものでもなく、むしろ複雑で分裂されたものだといえる。後者だとすると、意識とその現象は唯一の実在ではなくなるだろう。

『善の研究』において西田は上述した三つの点を直接に取り上げてはいないが、この最初の著作の限界を踏み越えるための刺激となる、いっそう深刻な問題点が、それらの矛盾の背後にある。すなわち、人格的で意識的な意志とより広い現実においてはたらいている意志の力とは、どういう関連があるのかという問題である。人間の心を「神の意識の一部」(二・一四五)とする西田の婉曲的な言及は、表面的には問題とはならなかった。厳密にいえば、神が統一の頂点であるとすれば、「部分」は一切存在しないことになる。じっさい神は神以外の何者かから要請された存在ではないため、西田が神は絶対意志であると言うに際して、本能、動機、欲望、決意を含んだ意志を望んだりあらわにしたりするようなものは何であれ、排除されねばならない。要するに、もしも神が意志する絶対者であれば、『善の研究』で扱われた意志とのあいだには類比が成り立たないのである。

当時の西田の神概念は託宣的とでもいうべき文章で説かれているので、いささか明快さを欠いている。ゆえに過大評価は避けるべきだろう。しかし神は「絶対無限」的であり、また直接経験によって接することができる「力」とみなされるので、宇宙的要求の概念が間接的に示唆されることになる。本能から始まり動機、欲望、決意へという順で主体は「楽園」のような始原的統一状態から分裂した意識の状態へ向かって進む。本来の状態に復帰するため、すべての欲望や単なる「選択の自由」による決意を拒絶しなくてはならないと西田は論じる。論理的に、そこから「絶対自由意志」へと進むならば、人間の精神における意志の作用と異なる宇宙において、おのずから、意識に依存せずに働く「要求」が要請されるであろう。ところが、西田は歴史的世界および自然界を飛び出して神概念を再び導入しようとする。この神はどうみても完全に個性化し、かつ統合された自己のようなものであって、ゆえに自己と神とのあいだの境界はぼやけてしまう。つまり「叡知的世界」はあくまでも「叡知的自己の世界」なのである。その結果、どうすれば普通の人間的経験の世界とのあいだに現実的な関係を構築し、さらにその世界での倫理的責任を果たしうる次元へ戻ることができるのかという問題は、未解決のまま残されることになった。

西田自身は抗議するだろうが、もっとも具体的な実在が精神のあらゆる活動を超える絶対矛盾的同一の状態にあるという思想はきわめて抽象度が高い。さまざまな形態があるなかで一つの形態に限定されているという意味で具体的であること、これこそが実在が具体的であるということである。人間の経験を最も具体的に悩ます矛盾は、周知のごとく、互いに対立し合う純粋、絶対、叡知のあいだでいかに組み合わせるかということではない。むしろ強弱、連続非連続、明暗といった矛盾が乱雑にあらゆる側面から寄ってきて我々の視線を引き付けようと争う事態に見られるのである。この状態を整理しようと努めるなかではじめて我々は具体的な生活を送ったり、混乱に秩序を与えたり、あるいはあらゆる象徴媒体を手中に収め、その状態をそのまま表現したりすることができる。人間の歴史における具体性は、作るものと作られるものとの相互的関係からは説明できず、むしろ叡知的世界の終わりなき再構築と、その再構築に合わせて思索し行為しつづけるなかで秩序を求めることのなかに見出される。この発想に対しては長年にわたりさまざまな角度から批判されたが、結局死ぬ間際の絶筆において、批判者たちを納得させる点では失敗に終わったことを西田自身認めざるを得なかった(「私の論理について」一〇・四三一—四一二)。

叡知的＝歴史的世界の具体性に関して西田の後期思想がみせた展開はひとまずおいて、さらに厳しい批判を顧みなければならない。簡単にいえば、西田にとって最高の宇宙的力としての実在の絶対的要求は、神は意識にはたらく「内面的必然」(一・一三四、一二三)であるとしてしまうほどに、人間的自覚を「最高の善」として絶対化する点へと深く関連付けられていた。「無我」という概念も最後の最後まで人間の主体性と切っても切れない関係にあるとされていた。『善の研究』において西田は人間の精神的機能を擬人的に宇宙に投影することに対してこもごもの思いを抱いていたようであるが、自然界が人間の感情、意志、知性の基盤として何らかの意味で生きているといった発想には共感を示してはいない(一・五一—五二参照)。神の概念を通じて叡知的＝歴史的世界および絶対無の「場所」はこうした宇宙的次元に近づいたのだが、この場所の卓越性は人間の意識に優る意志や要求によってもたらさていたのである。

この意味で、場所の論理がもつ取り柄からして、「時間」の概念が西田の意志説においてより根源的な位置を占めるとみなされるべきであったであろう。要するに、自覚によって一極に結び付けられた時間でもなく、永遠の今によってもう一方の極に拘束された時間でもない、より広い意味の時間概念によって、歴史を人間中心的な傾向から解放すべきなのである。たとえこの地球史だけを思い浮かべるとしても、人間意識へと進化するまでの短い時の経過だけでは自然界全体を下位のものとして包括できる「一般者の一般者」たりえない。四十億年あまり前の地球の誕生から数えて二十五億年後に始まる生命の物語を軽視することは、たんに哲学的な面で非論理的であるだけではなく、同時に無責任でもあるとも考えられるのである。文明の歴史がその生地に負わせた傷を乗り越え、また意識そのものが成り立ちうる最も根本的状況を保持するために必要な人間的知性を得るためにも、自然界をしょせん人間的自覚の端女にすぎないと矮小化することは無益である。より大きい物語からみれば、人間的意識から宗教・絶対無・神の世界へとただちに向かう流れを描き、自然界の絶対媒介へと余地を開くことが求められている。要するに、実在そのものの究極的かつ無限に開かれた場所と叡知的＝歴史的世界の場所とのあいだに、我々の存在全体、我々のすべての営みが必然的にそこに於いてある自然界の場所が設けられなくてはならないのである。

　それでは、場所としての自然界を語るにふさわしい語は何か。それは意識以前の力であって、意識の説明に適当な「自己同一」に統合できないような矛盾を含む「要求」である。つまり、『善の研究』の中核的な主張において、実在と純粋経験との均衡という点では、意志の統一ではなく、むしろこの均衡を維持するものとして「要求」が導入されているのである。定式化すればつぎのようになるだろう。意識があるがゆえに要求があるのではなく、要求があるがゆえに意識があるのである、と。まさしく生命や意識は後者がいう要求から誕生し、前者がいう要求においてたぶん絶滅するのであろう。ここで統合された要求をもとめて目的論的な統一を重視するかしないかは、意識次元でどのように特定化するかにかかわっている限り、二次的である。叡智的＝歴史的世界を自然環境の根源、つまり無の宗教的領域の根拠以前に留まる経験の究極的場所の根源とみなすことは、結局、技術文明および我々が慣れ親しんできたライフスタイルに対して反乱を起こし始めた自然界など征服されても仕方ないのだと頭から決め付けることにほかならない。

たとえ上述の立場が「論理と生命」および「私と汝」の両論文の冒頭に主張されている西田の立場とまったく相容れないものだとしても、その理由は単に理論的なものとはいえない。また最も厳密な意味において道徳的なものであるともいえない。むしろ先に述べたように、哲学的思惟がもはや無視できない明白な諸事実にこそ理由があるのである。いうまでもなく、人間の意識や歴史をすっぽりと包み込んで活かす宇宙的要求という概念は、このような諸事実を取り扱う方法として一つの可能性に過ぎない。しかしこの概念は西田の場所の論理を修正する可能性を示唆しているように思われる。そうすれば、地球を苦しめる意識の力によって濫用されてきた自然がそなえている具体的な諸力を考慮する地点へ向けて、西田の哲学を引き戻すことになるだろう。もし、西田が『善の研究』で機知に満たされつつ言い放ったように「希望」は「不統一の状態」(一・三一)であるのだとすれば、高尚なる統一状態を自覚した立場から降りて、まさにその不統一の立場から自然界の病や、それを克服するために我々に課せられた義務を再発見すべきであろう。

顧みれば、「純粋意識」や「意識一般」が宿る「先天的形式」や範疇という視点から客観的世界を再構築しようとした新カント派の試みが行き着いた果ては、人間界の秩序に限られた道徳的省察にすぎなかった。西田の思惟がその哲学的方向から完全に解放されたという証拠は私の目にはいまだ見えてこない。このような方向性は、たしかにそれなくしては自覚も哲学も文明もまったく存在しえない絶え間なく進展する自然界の破壊という文脈に置かれれば、優先すべき概念が後回しにされ、さらには道徳的無関心に連累しているといえよう。また、存在の根源的場所としての自然界を組み込むべく西田が自らの思想を補強しようとしたと仮定しても、それがどういうものになりえたかは想像しがたいであろう。しかしながら、多くの西田哲学の専門家が意図的であるかのように無視してきたこの明白な事実に直面する勇気を西田が持たなかったとは、さらにいっそう想像しがたいのである。

〔注〕

（1）遊佐道子『伝記　西田幾多郎』、燈影舎、一九九八年、二四四頁。

（2）『西谷啓治著作集』、創文社、一九八六―一九九五年、第九巻二四八頁。

（3）『ホワイトヘッド著作集』、松籟社、一九八三―一九八九年、第一四巻一三四頁。

（4）『善の研究』における「宗教的要求」の最後の三文章は託宣的陳述と形式的な立論との相違の一例として挙げられる。四二年後に刊行された西谷啓治著『宗教とは何か』の冒頭論文は、西田を引用しないが、その陳述内容を形式的に分析して論じたものである。

（5）William James, "Does Consciousness Exist?", *The Works of William James* (Cambridge, MA: Harvard University Press, 1976) 4 : 4.

（6）『充足根拠律の四方向に分岐した根について』第六節参照。

第一五章　哲学と神秘の間《はざま》

——海外より見た西田哲学

遊佐道子

現代日本哲学を代表する西田幾多郎の思想が世に出て、百年の年月が経ったということに、深い感慨を覚えるものである。約三十五・六年ほど前に、私が北米の大学院で西田哲学に向かった頃は、「西田幾多郎」の名はおろか、「京都学派」といった言葉も殆んど知られていなかったことを考えると、昨今の欧米の学界が、遅々たるにはせよ、より広く世界に開かれていっているということを痛感する。この動きは、ゆっくりであるが故に、一夕一朝の変化とは異なり、実は、底辺の広い世界的規模での思想界の実質的な変化が着々と進んでいっていること、国籍や一つの文化を超えた「多文化哲学」intercultural philosophy が、確実に根を下ろし始めて久しくなっていることを表している。

カリフォルニア大学で師事したレイモン・パニカー教授は、「文化間相互理解」を哲学的・神学的に基礎付ける仕事を推し進めたが、文化間、宗教間の相互理解が将来の民族間の対立、戦いを回避し、人類の存在をより安全にし、より豊かにするという信念に基づいてのことであった。私はもともとパニカー教授の示唆・激励があったが故に、西田哲学と向き合ったのである。昨年九十一歳で亡くなったパニカーの思想は、私の方法論として生きており、彼の哲学思想が日本の思想界に広く知られるようになれば幸いである。

ところで、一方で欧米で西田哲学の知名度が増すと共に、他方では、西田哲学の解釈が果たして正しくなされているかどうか、といった新しい問題が出てくる。極最近手にした、アメリカ人の学者による本を見ても、必ずしも的を射ているとは言えないさまざまな解釈や前提が少なくない。そこで、以下、まず、西洋で、東洋思想、京都学派の哲学、また西田哲学などに興味を持っている学者の間にありがちな誤解を指摘し、そこから、今日、日本語が読める若い学者の肩にかかっている将来への課題というような点に論旨を展開していこうと思う。次に、『善の研究』を、西田哲学全体との連関において、後期西田の思想発展の要素が既に萌芽的に存在するという視点より、欧米の学生と『善の研究』をテキストとして読む場合の一つの解釈・アプローチの仕方を提示してみたい。

第一節　哲学と神秘の間《はざま》――海外より見た西田哲学の過去・現在・未来

一　過去――西田幾多郎の哲学の出発点、方法論 Methodology に関して

アメリカでは、西田幾多郎は日本人のために、つまり、日本のユニークさを海外にアピールするために、哲学思想を展開したと提唱する研究者が少なくない。これは、「日本人論」的考えが日本の思想そのものを形成する、という前提に基づいているための解釈である。また、西田哲学を禅の修行と短絡的に結び付けて、純粋経験は何か「悟り」のような特殊な経験である、という解釈もある。さらに、西田哲学を開国後の明治の日本が置かれていた東洋的精神と西洋的科学技術との対決という構図の中に位置付ける学者もいる。このような解釈は、それぞれ一理ないわけではないのだが、西田哲学の「核心」を的確に捉えているとは言いにくい。なぜ、西田哲学

が一つの哲学体系として、欧米の人々に理解されにくいのかは、西田の使用した言語が英語圏の学者に分かりやすい欧米言語ではなく、日本語であったということが当然ある。また彼の文体の晦渋さ、そして、英文の翻訳の「読みにくさ」がそういった印象を強めるという付随的要素も加担している。しかし、根本にある難しさは、西田の観点が、これまでの西洋哲学にないものを含んでいるということであろう。私は上記のような西田哲学を一種の特殊な日本思想、あるいは禅哲学に還元して解釈することに「物申し」たく、以下の論旨を展開しようと思う。端的に言えば、私は、西田哲学は、日本特有の哲学とか、禅体験の思想というよりは、日本の文化の特異性をも説明しうる、ある一つの特殊な文化的範疇を超えた、普遍性を持つ哲学的試みと理解するものである。

　確かに、西田自身、哲学的考究をすすめていくうちに、「西洋哲学」の範疇に見出だせない要素が東洋の経験裏にあること、また、それに、「哲学的根拠」を与えてみたいと考えるようになったことは、周知の事実である。かの有名な一説を引用しよう。

> 形相を有とみなし形成を善となす泰西文化の絢爛たる発展には、尚ぶべきもの、学ぶべきものの許多なるは云うまでもないが、幾千年来我等の祖先を孕み来った東洋文化の根底には、形なきものの形を見、声なきものの声を聞くといった様なものが潜んでいるのではなかろうか。我々の心はこの如きものを求めて已まない、私はかかる要求に哲学的根拠を与えて見たいと思うのである（一九二七年、『働くものから見るものへ』「序」三・二五五）。

　しかし、東洋的なものの見方、考え方を、哲学的に明らかにするということは、短絡的に東洋主義者としてものを考える、というようなことではなく、両者は、明確に区別されなければならない。西田の哲学の出発点は、「主客対立にとらわれない生きた」実在を「いかに論旨を組み立てて説明するか」ということにあり、それは、東洋の経験を充分に知りつつ、しかも、西洋の哲学者、思想家の業績を視野に入れた、パニカーが言う世界的

(global) な「対話」の立場というような立場から生れたものであろう。この点をまず、明らかにしたい。

西田自身が、西洋の「哲学」の「methodology」をいかに重視し、それに細心の注意を払っていたかは、彼の友人の藤岡作太郎の著書、『近世絵画史』(明治三六年、一九〇三年出版) に寄せた批評に、既に端的に表れているので、まず、その手紙の内容を見てみよう。当時、「学問的に」自分の研究を整理することを目指していた三十三歳の若き西田は、以下の批評を藤岡に書き送っている。

小生之如きは画史を批評するの資格なき者に候えども　一坐之戯談として盲評を恕せられよ

全体より評すれば貴著は作品其物の評論変遷よりは画家之系統　伝記の方が主となり居らずやと思わる　尚一層画家の作品其物につきて精細なる研究と評論あらんことを望む

小生の白人［素人］考に候が、たとえば、

○画題の分類

○一画題につきて画家が描かんとせし理想の深浅、高下、美学的評論

○一画題につきて画家が如何なる方向より之を写さんとせしや　その意匠の評論

例のラオコンに就いて彫刻家が苦痛のいかなる点を写せしかを研究するが如し

右等一画家の思想につきて種々の点より研究し然る後歴史的に比較変遷を明らかにし　次に作法につきて日本画に主なる運筆其他色彩等各派の特色を詳述し　前の思想に対する適否、成功の程等を尚一層評論せられ度と望み候

勿論大兄には此等の事は充分に御承知あり又貴著の中にも論ぜられたる様なれども　小生は門外の無責任なる空想として此点に於いて充分の御成功を希望いたす事に御座候

大兄には画の趣味は深く解せらるる事と存じ候が　小生の望む所は尚西洋の画論、美学などを御渉猟ありて画

を観察するにつきその主要なる研究点を脳中に学問的に確定せられんことに御座候　従来我国の画論の如きは鑑識家が自己の経験より成れる一種の直覚より論じ　精細なる概念的分析を欠くが故に其評論の如きも空漠にして人を益する事少なし　又、画論に用いる言語も従来のものは神韻縹渺とかいう様なる曖昧の語多く読者をして明確なる理解を得せしむる事能わずと存じ候

日本の画史の如きは一人の研究としてあまりに大なる者かも知れ申さず候　雪舟一人についても真正の研究は容易ならざるべし　されども大兄の著の如きは兎も角も後進の指導となるの功没すべからずと存じ候　画史其物とは間接の関係なれども画は文学と同じく一代の思想を表わすものなれば、其 Zeitgeist や社会の事情と連関する事も多かるべく御存知のリュブ［プ］ケの如きはこの点に於いて頗る議論明晰なるものありし様に覚ゆ

貴著は最も興味ある書に候が、厳粛なる学問的著述としては少しく雑駁なる様の感あり　暴言御《お》許《ゆるし》被下度《くだされたく》候

（一九・六九—七〇）[1]。

この長い手紙を、方法論のみにしぼって見ると、従来の画論は、直覚的で、「神韻縹渺《しんいんひょうびょう》」といった「曖昧な」分かったような分からないような描写の言葉が多いが、「精細な概念的分析」を欠くので、「空漠にして、人を益する事少なし」という西田の批判が目に付く。これは、画論のみならず、他の学問分野一般に広く当てはまる批判であっただろうと推察される。そして、この点は、西田自身が哲学に向かおうと決めた時点で、自己に課した課題であったのだろう。この画論に関する提言は、彼の学問的方法論の批判的姿勢を如実に表しており、実に、「概念的分析」こそが、西田が目指していたもので、西洋の学者の分析方法を彼らの著書を通して学び、自分のものにしようと、努力していたことが覗える。

ここで例に挙げられている「ラオコン」とは、レッシング Gotthold Ephraim Lessing（1729-1781）が *"Laokoon oder über die Grenzen der Malerey und Poesie"*（Berlin, 1766）[2] のなかで取りあげている古代ギリシアの彫像のこと

である。またリュプケとは、Wilhelm Lübke（1826–1893）のことで、彼の“*Grundriss der Kunstgeschichte*”（1860）への言及か、あるいは、当時（一八七一年）ドイツの社会を騒がせた「ドレスデン・ホルベイン論争《ディベイト》」という、ドレスデンとダームシュタットにあった二つの聖母マリアを描いた絵画のどちらが本物で、どちらが複製かを争った出来事で、リュプケや彼の同僚の美学専門家が芸術作品の鑑識家として採用した実践的方法論への言及であろうと思われる(3)。この書簡から、藤岡や西田が西洋の学者の業績に深い関心を持っていたことが明らかである。また、西田が、藤岡の専門分野である美学にも、「哲学者として」並々ならぬ興味をもっていたことが分かる。一九〇三年といえば、『善の研究』の骨子になる「倫理学、実在論」がまだ書かれていない段階であるが、西田の研究者としてグローバルな視野を有つ自覚的方法論的姿勢は、その頃もう既に出来上がっていたことが分かる。

二　現在——流行に左右されない思想、Spiritual Presence in Philosophy について

西田哲学に、ある種の「救い（salvation）」がある故に、西洋でも、東洋でも、百年後の今でも、彼の思想に関心がもたれているというのが、私見である。今回の発表を、「哲学」と「神秘」の「はざま」と題したのも、そのためである。ここで、「神秘」というのは、「何か、隠れた不思議なもの」という意味ではなく、「直接経験」や「行為的直観」という言葉で言い表される私たちの実在の様相のことで、経験の構造の様相そのものを意味する。この実在の構造は、「概念的分析」を可能にしながらも、それを超えた精神的深みを持ち、後に西田はそれを「無」あるいは「絶対無」という言葉で表すようになった。

西田哲学が言うところの「宗教」は、鈴木大拙が言う「霊性」、即ち「spirituality, spiritual awareness」と同じで、この「霊性的自覚」が西田哲学の世界に深く浸透していることが、西田哲学、そして広くは京都学派の哲学

が、東洋西洋を問わず、現代の我々に対して持っている魅力ではなかろうか。「救い」がある哲学思想は、現代の東西思想界を見渡すに、やはり、ユニークな思想体系であると言えよう。(4)

たとえば、『善の研究』第四編「宗教」の第四章「神と世界」で、西田は「悪」について次のように述べている。

悪はにくむべき者である、併し悔い改められたる罪程世に美しきものもない。余は是に於てオスカル・ワイルドの De Profundis の中の一節を想い起さざるをえない。基督は罪人をば人間の完成に最も近き者として愛した。……勿論罪人は悔い改めねばならぬ。併し、これ彼が為した所のものを完成するのである。……ワイルドは罪の人であった、故に能く罪の本質を知ったのである（一・一五五―一五六）。

ここで、悪をなした人が、「悔い改める」という経験が語られている。そして、それは、罪人として自己がなしたことを完成させるのであるとして、オスカー・ワイルドに同情的な理解を示している。

これは一九〇八年頃の西田の「悪」についての理解であるが、実は、この考え方は、表現の仕方こそ違え、また、内容が深みを増したかもしれないが、晩年まで全く変わっていないのである。

ここで、少し話しは横道にそれるが、西田哲学の本質を貫く「絶対無は絶対愛である」という点を明らかにするために、西田の最後の論文「場所的論理と宗教的世界観」で語られている宗教観を参考にして、芥川龍之介のかの有名な「蜘蛛の糸」に描かれた、釈迦の態度とカンダタの話を取り上げて考えてみたい。以下は西田哲学的観点から仮想した「蜘蛛の糸」のヴァリエーションである。

これは己（おれ）のものだ、降りろ、降りろと叫んだ瞬間、蜘蛛の糸がプツリと切れて、地獄に落ちたカンダタはふと考え始める。なぜ地獄にまい戻ったのか。そして、上を見ると銀色に光る蜘蛛の糸がまた垂れ下がっているではないか。（この蜘蛛の糸は、西田哲学でいう絶対愛を象徴している。）蜘蛛の糸を何度もよじ登ってまた落ちてしまううちに、カンダタは気が付かなくてはいけない。己は自己中心的であった、自我的存在であった、と。そう考えるようになると、「他」（の人）を認めることになる。そして、西田が言う「人格」になる一歩手前までカンダタは来る。しかし、それではまだ足りない。地獄にいる他の人たちもやはり自分と同じ様に地獄を出たいと思うのも当然だ、と分かり、同情心が出てくると、初めてカンダタは「人格」になる。もし、カンダタが、自己の罪悪を悔い改めることがあれば、彼自身が他を救済する一糸の「銀色の蜘蛛の糸」にさえなり得る。

ここで、西田は、真の人格を「自己に於いて（絶対の）他を見、（絶対の）他に於いて自己を見る」と定義していることを挙げておこう。(5) また、この人格を定義する主観客観の相即相入関係は、後に「弁証法的限定」として、人格から弁証法的社会的・歴史的世界へと思索が繰り広げられるようになった重要な過渡期を示すものである。(6)

「場所的論理と宗教的世界観」の題に採り上げられた宗教的世界に於ける「場所的論理」は、このような自己転換、自己の成長が可能な、私たちがまさに「生きている現実の世界」の様相を表していると言えよう。『善の研究』の言葉で言えば、「悔い改める」ことが可能である世界の「論理」である。私たちの生きている歴史的世界は、事前に事物が決まっているわけではなく、思いがけなくさまざまな事が起き得る場所である。「蜘蛛の糸」というのは、西田哲学風に言えば、「永遠の今」を表しているのであり、「絶対の愛」であり、「仏の悲願」であって、それが「プツリと切れてしまう」ことは、この世界が存在する限り、私たちが人間として存在する限り、ありえない事柄なのである。

西田は、「生の哲学について」（一九三二年一〇月執筆）で、「我々の人格的統一と考えられるものは神の人格によって基礎付けられて居るものでなければならない。……絶対のアガペ的限定として社会的と考うべき神の人格的限定によって、之に於て無数に社会的なる人格が限定せられるのである。恰も永遠の今の自己限定として無数の時が限定せられると一般である」と述べている（五・三四三―三四四）。そして一九四五年春執筆の「場所的論理と宗教的世界観」では、「絶対の神は自己自身の中に絶対の否定を含む神でなければならない」と述べている（一〇・三二一）。これを「蜘蛛の糸」に当てはめてみると、もし釈迦が仮に「あの罪人は救ってやろう。しかし、これは救わない。なぜなら……」と考え出したとしたら、その釈迦には、自分・我があることになり、「自分」があれば、「この人間は救う、あの人間は救わない」というような恣意的考えが出てきてしまう。しかし、「自分がある」ということは、西田で言う「絶対否定」ではない。本当の救済者の神は、そういう「自己」というものが全くない「絶対の否定」である。「絶対の神は自己自身の中に絶対の否定を含む神でなければならない、極悪にまで下り得る神でなければならない。悪逆無道を救う神にして、真に絶対の神であるのである。……神は逆対応的に極悪の人の心にも潜むのである」と述べ（一〇・三二一）、また、「裁く神」を最高神とする宗教伝統に反して、「仏の悲願の世界から、我々の自己の真の当為が出て来ると考えるものである。絶対愛の世界は、互に鞫く世界ではない。互に相敬愛し、自他一となって創造する世界である」と述べている（一〇・三四六）。そうした世界が本当の人格の世界、弁証法的世界なのである。

西田の場所的論理の世界観と芥川の世界観を比べてみると、その違いが明らかになろう。「論理は冷静なものと考えられるが、その根抵には人間の感情に結びつくものがある」（「"*Coincidentia oppositorum*"と愛」、一九一九年一〇月一三日執筆、一三・八二）と西田が述べているが、芥川がもっていた世界観（理論）では神は「無関心に近い神」として描かれており、他方、西田にとっての世界観（論理）は、絶対愛が「極悪までも救う」という論理であって、それは西田の個人としての感情と深く通い合っているものである。

西田哲学の根底に横たわる「絶対愛」は、鈴木大拙がさまざまな表現で表そうとした「菩薩行」や大乗仏教の精神性と同じ源から栄養を得ているものである。「悲願の仏」の立場、極悪の罪人をも救ってやまない「悲願」が、理想的社会・国家の根本にあるべきである、というのが、最晩年の西田の考えであった。一九四五年五月一一日付けの大拙宛の西田書簡からそれを知ることができる。「君の東洋文化の根底に悲願があるということ、よく考えてみるとそれ非常に面白い。私もそういう立場から考えて行って見たいと思う　その故に西洋の物の考え方がすべて対象論理的であったのだ」(二三・三八五)。この手紙を書いてから、一ヶ月もしないうちに、西田はこの世を去ってしまう。「悲願」という立場から彼の思想をさらに展開することはできなかったのである。

三　未来――これからの課題、Practical Methodology について

西田哲学、また広くは京都学派の哲学が、世界の思想としてより広く理解されるようになるためには、いくつかの課題が控えている。それらを列挙すると、

一、より多くの翻訳、それも、正確な翻訳が必要で、これからの人たちによってなされなければならない。というのは、結局「書かれた言葉」は、そう簡単には亡びず、時間空間を越えて、広く多くの人の手にされうるからである。昔、鳩摩羅什(クマーラジーヴァ Kumārajīva, 344–409)が、後秦で、数百人の(あるいは二千人ともいわれる)アシスタントを与えられ、仏典をサンスクリットから中国語に次から次へと翻訳したという事実があったように、共同翻訳作業が、現代の日本哲学の成果を西洋言語界に知ってもらうのに、効果的ではなかろうか。

二、西田哲学をより海外の人々に理解してもらうには、「概念的分析」、あるいは、「分析的アプローチ」が、ある程度ではあるが、必要であろう。というのも、特に北米では「分析哲学」でなければ「哲学ではない」という考えが今のところ、大勢をなしているからである。しかしここで注意しなければならないのは、西田哲学を「分

析哲学」に還元することは、即ち、西田哲学自体を骨抜きにすることに繋がる故に、避けなければならない、というデリケートな点である。

三、日本人の著名な思想家や学者の方が、もっと積極的に海外の研究所や大学、大学院などを訪れて、自己の、或いは、日本の哲学についての集中講義を毎年つづけることが必要であろう。というのは、それによって、アメリカやヨーロッパの若手の研究者の興味をそそり、彼らの理解を深めることに繋がるからである。禅仏教が世界的に知られるようになった背後には、鈴木大拙が七九歳で、アメリカに再渡航を決断し、著名な大学で数年間にわたって講義した例が挙げられよう。また、ハイデガーや、ハンス・ゲオルグ・ガダマーの思想が、分析哲学ではないにもかかわらず、北米でよりスムーズに受け入れられた理由は、ガダマーが毎年ボストン大学を客員教授として訪れ、哲学科の大学院生を触発することが大であったということを仄聞している。また、私の師事したパニカーも、カリフォルニア大学サンタバーバラ校で、十五年ほど教壇に立ち、ヨーロッパ大陸の精神文化及び哲学の伝統をアメリカの若者に直に伝授したのも、一つの例と言ってよかろう。

四、「応用西田哲学」とでも言える仕事をおし進めることも、西田哲学の面白さや、普遍性を西洋の読者に紹介する一環を担うことになるであろう。西田哲学の物の見方、考え方が、他の学問分野にも応用できるということは、西田哲学が持っている可能性や洞察をより理解しやすくし、彼の著書がより広く読まれることにつながることであろう。目下、私事になるが、松尾芭蕉の俳諧創作論や自然観を西田哲学の行為的直観や、パニカーの「エコソフィー」の考えに連関させて、考察中であるが、中々期待できるものがある。

第一節のまとめとして、西田哲学が持つ百年の息の長さは、それ独自の内容はもとより、確固とした方法論と、論理的骨子があり、広いグローバルな射程範囲を持っていて、深い精神性に立脚していることが大きく関与していると言えよう。「西田哲学は、深く堂々と根をはった大樹である」とは、北米のノートルダム大学のフレッド・ダルマイヤーという著名な思想家の率直な実感である。ダルマイヤー氏は、「西田哲学は、歴史的に、精神的に日本の伝統に深い根を持っている」と見なしている。少しでも、このような大樹が世界的に知られるように、これらの木々が根を下ろしている土壌を破壊せず、むしろ丁寧に栄養を与え続けることが、私たちに課された仕事であり責任であろう。そしてそこから、また新しい木が生え、育っても来るのであろう。

第二節　『善の研究』を海外学生と読む一つの読み方

西田哲学を海外の学生に紹介する上で、『善の研究』が持っている利点を次に示したい。それは、まず、（一）西田自身にとっての、哲学的思考の出発点であったこと、（二）四高の学生を対象にした講義を踏まえたものであるため、他の論文と違い具体的例が豊富に含まれていること、そして、（三）後期西田哲学で展開されたさまざまな要素が既に胚芽的に見られる、といった点が挙げられよう。後期西田哲学を眼中に入れて、『善の研究』を「斬新に読む」試みも面白いのではないかと思う。現に西田自身が、一九三六年の『善の研究』の「版を新にするに当って」で、『善の研究』で展開した彼の思想と後期西田哲学の有機的な繋がりについて、以下のように述べている。

> 今日から見れば、此書の立場は意識の立場であり、心理主義的とも考えられるであろう。然非難せられても致方はない。しかし、此書を書いた時代に於ても、私の考の奥底に潜むものは単にそれだけのものではなかったと思う。
>
> 純粋経験の立場は、「自覚における直観と反省」に至って、フィヒテの事行の立場を介して絶対意志の立場に進

み、さらに「働くものから見るものへ」の後半に於て、ギリシャ哲学を介し、一転して「場所」の考に至った。そこに私は私の考を論理化する端緒を得たと思う。「場所」の考は「弁証法的一般者」として具体化され、「弁証法的一般者」の立場は「行為的直観」の立場として直接化せられた。此書において、直接経験の世界とか純粋経験の世界とか云ったものは、今は歴史的実在の世界と考える様になった。行為的直観の世界、ポイエシスの世界こそ真に純粋経験の世界であるのである（一・三）。

一 『善の研究』に見える後期西田哲学の「要素」

（一）「場所」の考え

「場所」を実在論的な意識の野として考えてみると、例えば、次に引用する「実在」を「場所」という考えでオントロジカルに論理化したものと捉えることが出来る。

真実在は普通に考えられて居る様な冷静なる知識の対象ではない。我々の情意より成り立った者である。即ち単に存在ではなくして意味をもった者である。……我々の見る者聞く者の中に皆我々の個性を含んで居る。同一の意識といっても決して真に同一でない。例えば同一の牛を見るにしても、農夫、動物学者、美術家に由りて各其心象が異なって居らねばならぬ。同一の景色でも自分の心持に由って鮮明に美しく見ゆることもあれば、陰鬱にして悲しく見ゆることもある。仏教などにて自分の心持次第にてこの世界が天堂ともなり地獄ともなるというが如く、つまり我々の世は我々の情意を本として組み立てられたものである。いかに純知識の対象なる客観的世界であるといっても、此の関係を免れることはできぬ（「実在」三章「実在の真景」一・五〇）。

逆に言えば、「場所」は、同じ牛でも、同じ風景でも、見る人によって、あるいは見る人の心持によって、違って見える「意識の野」を示していると解釈することが出来るわけである。

その他に、「意識の根底には時間の外に超越せる不変的或物がある」(「実在」六章「唯一実在」一・六〇)とか、「主観的統一作用は常に無意識であって、統一の対象となる者が意識内容として現れるのである」(「実在」七章「実在の分化発展」一・六五—六六)といった表現の中に、後に「場所」として展開される考えが暗黙のうちに現れていると読むことができる。また、「実在の背後には統一的或者の働き居ることを認めねばならぬ。……一つの物が働くというのは必ず他の物に対して働くのである。而して之には、必ず此の二つの物を結合して互に相働くを得しめる第三者がなくてはならぬ。……凡て物は対立に由って成立するというならば、その根底には必ず統一的或者が潜んで居るのである」(「実在」五章「真実在の根本的方式」一・五五—五六)では、「実在の背後に有る統一的或者」という表現が見られるが、これも後の「場所」に置き換えられよう。

(二) 弁証法の考え

実在の成立には、……其根底に於て、統一というものが必要であると共に、相互の反対寧ろ矛盾ということが必要である。ヘラクレイトスが争は万物の父といった様に、実在は矛盾に由って成立するのである、赤き物は赤からざる色に対し、働く者は之をうける者に対して成立するのである。この矛盾が消滅すると共に実在も消え失せてしまう。元来この矛盾と統一とは同一の事柄を両方面より見たものにすぎない、統一があるから矛盾があり、矛盾があるから統一がある。例えば白と黒との様に凡ての点において共通であって、唯一点に於て異なっている者が互に最も反対となる、之に反し徳と三角という様に明了の反対なき者は又明了なる統一もない。最も有力なる実在は種々の矛盾を最も能く調和統一した者である。……そこで実在の根本的方式は一なると共に多、多なると共に一、平等の中に差別を具し、差別のなかに平等を具するのである。而して此二方面は離すことのできないものであるから、つまり一つの者の自家発展ということができる。独立自全の真実在はいつでもこの方式を具えて居る。然らざる者は皆我々の抽象的概念である（「実在」五章「真実在の根本的方式」一・五六―五七）。

ここには、「弁証法的」思考が、既に明確に見られる。後期西田哲学では、「個物と一般が結びつく、それが弁証法である」（一九三四年一月六日、信濃哲学界講演「行為の世界」一二・二七九）というように簡潔に定義されているが、『善の研究』では、「弁証法的一般者」ではなく、「統一的一者の自家発展」というような表現が使われている。「実在は矛盾に由って成立するのである」といった表現は、「弁証法的世界」の「一と多の矛盾的同一」といった後期西田哲学の表現に通じるものである。

（三）弁証法的世界（歴史的実在の世界）

一と多、自己と世界が織りなす弁証法的世界の構想は、「個人とは意識の中の一小体系にすぎない。我々は普通に肉体生存を核とせる小体系を中心として居るが、若し、更に大なる意識体系を中軸として考えて見れば、此の大なる体系が自己であり、その発展が自己の意志実現である」（「純粋経験」三章「意志」一・三二）といった見方や、「理は何人が考えても同一である様に、我々の意識の根底には普遍的なる者がある。我々は之に由りて互に相理会し相交通することができる。啻に所謂普遍的理性が一般人心の根底に通ずるばかりでなく、或一社会に生れたる人はいかに独創に富むにせよ、皆其特殊なる社会精神の支配を受けざる者はない、各個人の精神は皆此社会精神の一細胞にすぎないのである」（「実在」六章「唯一実在」一・六二）といった考え方に、意識的自己の立場からではなく、世界の立場から自己を見ようとする後期西田哲学の方向が既に示唆されている。

（四）行為的直観、物となって考え、物となって行う、創作の定義

「普通に理といえば、我々の主観的意識上の観念聯合を支配する作用と考えられて居る。しかし、斯の如き作用は理の活動の足跡であって、理其者ではない。理其者は創作的であって、我々は、之になりきり之に即して働くことができるが、之を意識の対象として見ることのできないものである」（「実在」六章「唯一実在」一・六一）や、「元来精神と自然と二種の実在があるのではない、この二者の区別は同一実在の見方の相違より起るのである。直接経験の事実に於ては、主客の対立なく、精神物体の区別なく、物即心、心即物、ただ一箇の現実あるのみである。……唯この［主客の］対立は反省に由って起ってくるのである」（「宗教」三章「神」一・一四四）という表現は、後期西田で言われる行為的直観の立場を彷彿とさせる。

二　西田哲学の「アルファー」であり「オメガ」としての「実在」

次に、如何に西田哲学にとって、「実在」の追求が、いかに一貫したテーマであったかということを示したい。一九〇六年から一九〇七年にかけて草された「実在」（『善の研究』の第二編）で、「天地人生の真相は如何なる者であるか、**真の実在**とは如何なる者なるかを明にせねばならぬ」（「実在」一章「考究の出立点」一・三九、強調は筆者による）というように、彼の哲学的考察において、「実在」が何よりその主眼点であることを明記している。

実に、三十年後、一九三六年四月一八日に執筆した「『理想』編集者への手紙」では、次のように述べている。

私は真の具体的実在の論理というものは如何なるものであるか、**真に直接な具体的実在**の論理的構造は如何なる

ものであるかの問題に苦心しました。そして今も尚苦心しています。弁証法的一般者とか場所とかいう如き考も、それから出たのでございます。普通の対象論理というものでは、唯、客観的、対象的なるものだけが考えられるのであり、我々の主観的世界というものは考えられない。……主観的世界というも、やはり我々に考えられるものであり、歴史的世界に於てはそれが実在的であって、客観的世界と相限定するものでなければならない。具体的実在の論理の一般者は主客の世界を包むものでなければならない。……私は自分の考の発展するにつれて、色々の場合に色々の言表を用いるかも知れませぬが、自分では同一の思想の発展と思います（一一・一七五―一七六　強調は筆者による）。

また、同じく一九三六年一〇月九日に著した『善の研究』の「版を新たにするに当たって」で、有名な回顧の言葉が語られている。

私は何の影響によったかは知らないが、早くから実在は現実そのままのものでなければならない、所謂物質の世界という如きものは此から考えられたものに過ぎないという考を有っていた。まだ高等学校の学生であった頃、金澤の街を歩きながら、夢みる如くかかる考に耽ったことが今も思い出される（一・四）。

亡くなる一年程前の一九四四年四月二八日に脱稿した「デカルト哲学について」では、「私は古来の伝統の如く、哲学は真実在の学と考えるものである。それはオントース・オンの学、オントロギーである。そこに哲学の本質があるのである」（一〇・一一九）と端的に述べている。

このように見てみると、「実在」の問題が、西田の一生を通しての哲学的問題であったこと、また、「純粋経験の世界」が後期西田哲学の「歴史的実在の世界」であるという一九三六年の西田自身の言葉からも（一・三）、『善の研究』で考究しようとした問題が、「歴史的実在」へ、そして最終論文での「平常底」の世界へと深められていったことが分かる。

三　英訳の問題について

最後に、英訳の問題について少し触れてみたい。前に引いた文であるが、

> この書において、直接経験の世界とか純粋経験の世界とか言ったものは、今は**歴史的実在**の世界と考えるようになった。行為的直観の世界、ポイエシスの世界こそ真に純粋経験の世界であるのである（一・三、強調は筆者による）。

の最初の部分であるが、阿部・アイブス訳の *"An Inquiry into the Good"* (1990) では、"That which I called in the present book the world of direct or pure experience I have now come to think of as the world of **historical reality**"[7] となっている。しかし、historical reality をもう一度日本語に翻訳してみると、「歴史的現実」となり、「歴史的実在」とはならないので、実在を reality と翻訳することの妥当性に関する疑問が出てくる。これは、「historical reality」を表す普通に使われている英語が、西田が意味する「歴史的実在」を表していないということである。それでは、「天地人生の真相は如何なる者であるか、真の実在とは如何なる者なるかを明にせねばならぬ」の「真の実在とは如何なる者なるかを明にせねばならぬ」（一・三九）という文は、如何に英訳したらいいのだろうか。I must clarify what it is, that which exists は、一つの訳し方であろう[8]。また、「実在」を一つの決まった英語の言葉で表すのではなく、文脈によって、さまざまな英語の表現を使わなければならないのではないかとも思われる。次に、「実在」と「現実」に相当する英語の語をいくつか挙げてみる。

「実在」"being," "*οντος ον* (*ontos on*)," "that which exists," "the real existence," "the real," "thing, things"（阿部・アイブスでは、一律に "true reality" と訳されている）
「現実」"the actual world," "reality," "the world we live in"（阿部・アイブスでは、一律に "actuality" と訳されている）

「実在」という言葉一つをとってみても、翻訳が如何に難しいかが分かる。結局、西田哲学で言われる「実在」が何であるかを正確に把握することが、適切な翻訳をする上での第一条件となる。これは、とりもなおさず、西田哲学に従事する私たち一人一人が、注意深く彼の論文を読み、彼の言わんとするところを的確に掴むことが必要であるということを示している。「勉旃《べんせん》、勉旃」(9)。

〔注〕

(1) 一九〇三年七月一三日付け藤岡作太郎宛書簡。この書簡には続いて、「承り候えば、今夏は御帰郷なき由、失望いたし候。小生は多分明後日頃出立可致、山本兄には面談うることと楽しみ居り候。今夏も願くは、仏前に向かって一年の罪悪を慚愧せんと存じ候。小生のひき込み思案は怠惰となり閑思想のくりかえしとなり、時に倦怠の感に堪えず候。何卒、時々御鞭策を願上候。」とあり、西田が大徳寺の広州禅師のもとで、来る八月三日に、公案を透過する前の消息がうかがえる。

(2) 最新の英訳、E. A. McCormick, *Laokoön: An Essay on the Limits of Painting and Poetry*, (Baltimore & London: The Johns Hopkins University Press, 1984) を参照した。

(3) この論争と結果については、Udo Kultermann, *The History of Art History* (Abaris Books, 1993), pp.141–148 に詳しく述べられてる。彼らの鑑定を通して、ダームシュタットの聖母マリアが画家ホルベインによるもので、ドレスデンのはその複製であることが判明した。

（4）つい最近二〇一〇年十二月にあったナポリでの学会で、現在のイタリア学会で名を知られているマッシモ・カチャリという哲学者が、プロティノスの「一者」の哲学には「救い」がない、と叫ばざるを得なかったのが、聴衆として臨場していた私の脳裏に鮮明に記録された出来事であった。

（5）一つの分かりやすい具体的な説明は、信濃哲学界のために一九三二年九月三日より行われた「実在の根底としての人格概念」に出ている（一二・二三六）。

（6）『無の自覚的限定』「序」（一九三二年一〇月、五・八—九）参照。後期の西田哲学では、「絶対の他」が「世界」と同じであると明記されている。

（7）M. Abe and C. Ives, trans., *An Inquiry into the Good*, (New Haven, London：Yale University Press, 1990), p. xxxiii.

（8）阿部・アイブス訳は、"[T]his calls for the clarification of the nature of the universe, human life, and true reality." (ibid. p.38)

（9）「興禅大燈国師遺誡」の結語、「修行中」の我々を励ます言葉。

第一六章　西田における一性への志向

――『善の研究』の宗教哲学的意義

氣多雅子

はじめに

『善の研究』が刊行されてからの百年は、日本における哲学の百年でもある。この百年の間で、哲学は日本のアカデミズムの内にそれなりの仕方で根を下ろしてきたといえよう。しかしその一方で、百年を経た現在、諸学との関係において、また社会との関係において、哲学そのものの存在意義が揺らいでいるような思想状況がある。その思想状況は世界的なものであるが、哲学が日本の思想的土壌に十分深く根を下ろすに至っていなかったという基盤の脆弱さが、その揺らぎを特に大きくしているようにも見える。『善の研究』がこれまでどのような意味をもってきたか、またこれからどのような意味をもつようになるか、という問題は、このような日本および世界の哲学の状況のなかで問われなければならないであろう。そしてその際に我々は、『善の研究』の哲学思想としての意義から考察を始めるのがよいであろう。

『善の研究』が明治末から大正時代にかけて多くの一般読者を得て西田哲学の社会的影響力の基礎をつくったということ、『善の研究』が日本的ないし東洋的な哲学の書であるということが前面に打ち出されて評価されてきたこと、これらは『善の研究』という書物の幸福であるが、同時に、『善の研究』をその内容から切り離された一つの虚像として独り歩きさせるという不幸を背中合わせにもたらすことになった。私はこれらの角度からなされる『善の研究』の意味追究の重要性を否定するものではないが、そのような角度からの意味は、『善の研究』の哲学思想としての意味を軸として、それとの関係のなかで明らかになるものだと考える。

『善の研究』の哲学思想としての意味は、「純粋経験」という考え方のもつ哲学的意義に集約されるであろう。この考え方がどういう方向性をもち、どういう可能性を秘めているかということの考察を通して、その意義の一端を明らかにしてみたいというのが本発表の趣旨である。

一　唯一実在、純粋経験の統一

『善の研究』の主題はきわめて単純明快であり、それは西田が初版の序で言うように、純粋経験を唯一の実在としてすべてを説明するということに尽きる。したがって純粋経験は「余の思想の根柢である」と見なされ、純粋経験とは何かということがこの書の第一編において明らかにされている。そして、唯一の実在としての純粋経験によってすべてを説明するということは、第二、第三、第四編でなされている。その限りでは、この書は意図された主題を忠実に展開しているといってよいであろう。しかしこの主題に関してあまりはっきりしない一点があり、それは、純粋経験が「唯一の実在」であるということ（特にそれが唯一であるということ）はどのような仕方で導出されているか、という点である。

純粋経験とはどういうものかということを一応棚上げにして言うと、純粋経験によってすべてを説明するということは、必ずしも純粋経験を唯一の実在とせずとも可能である。一切の事象を説明するということを課題とするなら、純粋経験をいわば公理としてそこから多くの定理を引き出すような仕方で、多様な実在を体系的に叙述するという方法こそ、哲学的な説明としてむしろ期待されるものであろう。もし西田がこのような説明の仕方をとったとしたら、『善の研究』は純粋経験を原理とした形而上学的一元論を展開した書となろう。だが、西田の考え方はそれとは異なっている。

この書における西田の考究は「今若し真の実在を理解し、天地人生の真面目を知ろうと思うたならば、疑いうるだけ疑って、凡ての人工的仮定を去り、疑うにももはや疑い様のない、直接の知識を本として出立せねばならぬ」(一・四〇)という仕方で出発し、「さらば疑うにも疑い様のない知識とは何であるか。そは唯我々の直覚的経験の事実即ち意識現象に就いての知識あるのみである」(一・四一)という仕方でその出立点を確保する。そして「少しの仮定も置かない直接の知識に基づいて見れば、実在とは唯我々の意識現象即ち直接経験の事実あるのみである」(一・四三)という仕方で唯一の実在を導き出すという形をとっている。

この考究が順序だった推論に基づいていると考えるのは難しい。そもそも疑い得るだけ疑うということが真の実在の理解をめざして遂行されており、しかも疑うにも疑いようのないものが最初から「直接の知識」と呼ばれている。疑おうとして疑いようのない直接の知識と、直覚的経験の事実(意識現象についての知識)と、唯一の実在(真の実在)というこの三つは、一つの直覚として与えられてあると解するよりほかないであろう。つまり、この三つの引用文はひとつの直覚の分節化である(1)。

このことが意味するのは、唯一の実在であることが純粋経験という事柄そのものと切り離せないということである。では、唯一の実在であるということは、純粋経験のどのようなあり方と結びついているのであろうか。

純粋経験とは「経験の最醇なるもの」を指し、その「最醇」ということの具体的な意味は経験について直接で純粋であるということである。経験について直接で純粋ということは次のように説明されている。

純粋経験の直接にして純粋なる所以は、単一であって、分析ができぬとか、瞬間的であるとかいうことにあるのではない。反って具体的経験の厳密なる統一にあるのである。意識は決して心理学者の所謂単一なる精神的要素の結合より成ったものではなく、元来一の体系を成したものである。初生児の意識の如きは明暗の別すら、さだかならざる混沌たる統一であろう。此の中より多様なる種々の意識状態が分化発展し来るのである。併しいかに精細に分化しても、何処までもその根本的なる体系の形を失うことはない。我々に直接なる具体的意識はいつでも此形に於て現われるものである（一・一一―一二）。

純粋経験という概念を理解する上でのキーワードとなるのが「統一」であることは明らかである。しかしその統一の概念の曖昧さこそ、高橋里美以来、多くの識者が指摘するところであり、純粋経験の理解を困難にする当のものである。経験の統一は厳密である場合だけでなく、統一が混沌としている場合や統一が緩んだ場合などさまざまなレベルで語られる。それらのレベルの違いを西田は「程度の差」という言い方で表現している。西田は一方で、厳密なる統一をもつものを純粋経験と呼んでいると同時に、他方で、さまざまなレベルの統一の全体をひっくるめて純粋経験と呼んでいるのである。しかし、西田の表現に不十分なところがあるにせよ、彼の意図するところは明白であるように思われる。西田においては統一は経験（意識）の状態や様相としてではなく、統一作用が働いているあり方として捉えられている。統一ということは徹底的に動態であり、しかもその動態は重層的であると解することができる。

この統一の在りように関して注意を要するのは、西田のいう「意識」がそもそも一つの体系をなしたものだということである。体系をなしているということは、統一が分化発展と一つに結びついた動態であるということを意味する。「自己の意識状態を直下に経験した時、未だ主もなく客もない、知識と其対象とが全く合一して居る」(一・九)というような表現も、このような動態から理解することができる。つまり主客未分や主客合一は、それぞれこのような動態の一様態であると考えられる。そして、分化発展と結びついている限り、統一の動態は分化による多様なヴァリエーションを展開することになる。西田は純粋経験の一性が単一というあり方ではないことを強調しているが、統一の一性は多様性を前提し多様性と相関関係にある。言い換えれば、一切がこの一の変容の内に納め込まれるのであり、だからこそ、純粋経験は唯一の実在なのである。

二　哲学と宗教の一致

純粋経験を唯一の実在とし、純粋経験の統一のヴァリエーションによってすべてを説明するという仕方は、「真理は元来一である」という西田の考え方とも符合する。西田は知識においての真理は直ちに実践上の真理であると主張し、そのような一なる真理の探求を自らの課題とする。純粋経験という考え方はこの課題に応えるものなのである。「すべてを説明してみたい」というときの「すべて」は、知識的事象も実践的事象もすべてということを意味する。知識的課題は哲学に集約され、実践的課題は宗教に終結すると見なされる故に、『善の研究』以降も一貫して西田の哲学的思索は、哲学と宗教とが一致するところの真理をめざしていると言ってよいであろう。

そのことは『善の研究』の執筆以前に、西田が一〇年もの間、禅に専心しなければならなかった理由を説明している。彼が禅の修行に集中していた頃の日記(明治三四年二月六日)には「哲学も功名などの卑心を離れて自己安心を本とし、静に研究し、自己の思想を統一し、自家の安心と一致せしむべし」(一七・五七)とあり、山本良吉宛の書簡(明治三二年一二月二〇日)には「君が所謂思想の統一に達するには如何なる方法に由りたまうお考にや　余は禅法を最捷径ならんと思うなり」(一九・五四)とあるように、西田が哲学においても「自家の安心」をめざしており、「思想の統一」と「自家の安心」とが一致する地点を求めていたことは明らかである。ここで、西田において安心の要求が先行したか、思想の統一の追求が先行したかは、問題にならない。問題となるのは、自家の安心と一致するような思想の統一はどのような哲学を形成するかということ、また、思想の統一と一致するような自家の安心とはどのようなものかということである。

この一致に関して思い起こされるのは、西田が「宗教の立場と哲学の立場を混ずる」ことに対する田辺元の批判である。この批判は田辺だけのものではない。西田哲学を世界に紹介した先達の一人であるヤン・ヴァン・ブラフト神父は、「この思想家は宗教と哲学の領域の適切な境目を守っていない」というのが西田の文章を読んだときの西洋人の自然な印象だと述べている。[2]この批判は西田の思想世界に対する根本的な批判であり、多くの哲学者たちがその故に西田を却下し、多くの神学者たちがその故に西田の立場を不純で不徹底だと考える所以のものである。それに対して、哲学の立場と宗教の立場が切り離せないのは仏教や儒教などの東洋の思想伝統の特徴であるとして、そこから、東洋の思想的系譜の中に西田哲学を位置づける見解が出されるのは、ある程度自然な成り行きであろう。

哲学の立場と宗教の立場との峻別が現代の哲学の潮流においていよいよ顕著となり、哲学の中から宗教的なものを一切排除する哲学的立場がますます優勢になっていることを鑑みると、この論点は西田哲学理解の重要な鍵になると思われる。東洋と西洋という枠組みに対する根本的な反省と批判が行われるようになっている今日、思想的系譜そのものの意味も新しい地平で問い直されなければならない。しかしこの議論を左右するのは、何よりも哲学という概念、宗教という概念の問題である。この二つの概念規定の根本的な検討が必要となるような議論に、ここで踏み込むことはできない。私はここではもっぱら、思想の統一と自家の安心とが一致するような思想の一性とはどのようなものであるか、ということに注目したいと思う。

自家の安心に至るということは、人間が家に住みものを食べ子を養い人と交わるなかで否応なく生じてしまう心の散乱や動揺を克服して、平和と安定を獲得することを意味する。それは心が一であることの達成である。西田は、思想を統一する一が心の分裂や散乱を取りまとめる一でもあることを求めた。通常、思想において一であろうとすることは、現実の多様で流動的な在りようを概念によって整理して理論によって抽象化することによって達成されると考えられている（これを理論と実践というような枠組みで考えると、直ちに我々の思惟は一定方向に型付けられる）。そのような思想の一性は不可避的に心の統一を疎外する。西田が思想の統一において追究した事柄に迫るためには、思想の内容の問題として考えるよりも、思想の統一性の問題として考察する方が適切であるように思われる。

このような意味での思想の統一の追究に関して、これが「真理」という問題に対して有する意義について付言しておきたい。所謂ポスト・モダンの思想において、伝統的な真理の観念は完膚なきまでに破壊された。この思想に与しないまでも、「真理」という考え方の根本的否定はニーチェにまで遡り、二十世紀を通じて一方的に真理観念の価値切り下げが進行しつつ、現在に至っている。ニーチェは「真理」というものを、人間の作り出した壮大な虚構と見なしており、その虚構性に関して、科学的真理、形而上学的真理、宗教的真理の区別はない。現代世界の知的営為において、真理と虚偽という枠組みそのものが大きな意味をもたなくなっていると言ってよいであろう。

そのなかで、科学的知識のみは技術的有効性によっていっそう鞏固に、人々の日常生活と観念世界を具体的な形で規定している。もっとも科学的知識は絶えず修正される運命にあり、それが知として有効な期間はどんどん短縮される傾向にある。科学的知識は特定の期間だけ通用する情報という性格をますます強めており、そういう仕方で、真理という意味合いを限りなくすり減らしてしまっている。

他方、近代科学の興隆に圧倒されるなかで、宗教的真理とは科学的真理とは別の種類の真理であると主張することで、宗教の立場を守ろうとする動きが出てきた。あるいはむしろ宗教が真理であることを放棄し、真理とは別のものであることによって現代世界における宗教の在り場所が確保されると考える動きも出てきた。宗教的意識はハイモダニティの世界において驚くほど多様であるから一概には言えないが、現代文明のもとでの宗教は過去のいかなる時代におけるよりも軽いものとなっている。宗教的な言説は文学や美学の地平において許容されるとしても、真理を語る言葉としては常に保留されざるを得ない。

以上のように真理への懐疑が蔓延するなかで、「真理は元来一である」という西田の主張はあまりに素朴であるとも言える。しかし、真理を分析し吟味し限定してゆく哲学の歴史は、真理を破壊する歴史にほかならない。知識上の真理と実践上の真理、科学的真理と哲学的真理と宗教的真理などというように制限され分割されたものは、もはや元来の真理の名に値しない。「真理は元来一である」という主張は、真理の解体に至るような思索の道程は真理の追究の仕方を根本的に誤っていたのではないかという告発を含んでいる。真理は、一であるものとして追究するのでなければ、その時点で見失われてしまう。このような一性の主張は、真理というものの根幹に関わる批判として、むしろニーチェの真理否定と通じる次元に及んでいる。

「真理は元来一である」と言われるときの真理は、我々がそのように言い、そのように一を捉えようとする我々自身の生存という基盤と結びついている。この主張に面して我々が問い直さなければならないのは、我々はそもそも何故に真理を追求してきたか、真理を追求せざるを得なかったか、という問いである。真理の成立の基盤がどのように破壊されようと、この意味での真理は破壊されるわけではなく、ただ隠れるだけである。「元来一である」といわれる一性は、この意味での真理の質を指し示していると言ってよいであろう。先に私は、思想の統一と自家の安心とが一致するような思想の一性とはどのようなものか、という問いを提示したが、この思想の一性はここで言われる真理の一性を受け止めたものであり、さらに純粋経験という概念で掴もうとした統一の一性もまたこの真理の一性に呼応したものである。

三　一であるあり方

では、純粋経験の統一はどのような仕方で一なのであろうか。先の引用からこの一が「単一」ではないことが知られ、また「合一」や「未分」は統一という動態の一様態であると解された。合一や未分という仕方では、純粋経験の統一の在りようが理解しきれないことは明らかである。

しかし、これらとは違う一性のあり方が『善の研究』で論究されることはない。新しい一のありが提示されるのは、『働くものから見るものへ』の「場所」の論文においてである。

この論文の或る箇所で西田は次のように言う。

アリストテレスは感覚とは封蝋の如く、質料なき形相を受取るものであると云ったが質料なき形相を受取るものは形相を有たないものでなければならぬ。斯く受取るとか、映すとかいうことが何等かの意味に於て働きを意味するならば、それは働くものなくして働き、映すものなくして映すと云うことでなければならぬ。映れるものを形相とするならば、それは全く形相なき純なる質料と考うべきであろう。之に反し、映された形相を特殊なるものとして質料と考うるならば、それは形相の形相として純なる形相とも考え得るであろう。かかる場合、我々は直に映すものと映されるものと一と考えるのであるが、その一とは如何なるものを意味するのであろうか。その一とは両者の背後にあって両者を結合するということではない、両者が共に内在的であって、而も同一の場所に於て重り合うということでなければならぬ。恰も種々なる音が一つの聴覚的意識の野に於て結合し、各々の音が自己自身を維持しつつも、その上に一種の音調が成立すると同様である。(三・四五一—四五二)

ここで西田が用いているアリストテレスの形相と質料という概念は、いまの我々の議論では保留される。問題は映すものと映されるものが一であると言われる一の意味であり、我々は引用文の前半から、その映す映されるという関係が何らかの映すものに起因しないということを確認すれば十分である。映すものと映されるものはその背後にある何ものかによって結合されるわけではない。両者が一であるということは、両者が内在的であって、しかも両者が同一の場所に於て重なり合う関係として示される。両者が内在的であるということは、映すものなくして映すというあり方と相俟って、映すもの映されるものという関係が「自覚」の関係であることを示している。「場所」の論文で語られる一はもっぱら自覚において成立する一である。単に二つのものが同一の場所においていて重なり合うというだけでは一にはならない。一になるというのは、その重なり合いが同一の場所においていわばかちりと音を立てて嵌り合うというようなことが起こるのでなければならない。そういうことが起こり得るのは、その場所が「自覚」だからである。

西田は映すものと映されるものとの一性だけでなく、一般と特殊との一性についても同様の表現で語っている。一般と特殊とは相対的な関係であるので、「思惟の野に於て重り合うというのは、一般なるものを場所として、その上に特殊なるものが重り合うことである」(三・四五二)というように語られることもあり、「直接には一般と特殊とは無限に重り合って居る、斯く重り合う場所が意識である」（三・四六五）というように語られることもある。あるいはまた判断の極限としての自己同一についても、「自己同一とは主語面と述語面とが単に一となることではない、何処までも両面が重り合って居るのである」（三・四七二）と述べられる。これらの表記で、重なり合う両者が内在的であるということが語られないのは、自覚の事柄であることがもはや前提となっているからであろう。そう考えると、自覚の事柄であるということは「場所」という言葉のなかに組み込まれていると解することができる。そう解すると、同一の場所に於て重なり合うというのは、未分や合一や一致や融合というような一性とも違い、何ものかによって結合されるという仕方での一性とも違う、或る固有の一性を表わすきわめて適確な表現であることがわかる。

この一性はまず第一に、相異なるものが相異なるままで一であるという点で際立っている。重なり合う当のものの内容を一に向けて変容するのではなく、いわば単なる重なり合いがカチリと一となる地点を発見することによって、この一性は成立する。重なり合うものの内容を変容しないということは、その内容を分析して共通する要素を取り出すという仕方をとらないということをも含んでいる。ここで考えられているのは、部分的な一致点ではなく、まるごと重なり合って一となるということである。

第二に、この重なり合いはさまざまな形で重層的であることが可能であり、この一性は無限進行を内包するという特徴をもっている。映すものと映されるものとの重なり合いと、一般と特殊との重なり合いとでは、その重複の仕方が異なっている。前者だけに関しても決して一様ではなかろう。たとえば「両明鏡の間にある物影が無限に其影を映して行く」（二・一四）というイメージで語られる場合には、映すものが映されるものとなり映されるものが映すものとなるという交互変換のなかで物影の映し出しが無限に推進されていく。そして「英国に居て完全なる英国の地図を写す」（二・一六）という譬喩で表わされるものはその一つの変形と考えられる。つまりこの場合には、新たな地図が次々に映されるべき単線的な無限進行となる。また後者の一般と特殊との関係では、特殊Aに対して一般Bであるものが、より高位の一般Cに対しては特殊Bとなるということが起こる。そこから、一般と特殊との重なり合いの場合にはいわば入れ子状の無限進行が考えられる。そしてこの入れ子状の無限進行は枝分かれしたり、別の入れ子状の重なり合いに包まれたりして、さまざまな形の重層性を作ってゆくと考えられる。さらに、判断における主語面と述語面との重なり合いは、判断が次々と新たな判断を引き起こしてゆく判断固有の無限進行へと連絡している。いずれの形においても、同一の場所での重なり合いという一は無限の進行に向けて開かれた一なのである。

四　意識の場所における重なり合い

先の引用の最後に、重なり合いの関係を示す譬喩のように持ち出されているのが、一つの聴覚的意識の野において種々の音が結合しているあり方である。各々の音が自己自身を維持しながら、その上に一種の音調が成立しているというあり方は、重なり合いの一性についてさらに具体的なイメージを与える。この引用箇所の後で西田はこれを譬喩に終らせずに、感覚知覚の野と同じ様に「思惟の野」というものを考えようとする。感覚知覚の野にしろ思惟の野にしろ、意識の場所に於ては、物理的な空間の場所とは違う関係の仕方があることに着目するのである。つまり、一つの空間に於ては同時に二つの物が存在することはできないが、意識の場所に於ては個々のものが無限に重なり合うことが可能である。

物理的空間と違って、意識の場所は限りなく深くなり得る。ただし、そこでの無限の重なり合いは常に無限の深まりとなるわけではない。無限の重なり合いは、意識の意識、意識の意識の意識、意識の意識の意識の意識…

…という具合に果てしない空虚な重複に陥ることがあり得る。この場合西田の譬喩を持ち出すなら、種々の音は膨大な量で重なり合うように見えても、限られた音の空疎な反復に過ぎないため、各々の音は自己自身として自己自身を維持することができず、音の全体が一つの音調をなすには至らないと言ってよいであろう。このような空虚な重複が起こらない意識の在りようが「自覚」である。自覚においては、自覚の自覚というようなことはない。

さて物理的空間と意識の場所とは異質の広がりをもつわけであるが、空間において物が見えるというそのことは意識の場所の事柄である。そこで西田は、物をさまざまな感覚的性質の統一として捉える。空間の或る一点が色をもち、温度をもち、抵抗性をもつとき、その一点は種々なる連続の結合点となっているというのである。そしてその点を界として、或る感覚的性質から他の感覚的性質へと移ることができると言う。西田は、このように空間の一点がさまざまな感覚的性質をもつことを、「そこに種々の空間が重り合って居る」と解するのである（三・三二二）。だが色や温度や抵抗性は、物という仕方で統一され得るだけではない。それらは感覚的性質という類概念でもって括られることもできる。感覚的性質として括られる統一もまた、類概念を場所とする重なり合いと考えることができるであろう。物という統一が客観的統一であるとすると、類概念による統一は主観的統一と見なされ得る。

物と類概念とは相異なるものの統一の二つの形である。統一されるものの相異（たとえば赤と緑、色と音）の程度が高まり、相反（たとえば白と黒、単体と化合物）にまで至っても、この二つの形の中に収めることができる。しかし、相異が矛盾（たとえば色と色でないもの、生と死）にまで極まると、その二つの形では不可能であり、もう一段階進んだ統一の形を必要とする。「色と色でないものを結合するものは、色でもなく、色でないものでもないものでなければならぬ」（三・四〇一）。相矛盾する両者を結合し統一するものは相矛盾する両者を否定するものであると、西田は考える。（なお、西田の言う相異するもの、相反するもの、矛盾するものは、論理学の一般的な教科書にある離接概念、反対概念、矛盾概念と同じではない。重要なのは矛盾であるが、論理学の矛盾概念は「同じ類に属しながら、その中間に第三者を容れる余地がなく、互に他の否定になる概念」を意味する。(3) この「同じ類に属しながら」という規定は、アリストテレスの矛盾律「同じものが同時に、そしてまた同じ事情のもとで、同じものに属し且つ属しないということは不可能である」（出隆訳）の傍点の条件規定に由来する。この通常の矛盾概念は西田の場合には相反するものに含まれる。西田の「矛盾するもの」は同じ類に属さないものである。）

相矛盾するものの統一を把握するには、或るものがそれと矛盾するものに移り行くその推移がどのようにしたら可能かということを理解しなければならない。先ほど、或る感覚的性質から他の感覚的性質に移り行くとき、その推移の点が両性質の結合点になるということを述べたが、この推移の点が〝同一の場所に於て重なり合う〟というときの同一の場所であると解される。(4) 或るものがそれと矛盾するものに移り行く場合には、或るものがそれと異なるものに移り行くときの推移の点の外に出なければならない。同一の場所が、有と有との重なり合いではなく、有と無との重なり合いを可能にするものでなければならないと言ってもよいであろう。相異なるものの統一から相矛盾するものの統一へと極まることは、重なり合いが起こる場所がもうひとつ新たな次元において拓かれることだと解することができる。

以上の説明によって、〝同一の場所に於いて重なり合う〟とはどういうことか、およその輪郭を示し得たのではないかと思う。

五　分化発展について

〝同一の場所に於ける重なり合い〟は、「場所」の考えにおいて明示されるに至った、一であることのあり方である。(5) このような一のあり方が『善の研究』の段階で掴まれていたとは言えないが、漠然とした未分節な仕方でそれは西田の中にあったと考えてよいであろう。そのように考えないと、純粋経験という概念の多層性は理解できないからである。西谷啓治が指摘するような純粋経験の入れ子状の叙述は、一性の重なり合いの無限の広がりを予感させるものと言えよう。また、純粋経験は唯一の実在であると言われるとき、純粋経験はそこに於て相矛盾するものの重なり合いが成り立つ場所であるということが萌芽的に含意されていたと解され得る。

このように考えたときに付言しておかなければならないのは、最初の『善の研究』からの引用が示すように純粋経験の統一は「分化発展」という反面をもつが、〝同一の場所に於ける重なり合い〟という一性では「分化発展」はどうなるのかという問題である。『善の研究』では統一についての論究に比して、分化発展の面についてはごく簡単にしか論じられていないが、それ以上に『働くものから見るものへ』では分化発展についての言及は少ない。その使われ方の典型的な例を挙げておく。

「ある」という繋辞は、特殊なるものが一般なるものの中に包摂せられることを意味する。一般なるものの方から云えば、包摂することは自己自身を分化発展することである。判断とは一般なるものが自己自身を特殊化する過程と考えることができる。無論、特殊化の過程というも、直に時間に現れる出来事を意味するのではない、単に一般と特殊との関係を示すのみである（三・四三一）。

「分化発展」はここでは一般と特殊の関係について用いられる語であり、特殊化という語で言い直されている。

『善の研究』では統一と分化発展がセットとなっていたが、論文「場所」では包摂と分化発展がセットとなっている。特殊なものが一般なるものに包摂されるということを逆の側から述べると、一般なるものが特殊なるものに分化発展するということになる。西田は判断を包摂関係として理解しており、分化発展という言い方にせよ、特殊化という言い方にせよ、それによって指し示されているのは基本的には判断の論理的関係である。

先に私は、『善の研究』は純粋経験を原理とした形而上学的一元論ではないと述べた。しかし、純粋経験という考え方には未成熟な要素や曖昧な叙述があり、その中には形而上学的一元論に発展するような方向性も確かに含まれていると言ってよい。統一と表裏の関係にある分化発展は、その方向性を色濃くもった概念であるように思われる。それに対して、包摂と表裏の関係にある分化発展という概念では、その方向性は稀薄になっている。このことから、『善の研究』における純粋経験の一性が〝同一の場所に於ける重なり合い〟という一性に収斂しきれないものを含んでいると見なし得るかもしれない。

純粋経験の分化発展ということはなかなか理解の難しいところがある。少し長いが、そのことがよく表れている箇所を引用しよう。

元来、意識の統一というのは意識成立の要件であって、その根本的要求である。統一なき意識は無も同然である、意識は内容の対立に由りて成立することができ、その内容が多様なればなる程一方に於て大なる統一を要するのである。この統一の極まる所が我々の所謂客観的実在というもので、此統一は主客の合一に至ってその頂点に達するのである。客観的実在というのも主観的意識を離れて別に存在するのではない、意識統一の結果、疑わんと欲して疑う能わず、求めんと欲してこれ以上に求むるの途なきものをいうのである。而してかくの如き意識統一の頂点即ち主客合一の状態というのは啻に意識の根本的要求であるのみならず又実に意識本来の状態である。コンヂャックがいった様に、我々が始めて光を見た時にはこれを見るというよりも寧ろ我は光其者である。

凡て最初の感覚は小児に取りては直に宇宙其者でなければならぬ。この境涯に於ては未だ主客の分離なく、物我一体、唯、一事実あるのみである。我と物と一なるが故に更に真理の求むべき者なく、欲望の満すべき者もない、人は神と共にあり、エデンの花園とはかくの如き者をいうのであろう。然るに意識の分化発展するに従い主客相対立し、物我相背き、人生是に於て要求あり、苦悩あり、人は神より離れ、楽園は長えにアダムの子孫より鎖されるようになるのである。併し意識はいかに分化発展するにしても到底主客合一の統一より離れることはできぬ、我々は知識に於て意志に於て始終この統一を求めて居るのである。意識の分化発展は統一の他面であってやはり意識成立の要件である。意識の分化発展するのは反って一層大なる統一を求めるのである（一・一三六―一三七）。

意識（この場合純粋経験と同じものを指している）の統一と分化発展はセットになっているが、そのどういう意味でセットなのかということは必ずしも一様ではない。引用の最初の部分で、意識の統一が意識成立の要件であるということが明記されているが、同時に「意識は内容の対立に由りて成立することができ」ると言われている。意識の内容の対立ということは意識の分化によって生ずるから、ここでは構造的な意味での意識成立の要件として統一と分化がセットになっている。しかしこの引用の終りの部分を見ると、統一が分化発展し、それがいっそう大きな統一を求めるということが、時間的過程であるかのように描かれている。その時間的経過は、個人における発達成長のようにも見えるし、「アダム」の理解の仕方によっては人類史的な発展のようにも見える。だとすると、統一と分化発展は時間的な過程としての意識成立の要件だということになる。ただし、小児が初めて光を見る経験やアダムと楽園以後の人間ということを譬喩的ないし象徴的に理解すべきであるなら、統一と分化発展のこの意味は後退する。いずれにしてもこの曖昧さ、この多義性は、『善の研究』の大きな問題である。この問題について私はまだ判断できる段階にないが、西田の考えている主筋はあくまで『働くものから見るものへ』での分化発展の意味に繋がるものであると思う。

六　一であることへの要求

『善の研究』での統一と分化発展に関して、もうひとつの大きな問題がある。それは、意識統一が主客合一に至って頂点に達するとされ、その主客合一が「疑わんと欲して疑う能わず、求めんと欲してこれ以上に求むるの途なきもの」というふうに表現されている点である。この頂点はまた、物我一体の境涯として「更に真理の求むべき者なく、欲望の満すべき者もない」というふうに表現される。このような表現で思い起こされるのは、前掲のヤン・ヴァン・ブラフト神父の批判である。彼は、京都学派の哲学は完全な一のみを真理と見なし、それを自明の前提としていると述べて、その態度を批判している(6)。神父によれば、哲学の立場と宗教の立場との混同と並んで、二元的なものを不完全で真理ではないと見なす態度は、一般に西欧の哲学者・神学者にとって受け入れ難いものだそうである。神父が完全な一への志向を批判するのは、完全な一性は緊張や対立の入り込む余地がなく、動性をまったく失わせてしまう、と考えるからである。

西田は一方で純粋経験の統一を徹底して動態と捉えながら、他方で確かに、その統一が極まる頂点をすべての要求や欲望の停止した静止状態であるかのように語っている。しかしブラフト神父に賛同する前に、この記述が宗教的要求について語る文脈に位置することに注意する必要があろう。「宗教的要求」は必ずしも整合的に論じられてはいないが、純粋経験という捉え方から直ちに導き出される重要な概念である。

かくして宗教的要求は人心の最深最大なる要求である。我々は種々の肉体的要求や又精神的要求をもって居る。併しそは皆自己の一部の要求にすぎない。独り宗教は自己其者の解決である。我々は知識に於て又意志に於て意識の統一を求め主客の合一を求める、併しこは尚半面の統一にすぎない、宗教は此等の統一の背後に於ける最深の統一を求めるのである、知意未分以前の統一を求めるのである。我々の凡ての要求は宗教的要求より分化したものであって、又その発展の結果之に帰着するといってよい（一・一三七―一三八）。

宗教的要求と他のさまざまな要求とはいわばレベルの違いがある。さまざまな要求は、それぞれの仕方で統一を求め統一を達成する。しかしその統一は完全な統一ではなく、部分的統一にすぎない。それ故、それらの背後に、それらをさらに統一する最深の統一が求められる。宗教的要求とはこの最深の統一を求める要求である。右の引用はいちおうこのように理解できる。しかしもうひとつ踏み込むなら、統一は要求の目的でもなく要求の結果でもないと解することができるように思われる。最後の文章は、宗教的要求からすべての要求が分化し、その発展の結果、すべての要求は宗教的要求に帰着するというふうに理解することができ、それは要求そのものが分化発展と統一をなすことを意味している。さらに、ここでいう要求とは畢竟一であることを求める要求であり、別のことを求めるという形をとる場合でも根柢では統一への要求にほかならない。これらのことを考え合わせると、統一は要求の内にあり、要求それ自体に組み込まれていると見なすことができる。逆に言うと、「要求」は純粋経験の統一の本質的な相であると見なすことができる。

最初に見たように、純粋経験の統一は意識が「いかに精細に分化しても、何処までもその根本的なる体系の形を失うことはない」という意味での統一であり、それ故どこまでも動態であり得る。分化発展は「体系の形」を失わせ動態であることを不可能にするような分裂や解体に至ることはない。決して分裂ではない分化、決して解体に至らない分化発展であって初めて、分化発展は統一の反面であり得るのであり、その場合の分化と統一の関係は統一優位となる。この統一を成り立たせる「体系の形」がどういうものであるかということを、その後の西田は新カント派、カント、アリストテレスなどの思想と格闘するなかで哲学的に掴もうとする。「場所」論文の先の引用で質料なき形相を受け取るという話が出てきたが、つまるところこれもその問題連関の内に位置づけられるであろう。

「要求」という考え方は意識の持つ「体系の形」が意識に方向性をもたせるということを意味する。西田のいう意識は、一であることを志向性としてもつのである。

一への志向の頂点をどのように考えるかという問題は、『自覚における直観と反省』で経験の種々のアプリオリを極限概念によって考えようとした考察と繋がってゆくように思われる（二・一二五以下）。これは多角形がその極限において円に移り行くというように、微積分の極限概念によってアプリオリから別のアプリオリへの移行、結合を明らかにしようとする考察である。そして『働くものから見るものへ』でも数学の極限点が「現在」を考える際の重要な手掛かりとなっている。極限点は他の点から無限にこれに近づくことができるが達することのできない点であり、この書では極限ということは「理想」として捉えられている。「而して真の無の立場というのは、一つの理想に過ぎないから、内部知覚も単なる極限に過ぎないのである」（三・四三八）というような言い方もされる。しかしここで、一への志向の頂点の問題に決着がついたわけではない。さらに、その頂点が「境涯」の問題となるということが大きな困難を引き起こす。この問題についてこれ以上ここで述べることはできないが、完全な一を真理とすることが対立や緊張を排除し動性を消失させるという批判は、その後の西田の思索の展開を見る限り、当たらないと言ってよい。むしろ西田の考える一性は緊張をはらむものである。ただし『善の研究』の考察に不十分な点があるということは言えるであろう。

それに関してもうひとつ付言すると、西田はあくまで統一を求めるのであって、全体存在を求めるわけではない。たとえばハイデッガーは『存在と時間』において、現存在という存在者が実存するものとしてそもそもその全体存在において近づき得るものなり得るか、ということを全体的な現存在の予持に関して問題とした。(7) 西田の一性の追究はときに全体と部分の問題と切り結ぶことはあっても、そして現存在の全体性の追究と接近するところはあるにしても、全体性の追究とは異なる問題地平を掘り進むことになる。西田の一性がはらむ緊張というのは、この固有の問題地平の性格と結びついているように思われる。

おわりに

『善の研究』における一性には、その後の著作におけるよりも、一であることへの志向という契機がいっそう強く打ち出されている。西田の思索の特質はこの処女作に最もよく表れている。そこでの一は、求めることなしに一であることが成り立たないような一である。真理が一であるとして一なる真理を求めることにおいて初めて、一なる真理が成り立つ。つまり、重なり合いが起こるような場所に向けて思索の場を拓いていくことが、一なる真理を見えしめるのである。この意味で西田の思索は、一への要求のもとに開鑿する思索という性格を際立ってもっている。

『善の研究』は西田の一であることを求めて開鑿する思索の最初の成果である。この後、西田の思索は厳しく鍛え上げられ、はるかに成熟した思想世界を紡ぎ出してゆくわけであるが、『善の研究』は、我々もまた我々自身の開鑿する思索をここから始めることができるという点で、西田の他の著作にはない意義をもっている。ここから始まる思索は本質的に宗教哲学的なものである。それは、ここで求められる一性が、生きることの拡散や心の分裂を克服し生きることの充実や心の平和がそこにおいて実現されるような一だからである。この一性への志向は思索に力と方向を与えるものであり、その力と方向性は内容のあるものである。我々はこの一への志向をもって、現代の限りなく拡張し分散し仮想化する時間・空間を、呼吸や疲労感や熱中や退屈さなどで測られる時間、手の届く範囲や歩いてゆける距離などで構成される空間へと取り戻そうとする方向へ思惟することも可能である。あるいはまた、この一性は分化や分裂を反面にもつのではなく、一性の根本的な欠如を照らし出すものだと考えることもできる。『善の研究』は我々がどのような思索を始めるかを問いかけている。

〔注〕

（1）なお、直接経験の事実以外で実在というのは「思惟の要求よりいでたる仮定にすぎない」と言われる。つまり、西田のここの論述では、真の実在と唯一の実在とは同じものを指している。

（2）Jan Van Bragt「田辺と宗教と哲学」、京都宗教哲学会編『宗教哲学研究』第八号、一九九一年、七―八頁。なお、ブラフト神父はその他のいくつかの論文で同様の批判を展開しており、その批判の趣旨は一貫している。

（3）近藤洋逸・好並英司『論理学概論』岩波書店、一九七〇年、一五頁。

（4）時の形式がこの問題に深く関わるのであるが、ここではそれについては省略しなければならない。

（5）〝同一の場所における重なり合い〟という一のあり方は、現代の文化的多元性や宗教的多元性の問題を考える上で有用であるかもしれない。

（6）Jan Van Bragt「田辺と宗教と哲学」九頁。

（7）Martin Heidegger, *Sein und Zeit*, Zwölfte, unveränderte Auflage, Max Niemeyer Verlag Tübingen, 1972, S. 235–236.

特別寄稿

西洋哲学と東洋哲学との対話——哲学の中心はどこにもある／ない

李　光来

一　対話と受容

人間関係は利己的関係である。そのために人間は他者と対決するが、他方で対話もする。対話とは利己心を理性的に言語によって表現するものだとするならば、対決は非理性的力で利己心を現すものと言えるだろう。

文化的・思想的関係が対話の方式であり、政治的・宗教的関係は対決の方法である。これまでの東洋・西洋の関係史を見てみるならば、それは対話の歴史というよりも、主に対決の歴史であった。東洋・西洋の間には、文化や思想の交流よりも政治や宗教の対立と対決（利害関係）の方が多かったからである。その原因はなによりも支配的欲望が他者認識の契機として働いてきたからであろう。東洋・西洋の文化と思想が主体的・自発的に対話したことが少なかった理由も同じである。思想と哲学の出会いや接触、交流や受容がなされる場合も、支配欲の実現過程に伴う付随的現象か、あるいはその結果であった。

人間は利己心や支配欲をまったく排除して、相互理解や互いに認め合うためだけに接触したり対話したりするのは容易ではない。しかし、相互の利己的コミュニケーションが成立し、人間関係が形成されるならば、その相互関係は、利己的意思伝達だけに終わることはない。それは相互の文物の出会いと交流を通じた言説の伝染（contagion）や感染（infection）の契機になったりもする。

東洋・西洋間に形成される文化や思想の関係も同じである。昔から東洋と西洋はそれぞれの利己心と利害関係によって接触し対話することによって、文化や思想の意図的な伝染が頻繁に発生したし、やむを得ない感染も頻繁に発生した。自発的習合（syncretism）や自然的浸潤（permeation）が現れることもあった。さらにその結果、ある文化や思想が伝染病のように流行（epidemic）をもたらす場合も少なくはなかった。またそれは移植や変容（metamorphosis）、遺伝や進化をもたらした。東洋・西洋の文化や思想、そして哲学は実際にそのようにして伝播し、受容されたと言ってよいであろう。

しかしその伝播と受容の方式は一定したものではない。それは時代ごとに、そして多様な伝染と流行の経路により異なったものとなった。例えば補儒論的立場［中国皇帝とキリスト教の神の一体化］を表明したマテオ・リッチの「遺伝子型（genotype）感染方式」を始め、中国儒学に対するライプニッツの「解釈的伝染方式」とヴォルテールと百科全書派らの中国思想についての「流行性伝染方式」、東洋の思想や精神文化に対するヘーゲルの「批判的口出し方式」、インドのベーダに神話的源泉を求めようとしたシェリングの「進化論的受容方式」、ウパニシャッドとインド仏教に対するショーペンハウアーの「地平融合的習合方式」、インド仏教に対するニーチェの「積極的受容方式」、老子思想によるマルティン・ハイデッガーの静かで「緊密な浸潤方式」、それとは異なる老子の無為自然から他者の存在方式を発見したブーバーの「自発的習合方式」、そして中国の思想と神秘主義を通じて未来の普遍主義を展望するシャルダンの「互攝的融合方式」などが挙げられる。

二　Bandwagon Effect（時流にのった社会運動の効果）

考えてみると、思想や哲学の歴史において東洋に向かう西洋の偏った現象は、西洋に向かった東洋のそれよりももっと目立つ。つまり時間が立てば立つほど相手の思想と哲学に対するいわゆるbandwagon effectが強かったのは西洋であって、東洋ではなかった。(1)

では西洋はいつから東洋の思想や哲学に注目し熱狂したのだろうか。よく知られているように、ピタゴラスとプラトンはしばらくインドに滞在し、インドの文化と思想を習った。アリストテレスの弟子アレクサンドロス（Alexandros）も、紀元前三二七年、懐疑主義哲学の創始者ピュロン（Pyrrhon）をはじめ何人かの哲学者を伴ってインドに遠征したが、それは政治的な膨張をめざしただけではなく、東洋の哲学と宗教から知的霊感と洞察力を得ようとしたのである。「西洋と東洋の結婚」が彼らの理想であった。

西洋の精神がそれよりももっと積極的に東洋と出会ったのは、第七次十字軍遠征（一二四八―四九年）があった一三世紀中盤ころであった。イスラムに奪われた失地回復のために、モンゴルの力が必要になり、ローマ教皇の命令により、一二四六年、宣教師のカルピニ（Giovanni of Plano Carpini）を先頭に使節が派遣された。一二五三年には、ルブルキュース（Guillaume Rubruquis）などが中国に行き、中国の文化や思想が西洋に広く知られるようになった。(2)その後一二七四年、一七年間中国の内陸を旅行したベニスの商人マルコ・ポーロ（Marco Polo）が『東方見聞録』を刊行して、羅針盤製造術を始め、中国の文化や思想を伝えることによって、ヨーロッパ人に中国に対するいわゆる「ファウスト的好奇心」を引き起こした。さらに北京に生まれ、一二八七年にヨーロッパに渡ったネストリウス派の司祭バー・ソーマ（Bar Sauma）がローマ教皇庁だけではなく、広くラテン文化圏全体に中国の文化や思想を伝えた。これによりヨーロッパ人の東洋に対する衝撃（Eastern Impact）と原型幻想（Archetype Illusion）はいっそう深まった。この頃からヨーロッパにおける中国熱狂は一種の伝染病になった。

このような bandwagon effect が本格的に現れ始めたのは15世紀末頃からである。コロンブスの夢がまさにその象徴であった。黄金を探して西部開拓に出た bandwagon のように、『東方見聞録』を持って、高級香料と黄金を探して未知の新大陸インドに向かったサンタマリア号が、一四九二年一〇月二日インドではなく、アメリカ大陸に到着した。しかしコロンブスは死ぬまでそこを日本や中国のある海岸であろうと思い込むほど、彼の東方幻想には深いものがあった。

そしていわゆる Columbus Effect が現れるまでに、時間はそれほど必要ではなかった。一四九八年インドのゴア（Goa）に着いたバスコ・ダ・ガマ（Vasco da Gama）によってやがてインド航路が開かれた。その後の一五三二年、カトリックのイエズス会（Societas Jesu）は中国布教を目的にゴア教区を設けた。彼らの中国偏執症（Sinoparanoia）は、一五四九年の宣教師ザビエル（F. Xavier）の日本漂着、一五九八年のマテオ・リッチの北京到着に至るまでに（バスコ・ダ・ガマ以来百年間）さらに深まったのである。

その後カトリック教団だけではなく、ラテン世界全般において東方ラッシュが続いた。文化や思想など諸分野における本当の「コロンブス効果」は、この時期からだと言っても言い過ぎではない。一七世紀以後、イエズス会宣教師たちの報告書だけでなく、旅行者、行政家、学者、求道者たちから東洋の情報が次々に入ってきたからである。イギリスの比較思想史学者クラーク（J.J. Clarke）は、一八世紀以来、東洋の文化や思想が「ヨーロッパの精神を磁石のように引き付けた」と記している。(3) オランダの神学者クレマー（H. Kraemer）もこの現象を指して、それはまさに西洋の文化と思想への「東洋の侵入（Eastern Invasion）」であったと表現している。(4) インド、中国、日本の文化と思想に魅惑された当時のヨーロッパ人たちは、自ら自発的にそれに感染し、そしてそれを楽しんだのである。

例えば一八世紀西洋の庭園様式と一九世紀の手工業品のデザインに影響を与えたとされる日本の庭園様式や美術様式もその一例であるし、江戸時代の浮世絵はモネ、ドガ、ルノワール、ゴッホなど印象派の画家たちに大きな影響を与えた。特に一八八七から八年にかけて「イタリアの婦人」「タンギおじいさんの肖像」「日本風、花さいたスモモの木」「日本風、雨の中の橋」「日本の少女」「椅子に座っている日本少女」などを描いたゴッホは「私はあらゆる日本美術の作品にみられるような純粋で極端な明瞭さがほしい。それは決して単調ではない。日本の画家たちはまるで服のボタンをはめるように、単純で簡単にいくつかの明らかな線で形を作りだす」と告白している。(5)

そのほか、音楽においても一八八七年、長崎港と日本仏教を背景に作られたプッチーニ（G. Puccini）のオペラ Madam Butterfly、そして中国音楽のメロディーと北京の皇宮を背景に作られたオペラ Turandot は「コロンブス効果」がいっそう発揮されたものと言っても過言ではないだろう。

三　ヨーロッパ中心主義

このように、数百年の間に次第に増大した東洋に対する幻想と憧憬、愛情と熱情は、多くの西欧人にとって自己批判のための契機となった。すなわち、他者としての東洋の文化と思想に対する礼賛は、自己を矯正し、整形するための見本や理想として、鏡としての効果をもたらした。しかしまた一方で、その間に急速に発展した西欧の近代科学は、西洋人に「コロンブス効果」を忘れさせた。それだけではない。時間がたつほどに、科学的理性という基準計に依存した彼らの独善的自尊心は、西洋の他者として東洋への一方的な幻想と憧憬を、愛憎並存の両価感情（ambivalence）へと変質させた。結局それは、政治的には東洋に対する西欧の覇権主義と帝国主義を生み、思想的には傲慢になった西洋人たちのナルシシズム的偏執症、すなわちヨーロッパ中心主義と理性中心主義の成立へとつながっていった。

しかし、ヨーロッパ中心主義や理性中心主義は、結局、歪んだ真珠のように、対称的な均衡を喪失した西欧人たちのバロック的思考方式であり、独善的自画像にほかならない。ニーダム（J. Needham）はこのような病的兆候を指して、科学革命と勃興する資本主義が結合した西欧の変身過程において、代りになるパラダイムを狂ったように探索する一種の「文化的不安定性」であり、「魂の統合失調症」（schizophrenia of soul）(6)であると批判した。

実際、思想や哲学における西洋中心主義は、政治における覇権主義と帝国主義を模倣した理念的画一主義であり、哲学的還元主義である。さらには、普遍主義と理性主義の名でカモフラージュされた排他的利己主義でもある。しかし、普遍主義と理性主義は、東洋人よりもいっそう理性的であろうとし、理性的に語ろうとするが、「実際には理性的ではない」西欧人のイデオロギーといっても過言ではない。

思惟の性向における普遍と理性に対する質量的判断——実際にはできそうにもないことだが——は西洋人にのみ与えられた権限でもなければ、能力でもない。しかも、思惟の性向や傾向性についての価値判断の基準と根拠も、ただ西洋思想の中にのみ用意されているということはあり得ない。メルロ＝ポンティも、西洋思想が東洋思想に対する基準計としての普遍性を所有していたという事実は、今まで証明されたことがないと述べている。西洋人の思惟性向は、東洋人よりも合理的であり理性的であるというよりは、合理と理性を前面に出すことを好むのである。また彼らは、東洋人よりそれをつとめて強調したがる。しかも、彼らがそれを一般的な自己診断の道具としてよりも、もっぱら他者としての東洋に対する判断基準と道具として使用する場合には、なおさらそうである。

しかし、西洋人が主張する「西欧的理性の優位」はおおむね、東洋思想に対する偏見に依存する自己偏向的(heuristic)先入見の結果であるのが常であった。過去の西洋人がみせた東洋の神秘主義に対する幻想と魅惑は、その「不在と欠乏に対する憧憬」の発露だったのかもしれない。しかし突きつめてみれば、思想におけるこのような「コロンブス効果」は、理性的自己診断の結果というよりは、むしろ、持続する「理性強迫症からの逃避」でもある。また、効果の反作用がすなわち副作用であるように、「コロンブス効果」も、その副作用として西洋的理性の優位に対する不確実な信念をもたらしたのである。しかしながら、それもまた立証できない一つの先入観に過ぎない。せいぜい、それは西洋思想からは補充することのできない源泉的不在と欠乏に対する「強迫症からの自己治療手段」に過ぎないであろう。

また自己中心的な思考方式は、それがいかに合理的で理性的だとしても、一種の「理性錯覚」(reason illusion)に過ぎないであろう。もともと集中化(centralism)や中心主義(centrism)は、権力意志による偏執症の産物であると考えられる。西洋の中心主義には強制された周辺としての東洋が前提されている理由も同様である。偏執症の兆候を深く有するようになった西洋中心主義にとって、今や東洋の思想と哲学は、もはやファウスト的好奇心の対象でもなければ、西洋の思想と哲学を検証するための鏡や見本でもない。「北京に行け！　不朽の全能者、孔子を凝視せよ！　彼は真実で完全な天のイメージである」[7]という啓蒙主義哲学者ピエール・ポワーヴル(P. Poivre)の叫びに耳を塞いで久しい。東洋はすでに植民地に対する強制的な搾取と没収が可能な対象と看做されるようになっていたからである。バイブルを提げて東洋にやってきた西洋が、今や銃と剣とで接近してきたのである。

その時から東洋は、ジェームズ・ヒルトン(J. Hilton)が憧れた「失われた地平線」(lost horizon)でもなければ、シャングリラ(Shangri-la)でもなくなった。むしろ東洋人たちは、西洋人の正反対の他者として認識され、西洋の補完物としか考えられなくなった。はなはだしい場合には「非理性的な東洋人は、西洋人の優越性を浮かび上がらせる劣等な素質の保有者」とまで貶められた。西洋人が東洋に対する支配と強制を正当化しようとする理由もそこにある。

しかし東洋は、そのようなやり方で西洋に迫り、至ろうとはしなかった。比較思想史学者クラークも「東洋は西洋を征服しようとしたり、学ぼうとしたり、能動的に追究したりはしなかった。東洋は西洋の政治的イデオロギーと哲学に魅惑され、接近はしたけれども、そのような近代化過程は、東洋の文化的根底から自発的に開花したのではない。西洋人たちは、それが西洋の侵入と強制によるものであったことを記憶しておかねばならない(8)」と述べている。

実際、西洋の侵入と強要以後今日まで百年余りの間、西洋哲学と出会い、対話してきた数多くの東洋哲学者たちは、西洋哲学に対して熱狂もしなかったが、否定的に貶めもしなかった。東洋の思想と哲学から神秘的な霊感と知的洞察力を得たり、ひいては自発的に感染したり、浸潤、習合、統合しようとしてきた西洋哲学者たちとは異なり、東洋の哲学者たちは相互のテクスト的遭遇と解釈を通して、東洋哲学の問題意識とそれに対する自分なりの方法的省察を、より一層明らかにしようとしてきた。たとえば、東西文化と思想の対決と融合の実験をした西田幾多郎の哲学がそうであったし、儒仏道三家のテクストを通して終始一貫カントの批判哲学と対決してきた牟宗三《ぼうそうさん》の哲学がそうであった。

西田の哲学は、東西対決の哲学というよりは、融合の哲学である。彼が追求する東西哲学の交渉と対話の仕方は、対決よりは融合である。彼にとっては対決も融合のためのものであった。『善の研究』から『哲学論文集』に至るまで、彼が掘り下げようとしたさまざまなテーマに関わって、広くは西洋思想と東洋思想との、狭くは禅仏教の精神と西洋哲学との比較や批判が展開されたとしても、それもまた融合の道程にほかならなかった。しかもそれは、諸材料（テクスト）の物質的混合ではなく、創造のための精神的融合をめざすものであった。たとえば、主観と客観の未分化な意識状態であり、厳密な統一を保った具体的意識としての「純粋経験」、無規定的実在が自己自身を規定することで自覚的な自己限定が生まれるとする「場所的論理」、具体的な実在を自己矛盾という明白な事実に基づいて考えようとする「矛盾的自己同一性の論理」などがそれである。

一方、牟宗三の哲学は、カントをはじめ、ヘーゲル、ハイデガーにいたるドイツ哲学との批判的対決を通した中国哲学、特に儒学の現代的解釈で一貫している。彼によれば「カントが神秘主義に対して下した批評は決して妥当なものではない。……カントは人間の実践としてもっとも適切なものは理想主義であると考えた。中国哲学によれば、すなわち陽明学を基準とすれば、良知教の四有句(9)は理性主義の範囲上にあり、王龍渓が説いた四無句(10)はまさに神秘主義に入る。しかし、この神秘主義は、理性主義から直接推進されたものである。ここで理性主義と神秘主義とは二つに分けることのできないものであり、互いに相通じあっている。しかしカントの学説に照らしてみれば、理性主義は上昇することができず、囚われたものとなる。……そのため理性主義は実理を制限するものとなる(11)」

さらに、カントは知の直覚論をうち立てることができなかったと考えた牟宗三は、中国の儒仏道三家の綜合を通して、基礎存在論としての知の直覚論を展開することを晩年の課題とした。すなわち儒家の本心仁体の誠明・明覚・良知や、道家の虚寂円照すなわち玄智、そして仏家の「観照がまさに空であり、仮であり、中である実相の般若知」などをもとにそれを展開することを試みた。

四　無中心時代の哲学

一九六〇年、フランスのガリマール（Gallimard）出版社が「世界の哲学者たち」を出版するにあたってメルロ＝ポンティに依頼した序文のタイトルは「どこにでもあり、どこにもない」であった。彼はそこで「哲学の中心はどこにでもあるが、その周辺はどこにもない」と述べ、東洋哲学をはじめとする哲学的地域性に対する自らの立場を表明した。つまり彼は、西洋哲学も原理的には西洋という一つの地域で展開された地方的思想の一つに過ぎないと考えたのである。

それに対して、今日においても多くの西洋人たちが東洋思想よりも西洋哲学が普遍性を持っていると考えるのは、西洋こそが他の文化と思想を評価する義務と権威を付与する普遍的真理という概念を発明したと信じているからである。また多くの人々は、そのことによって西洋哲学が、特殊性や地方性から脱し、他の文化と思想を測定する基準計としての普遍性を保持しているとも信じている。

しかし、メルロ＝ポンティの考えは異なる。むしろ彼は、西洋哲学が東洋哲学の基準計としての普遍性を持ったということを、西洋は客観的に証明することができなかったと考える。そうするためには、自らの唯一絶対性を事実に依拠して立証しなければならないが、それは実際にはなされていないからである。彼は「哲学者というものは須らく、恥じらいなく自らの思考の絶対的根源性を誇示したり、世界的所有権や概念の厳密性を詐称したりしてはならない」[12]と主張する。

結論として、彼は、危機に直面した西洋の知性は、その克服の端緒を東洋思想に求めるべきであると忠告する。彼によれば「東洋の文明は西洋のように哲学的、経済的装備を持ってはいないが、少なくとも一種の教育的価値を持っている。かえってわれわれは、非常に遠く離れている多様な人間性から「実存の諸領域」を再び発見する。……東洋と西洋の関係は、決して無知／知、非哲学／哲学の関係ではない。それはもっと微妙な関係である。東洋の立場からいえば、そこには一切の予見（anticipations）、すなわち早熟（prématurations）があるかも知れない」のである。(13)

こうしたメルロ＝ポンティの忠告と同様に、エドワード・バート（E. Burtt）も、「われわれが持つ病弊の原因は、西洋の経験主義と論理学の特徴である表現方法に執着している点にあるのではないか」と反問する。また彼は、その反問とともに偏見・偏狭主義・独断主義を打破する必要性を強調し、その代案として包括性（inclusiveness）と不偏性（impartiality）とを提示した。それは妥協と和解を通した「創造的綜合」のために、誰が先に、何を断念し、譲歩すべきなのかについての勧めである。

実際、世界の哲学は、東洋と西洋とが互いに決して同一ではないという事実を認めることだけでも豊かになることができる。東洋と西洋の哲学とが、互いを映す反射鏡（speculum）の役目をするだけでも、盲目と偏見を防ぐことができる。しかし、独断の世紀を超えて哲学にゆだねられた課題は、差異を認めることとか、尊重するとかいった消極的な和解ではない。真の和解のために必要なものは、差別性を認め、強調することではなく、それらの積極的な綜合と調和である。しかも、今日のように多元化した世界に迫ってくる思想と哲学の新しい波《ニュー・ウェーブ》は、西洋の理性と東洋の直観が和合する「創造的綜合」の波でなければならない。(14)

しかし、すでにデジタル・テクノロジーによって「距離の消滅」（disappearance of distance）が実現されようとしている未来の現実では、西洋の理性的優位を強調するための空間的二分法も無意味化するであろう。未来の生活世界は東洋と西洋との空間的区分ではなく、アナログ世界とデジタル世界という二分法に置き換えられるのかも知れない。そのために、未来の哲学者たちは東洋と西洋を問わず、今日の哲学者が、アナログ生活構造から強制的にデジタル生活構造へと追い立てられることでこうむっているような「デジタル移民者」（digital immigrants）としての過渡期的混沌を、そしてその克服の課題（対決・和解・綜合）を経験することはもはやなくなるであろう。遠からず到来する「デジタル原住民」（digital natives）ばかりの世界においては、哲学者も中心と境界の差別、構造の差異を感じない、無中心・無境界・無構造の時代を迎えることであろう。

（李　基原訳）

〔注〕

（1）ある事柄が流行しているという情報によって、いっそう多くの人がそれに引きつけられるという偏った現象を指す。アメリカの西部開拓時代に、Bandwagonを先頭にして、駅馬車が金鉱を探しているといううわさを聞いた多くの人々がそこに集ってきたことに由来する。

（2）インノケンティウス四世の命令によって、一二四五年四月彼の親書を持って、リヨンを出発したジョバンニはポーランド→キエフ→ドニエプル川→ボルガ→カスピ海→ウィグル→天山北路を経て、一二四六年七月やがてカラコラム近辺のSyra Ordaに到着した。彼が旅行したルートがもとで中国の英語名称、Cathayが生まれた。インドに来たポルトガル商人によって「秦」がChinaに表記されたのと違って、Cathayは、一二世紀中国北部を支配していた「契丹族」を指すロシア語「Kitay」、または「Khatay」に由来する。

（3）J.J. Clarke, *Oriental Enlightenment : The Encounter Between Asian and Western Thought*, Routledge, 1997, p.16.

（4）Hendrik Kraemer, *World Cultures and World Religions : the Coming Dialogue*, Lutterworth, 1960, p.228.

（5）Ingo F. Walther, *Van Gogh*, Taschen, 2005（劉致貞訳『フィンセント・ファン・ゴッホ』、マロニエbook、二〇〇五、二五頁）。

（6）J. Needham, *The Grand Tradition : Science and Society East and West*, George Allen & Unwin, 1969, pp.117–122.

（7）R. Dawson, *The Chinese Cameleon : An Analysis of European Conception of Chinese Civilization*, Oxford University Press,

1967, p.55 より再引用。

（8）J.J. Clarke, 앞의 책。一七頁。

（9）王陽明『傳習錄』巻三および『年譜』、〃無善無惡心之体、有善有惡意之動、知善知惡是良知、爲善去惡是格物。〃

（10）『王龍溪語錄』巻一、天泉證道。〃心体既是無善無惡、意亦是無善無惡、知亦是無善無惡、物亦是無善無惡。〃

（11）牟宗三『中国哲学特講』。学生書局、鄭仁在・鄭炳碩訳、螢雪出版社、一九八五年、四八八頁。

（12）M. Merleau-Ponty, *Signes*, Gallimard, 1960, p.174.

（13）M. Merleau-Ponty, *Signes*, p.175.

（14）李光来『한국의 서양사상 수용사』、열린책들、二〇〇三年、四二二―四二三頁。

まとめと展望

藤田正勝

本書は、一九一一年（明治四四年）一月に出版された西田幾多郎の『善の研究』が刊行後百年を迎えるにあたり、それがこの百年の歴史のなかで果たした役割、およびその現代的意義について考えたいという意図から編まれたものである。この書の刊行百年を記念して、昨年末に京都大学文学研究科で国際シンポジウムが開催されたが、その折りの基調講演、個別セッション、シンポジウムでの発表を論文の形にまとめていただいたものを収録した。あわせて、この百年のあいだに『善の研究』がどのように読まれ、どのように受けとめられたかを示す文章を集め、アンソロジーの形でまとめたものを収録した。『善の研究』がどのような形で読書人に刺激を与えつづけたのかが、そこから見てとれるように思う。また、この書物をめぐるエピソードや思想的背景について記したコラムを収録した。『善の研究』に親しんでいただくよすがにしていただければと思っている。

以下でまず、この国際シンポジウムで何が問題にされたのかを、ごく簡単に振り返っておきたい。

第一部「『善の研究』はどういう書物か」の主題は、『善の研究』がどのような意味をもつ著作であったのか、あるいはあるのかである。井上克人は「『善の研究』という書物——著者・西田幾多郎の位相」のなかで、それは「真実在が自己顕現している現場！」であると答える。しかしその顕現したものは、絶えずわれわれの反省の営みから遁れ去ってゆく。『善の研究』という書物は真実在の顕現の場であると同時に、それが覆蔵される現場でもある。『善の研究』においてその真実在は主客未分の「純粋経験」として捉えられた。しかしそれは「純粋経験」として語られるとともに、超越的に覆蔵される。そのような意味で『善の研究』は、語られるとともに隠される真実在をまさにそのようなものとして顕わならしめる高度に目覚めた意識化の営みの現場であるとみなすことができる。井上の論考は、このような観点から『善の研究』の性格づけを行っている。

『善の研究』の思想軸、つまり『善の研究』がいかなる書物であるかを規定していると考えられるものは、言うまでもなく「純粋経験」の概念である。それは事実そのままの現在意識であり、「何等の意味もない」と言われる。しかし逆にそれは、「単に存在ではなくして意味をもった者である」とも言われる。われわれは『善の研究』のなかに、しばしば矛盾をはらんだ表現を見いだすが、この経験と意味との関係もその一つである。この点を高橋里美から指摘された西田は、「事実即意味」ということを強調した。日高明が「純粋経験と意味」において試みたのは、まさにこの「事実即意味」という西田の主張の意味を明らかにすることであった。

認識の起源を知覚や思惟に求めることもできるが、西田はそれらの根底に根源的な直観があると考えた。そのようなあらゆる知の源泉となるものを求めようとした点で、西田の「純粋経験」論は、一種の「基礎づけ主義」であるというのが、張政遠が「経験をめぐって――西田幾多郎の「基礎づけ主義」」のなかで主張しようとしたことである。あらゆる知の根底に絶対に確実なものを求めようとした点で、西田はデカルトと、そしてデカルトを高く評価したフッサールと接点をもつ。『善の研究』における西田の立場が、フッサールの言う「新デカルト主義」としての性格をもつことを張はここで論じている。

主体と客体とがいまだ分かれることのない「純粋経験」は、「私」という存在、言いかえれば「個人」が析出してくる以前の経験であり、そのことを西田は、「個人あって経験あるのではなく、経験あって個人あるのである」と言い表した。同時に、そのことによって独我論から脱出することができたと主張している。城阪真治は「『善の研究』における独我論の論駁」において、まず「純粋経験」の特徴が、その直接性、そして統一性にあることを論じたあと、それを踏まえて、西田の「純粋経験」論が実際に独我論という嫌疑を否定しえたのかどうかを検証する試みを行っている。

第二部では、自由、悪、神の問題のついての西田の思索を取りあげた。「序章」でも述べたように、『善の研究』は当初、『純粋経験と実在』という題で出版されるはずであった。それが途中で『善の研究』に変更されたのである。その変更を西田は、「人生の問題が中心であり、終結であると考えた故である」と根拠づけている。確かに、善や悪、あるいは自由の問題は『善の研究』の中心問題の一つであるし、「序」のなかで、宗教の問題は「哲学の終結」と位置づけられている。これらの問題について西田がどのように考えたか、またその思索はそれ以後どのように展開されたのかをここでは中心に論じた。

『善の研究』以後、西田の思索は大きな展開を遂げたが、しかし、この展開を導くような力を持った思想の原型がすでにそのなかに現れている。それが『善の研究』がもつ大きな特徴の一つであり、その魅力であると言うことができる。しかし他面、『善の研究』における西田の思索と、その後期思想とのあいだには、大きな相違もまた存在する。守津隆の「『善の研究』と後期西田哲学――自由と悪の問題をめぐって」は、「自由と悪」の問題を中心軸として、その相違を明らかにしようとした試みである。

太田裕信の「『善の研究』における人格と悪の問題」もまた、『善の研究』から晩年に至る西田の倫理思想を、とくに「悪」および「他者」の問題との関わりにおいて考察したものである。太田は守津とは逆に、そこに一貫して流れているものに注目する。それによれば、自己存在の根底にある「内面的要求の声」、後の表現では「絶対者の呼声」に聴従することに倫理の根本原理を求めようとする態度が、西田のなかに変わることなく見いだされる。

中嶋優太の「西田「倫理学草案第一」における意志の自由とキャラクター――ヴント、グリーン、ヘフディングの文脈において」は、それに対して、西田の『善の研究』における倫理学説の成立の過程に注目するものである。『善の研究』の第三編「善」は、第四高等学校時代の講義草稿「倫理学草案」に基づくが、その時期に西田がどのような思想的文脈のなかに身を置いていたか、またどのような課題を抱えていたかを考察している。それによれば、西田は一方で、個別科学としての心理学を基礎として倫理学や哲学を論じようとするとともに、他方で、道徳的理想の確立を目指す理想主義的な立場に立ち、この二つの計画を同時に満足させようとしたと考えられる。

西田にとって、『善の研究』という表題そのものが示すように、倫理の問題はきわめて重要な問題であった。しかし、その倫理思想の特徴は、「倫理的当為は何処までも我々の宗教的性質に基礎附けられて居る」という言葉が示すように、宗教の問題と密接に結びついていた。アンドレーア・レオナルディの「西田の神秘主義と神の概念の変化——晩年の西田宗教哲学への批判」は、その宗教思想に注目したものである。レオナルディもまた、『善の研究』における宗教理解と、晩年のそれとを対比的に論じている。両者の理解にはもちろん共通するものも多く見いだされるが、しかし、とくに神秘主義についての理解は、逆になっている。『善の研究』では神秘家の経験が高く評価されるのに対して、晩年には、宗教は霊性的事実に基づくが、それは神秘的なものではないと言われる。その変化を跡づけた上でレオナルディは、『善の研究』の宗教概念の方がより寛容的で、より普遍的な意義をもつことを主張している。

第三部「西田哲学との対話」は、『善の研究』やそれ以後の著作で展開された西田の思想が、他の思想家によってどのように受容、批判され、どのように発展させられたのか、あるいは、直接的な影響関係がない他の思想家、たとえば中国の現代思想家、とくに新儒家と呼ばれる人々の思想とのあいだで、どのような対話が成り立ちうるのか、そこからわれわれは何を引き出すことができるのか、そうした問題を主題として論じたものである。

西田幾多郎の影響を最初に、そしてもっとも強く受けたのは、京都大学の哲学講座を西田から引き継いだ田辺元であった。田辺は西田の哲学から決定的な影響を受けただけでなく、そのもっとも激しい批判者にもなった。その両者の関わりを、とくに〈身体と種〉という観点から考察したのが、竹花洋佑の「「歴史的世界」の論理の媒介性——西田・田辺哲学における「種」の問題」である。「身体」は後期の西田哲学のなかで重要な位置を占める概念であるが、西田が「歴史的身体」という概念を用いはじめるのは、田辺が「種の論理」の立場から西田に対する批判を公にして以後であり、西田は、それを田辺の批判に応える拠りどころとしたと考えられる。その意味で〈身体と種〉という問題系は、西田と田辺の思索が交わる点でもあり、またその差異性が明らかになる場面でもある。この論文では、そういう観点から両者の思想が考察されている。

廖欽彬の「京都学派の宗教哲学の一考察——西田哲学と田辺哲学の「逆対応」をめぐって」は、それに対して、両者の宗教論に光を当てたものである。田辺はいまも述べたように、「種の論理」の立場から西田哲学に対する厳しい批判を行ったが、しかし晩年、自ら宗教の問題に深い関心を寄せ、西田の宗教論に接近していった。とくに未完の遺稿「哲学と詩と宗教——ハイデッガー・リルケ・ヘルダーリン」のなかで、西田が絶対者と相対者との関係を言い表した「逆対応」の概念を援用し、それを自らの絶対無の弁証法のなかに組み入れていった。廖はこの論文において、両者の影響関係、相違を明らかにするだけでなく、両者の思想に共通する意義が、全体主義や個人中心主義、虚無主義などを克服しうる思想的資源をもつ点にあることを主張している。

田辺が西田哲学に対して厳しい批判を展開し、それを原動力として自らの思想を構築していったのに対して、西田の思想をもっともよく受け継いだのは西谷啓治であったと言ってよいであろう。満原健の「西谷啓治における経験と覚」は、西谷が西田の「純粋経験」論から受け継いだものが何であったのかを論じたものである。西谷の思索の根本的な関心は、科学と宗教を媒介しうる哲学の探求という点にあったが、それを可能にするものを西谷は、西田の「純粋経験」論のなかに見いだしたと考えられる。具体的に言えば、直接的な経験、直接的な知が究極的な宗教意識に、つまり「覚」に通じているという思想を、西谷は西田から受け継いだと考えられる。

西田の哲学と他の哲学とを比較する試みはこれまでもさまざまな形でなされてきたが、それを新儒家の哲学と比較することも、一つの大きな課題であると考える。両者はともに、西洋の「近代」に直面し、それを受容すると同時に、自らの伝統について再考するという課題を担った人たちであった。そしてそのなかから独自の思想を生み出していった人たちであった。林永強の「善と道徳——西田幾多郎と新儒家」は、そういう関心から両者の倫理思想を比較した論考である。両者の思想はもちろん同じではないが、しかし両者の理解を突きあわせることは、哲学を新たな立場から再定義する上で大きな意味をもつと林は考えている。

朝倉友海の「西田哲学と牟宗三《ぼうそうさん》の仏教的存在論」も、東アジアにおける現代哲学、とくに新儒家の思想を取りあげ、西田の哲学とのあいだに、新たな哲学的対話を生み出していくという試みを行ったものである。朝倉が新儒家のなかでも、とくに牟宗三をその対話の相手として選んだのは、西田とのあいだに、西洋哲学、とくにカント哲学という共通の対話基盤が存在したからでもあるし、二人が、思想の論理化への強い意志を共有する存在であったからでもある。もちろん両者の思考の方向性は同じではない。牟宗三は道徳性によって形而上学を基礎づけようという意図を強くもっていた。その点にとどまれば、両者の思考は必ずしも重ならない。しかし牟は晩年、それとはまったく異なった発想に基づいて、「仏教的存在論」を構想した。朝倉は、この「仏教的存在論」と西田の哲学とのあいだに大きな共鳴の可能性が存在すること、そこに創造的な対話が成立しうることをこの論文で主張している。

李光来の特別寄稿「西洋哲学と東洋哲学との対話――哲学の中心はどこにもある／ない」は、シンポジウムの折りに、そのしめくくりとしてなされた特別講演の記録である。李がまず行ったのは、東洋と西洋の関係史が基本的に対話の歴史であるよりも、むしろ対決の歴史であったこと、文化や思想の領域においても、エキゾチズムに基づく幻惑や憧憬に支配されたり、あるいは、普遍主義の立場から他者を一方的に批判するということがなされ、偏見を免れた相互理解が必ずしも実現されなかったという事実を振り返ることであった。その上で、東洋と西洋とが互いに決して同一ではないという事実を認める必要性について述べるとともに、それだけでなく、本当の意味で相互理解がなされるためには、積極的な綜合と調和が必要であることを強調した。序章で触れた李光来の著書『韓国の西洋思想受容史』（御茶の水書房）の表現を使えば、異なったもののハーモニー、つまり「哲学的オーケストラ」の実現こそ、いま求められているものであるというのが、李が主張しようとしたことである。さまざまな困難な課題に直面する現代において、哲学が目ざすべき方向を明確に示唆する論文であると言うことができる。

さて第四部は、「『善の研究』はどのような意味をもったか、どのような意味をもつか」というテーマで行われたシンポジウムの記録である。

ハイジックの報告「『善の研究』と西田哲学における失われた場所」は、不必要な礼賛をいっさい省き、『善の研究』がそれ自体としてどういう書物であったのかを正面から論じたものであった。そこで意図されていたのは、『善の研究』を完成した書物としてではなく、むしろ欠陥をはらんだ書物として捉え、それに対する批評を展開することで、その思想のいっそうの発展を促そうとすることであったと言ってよいであろう。つまり、西田の論理を貫く重大な「欠陥」を追跡することがハイジックの目ざしたものであった。報告の題目のなかで言われている「失われた場所」は、まさにその「欠陥」を指す。

そしてその欠陥は「意志」の問題に関わる。『善の研究』においても、その後の展開においても、「意志」は重要な役割を演じるが、人格的で意識的な意志と、より広い現実においてはたらいている意志の力とが、どのように関わりあうのかという点は、西田のなかで必ずしも明確ではない。一方では、宇宙において、意識に依存せずに働く「要求」が要請されるように見えるにも拘わらず、西田は歴史的世界および自然界を飛び越えて直ちに神概念を導入しようとする。ハイジックはこの選択を、悔いの残る誤った選択であったとする。というのも、自然界こそ、人間の感情や意志、知性など、さまざまな営みが必然的にそこで成立する場所、つまりその基盤であるからである。この「失われた場所」を西田の思索のなかに組み込む必要性こそ、氏がこの提題のなかで強調されたことであった。

遊佐道子の発表「哲学と神秘の間――海外より見た西田哲学」は、その副題が示すように、四〇年近くに及ぶ滞米経験を踏まえて、「海外」の視点から西田哲学研究の現状や課題について論じたものであった。そこで遊佐はまず、一方で近年、欧米の学界において西田哲学や京都学派の哲学への関心が著しく高まっていること、しかし他方で、誤った前提に基づいた誤解もまた多いことを指摘している。たとえば、西田幾多郎は日本のユニークさをアピールするために、その思想を展開したという理解や、西田の哲学を禅の修行と短絡的に結び付けるような解釈である。それに対して遊佐は、西田哲学は、日本の文化の特異性をも説明しうるものではあるが、基本的には、ある一つの特殊な文化的範疇を超えた、普遍性をもつ哲学的試みであるという見解を表明している。それと同時に、西田哲学は、実在の構造を普遍的な視点から分析するものであると同時に、それを超えてある独特の精神的な深みを持つこと、そのためにある種の「救い」(salvation)を与えうるものでもあることを主張している。演題の「間」はまさにその二面性の間を指している。

それとともに遊佐は、西田哲学、あるいは京都学派の哲学が、世界のなかでより広く理解されるためには、いくつかの課題が存在することを指摘している。正確な翻訳や、分析的アプローチの必要性、西田研究者の海外での講義や講演、西田哲学のより広い領域での「応用」の必要性などが指摘されている。

氣多雅子が「西田における一性への志向――『善の研究』の宗教哲学的意義」と題された報告のなかでまず指摘したのは、『善の研究』はたとえば日本的ないし東洋的な哲学の書として高く評価され、大きな影響力をもったが、それは一つの虚像であったのではないかということであった。そのような虚像ではなく、『善の研究』の哲学思想としての意味そのものに――それは結局「純粋経験」の哲学的意義ということに集約されるが――に光を当てることがこの提題のなかで目ざされている。

そういう観点から氣多が注目したのは、「純粋経験」の「統一」の問題である。「純粋経験」は緊張や対立の入り込む余地のない無差別の統一性であると言われることがあるが、氣多によれば、それは決して単なる一性を意味するものではなく、むしろ相異なるものが相異なるままで重なり合うという重層性を有した一であり、無限の発展を内包する。そのような一性をめぐる思索が『善の研究』のなかで完全な仕方で展開されたわけではないが、それは、そのような一性を求めてなされた思索の最初の成果として位置づけられる。そしてその一性は、哲学の問題としてだけではなく、分裂を克服し生きようとする心の充実にも関わるものとして、宗教哲学的な意味をもつことが言われた。

さて、以上の提題のあとでなされたディスカッションの主要な論点について報告をしたい。

まず問題になったのは、自然界を西田の思索の「失われた場所」とするハイジックの見解である。この見解に対して、西田の思索はあくまで「自覚」を中心にするものであって、それに即せば、自覚に加えて、それが成立する場所としての「自然」を考えることはできないのではないか、という質問が出された。それに対してハイジックは、「自覚」を中心に置いた西田の哲学がもつ意義については、これまでもさまざまに論じられてきたが、これから問題にすべきは、自覚を中心に置いた哲学には何ができないか、ということではないかと答えた。つまり、それによっては、自覚を包み、それを可能にしている場所である自然というものが考えられないのではないか、ということである。それに対しては、そのように自覚以前の、自覚を可能にする場所としての自然という考え方と、西田自身の思想とは必ずしも一致しないのではないかという意見が出された。

遊佐道子の報告に関しては、西田哲学の「応用」に関する質問、そして翻訳の困難さに関する質問が出された。前者に対しては、現在、芭蕉についての研究を行っているが、芭蕉はその俳諧において、言語化できない経験をいかに言語化できるかという問題に取り組んだ人だと考えられる。この芭蕉の試み、広く言えば、経験と言語との関わりの問題を考えていく上で、西田の「純粋経験」論が手がかりになるではないかと考えているという答がなされた。翻訳に関しては、たとえば「歴史的実在」という西田の表現は、historical reality と訳されるが、それをさらに日本語にすれば、「歴史的現実」とは訳されるが、決して「歴史的実在」とは訳されない。そのことから見ても、翻訳がいかに困難であるかが分かる。そういうことを考えれば、哲学書の翻訳を一人で行うということは極めて困難であり、多くの研究者の協力が必要であること、またそのように困難であるからこそ、正確な翻訳が必要であることが強調された。

次に氣多の言う「一性」と意識の重層性との関わり、あるいは西田の後期思想、とくにそのなかで問題にされるようになった弁証法的発展と「一性」との関係について、どのように理解すべきかという質問が出された。それに対して、後期の思想のなかで確かに歴史性の問題が議論されるようになったが、しかし最終的に西田の立場ではその問題をうまく考えることができなかったのではないかという印象を持っているという返答がなされた。

また、『善の研究』の段階で言われる主客未分とか合一というものと、場所の立場で言われる「一性」とは必ずしも同じものとは考えられないのではないかという疑問が呈された。それに対しては、中期以降、西田の思索が形而上学的になっていくところがあるのではないか、そのことによって「一性」をめぐる議論に新しい面が出てくるのではないかという答がなされた。それに対して、それは「一性」としてよりもむしろ「無」として、あるいは「場所なき場所」として捉えられるのではないかという意見が出された。

さらに、分裂を克服し生きようとする心の充実に関わるものとして「一性」が問題にされたが、そのような立場に立つと、すべてのものが——たとえば戦争中の発言などに関しても——容易に正当化されてしまう危うさが生じるのではないか、という意見が出された。それに対して、西田の言う自覚は、単に人間の自覚だけを考えていたのではなく、世界の自覚ということも考えていた。そういうところから西田は、すべてのものを、そしてすべての人間を単なる手段、道具としてではなく、どこまでも目的として見なすような立場に立った。西田の思想の現代的意義とか、未来への提言とかいうことを考えるとすれば、そういうところに見出すことができるのではないかという答がなされた。

今回京都大学で行ったシンポジウムは、『善の研究』をめぐって開催されたはじめての国際会議である。この書の副題にも記したように、「世界へ」という視点と、「世界から」という視点、この二つの視点の重なりのなかで、『善の研究』の特質、それが果たした役割、それが有する可能性について考えてみたいというのが、その意図であった。

多くの方の発言にもあったように、二十年前、三十年前と比較したとき、西田哲学や京都学派の哲学に関心をもつ海外の研究者は、圧倒的に増えている。哲学の問題を新たな視角から見直すための、あるいはより根底的なところから議論するための手がかりをえたいという考えから、日本の哲学に目を向ける研究者が増えてきたと言えるのではないだろうか。あるいは、国やそれぞれの文化や伝統という枠を越えて、文化と文化の出会いや接触、そしてそこに生じる刺激から、新たな創造の可能性を引き出そうとする試みが、以前よりもはるかに多くなされるようになってきたのではないだろうか。

西田が『善の研究』において試みたのは、西洋哲学が前提にしていた思索の枠組みに光を当て、その制限を乗り越え、事柄そのものに迫るということであった。また晩年、「日本文化」について語ったときにも、偏狭な自文化中心主義の立場に立って日本文化を論じたのではなく、それぞれの文化にそれぞれの可能性を認めるとともに、そのさまざまな文化の接触から新たな可能性を引き出す必要性を強調した。そういう点からも、西田の思索は、いま述べたような試みに多くの示唆と刺激を与えると考えている。

もちろん、西田の哲学は何を語りえたか、哲学の地平においていかなる面を切り開いたかだけでなく、何を語りえなかったか、ということも問題になるであろう。とりわけ「世界から」見たときに、そのような面がより明瞭に浮かび上がってくると考えられる。今回のシンポジウムでもそのような指摘をしていただいたし、これからもいっそう多くそういう議論がなされていくと考えている。そのような指摘もまた、議論をより活発なものにするきっかけになると考えている。

今回のシンポジウムで実感したのは、東アジアの研究者から、西田哲学や日本の哲学に対して熱い視線が向けられるようになってきていることである。

これまで東アジアの哲学者相互のあいだでは、必ずしも十分な対話がなされてこなかった。それが、相互の学問的営為についての、延いては、相互の文化についての理解を阻んできたように思う。そういう状況を脱して、相互認識と相互理解への大きな流れが生じつつあるように思う。このシンポジウムでも、西田の哲学と、中国の新儒家の思想との比較に関する報告がなされたが、そのような場を提供できたことも、このシンポジウムの成果の一つであると考えている。

先にも述べたように、西田幾多郎と新儒家の思想家たちは、ともに西洋の「近代」に直面し、それを受容するとともに、自らの伝統を振り返り、そのなかから独自の思想を生み出していった人たちであった。同じ課題を担った東アジアの思想家の軌跡を重ね合わせることによって、それぞれの思想の制限も明らかになるであろうし、それぞれの特徴も明らかになるであろう。そこから、東アジアにおける哲学の新しいあり方を模索することができるのではないだろうか。それは、それぞれの哲学をただ単に比較するだけでなく、そのあいだに新たな対話を生み出すという営みにつながっていくであろう。そこから哲学の新しい展開がなされることを願っている。比較という営みは、往々にして、それ自体が自己目的と化すことがあるが、大切なのは、伝統を、そしてわれわれ自身の思索を生きたものにすることであると考えている。

ただ、よく言われるように、西田の思索はきわめて難解である。そのために、誤解もまた多い。それは国の内外を問わない。このシンポジウムでも指摘されたが、たとえば日本の文化、あるいは東洋の文化のユニークさをアピールすることが、西田の目ざしたことであったとか、あるいは、西田は禅の修行を通して体得したものを哲学の用語で表現したのだと言われることがある。そのような理解がはたして正鵠を射ているのかどうか、西田のテクストの正確な理解を通して検討していかなければならない。そういう課題を前にしたとき、翻訳の問題は大きな壁として立ちはだかる。遊佐道子も指摘したように、哲学のテクストの正確な翻訳は容易ではない。今後、多くの研究者の協力をえて、その壁を乗り越える努力がいっそうなされなければならないであろう。

翻訳だけでなく、研究の面でも、その成果を共有し、議論を活発化すること、そのために研究者相互の連携を図っていくことが、いま重要な課題になってきている。筆者も日本哲学研究のネットワークの構築の必要性を強く感じ、これまでもそのための努力を非力ながら試みてきたが、このシンポジウムを通してその確実な基礎が形成されることを期待している。本書もまた、日本哲学研究の国際的な学術ネットワークの形成になにがしかの貢献を果たすことができれば、大きな喜びである。

なお本書の出版にあたっては、京都大学教育研究振興財団から助成をいただいた。最後にそのことを記して感謝の意を表したい。

あとがき

二〇一〇年十二月に行われました「『善の研究』刊行百周年記念国際シンポジウム」に基づく最新の研究成果をお届けします。

京都大学文学研究科は、自らの学問研究の水準を高めると同時に、一般市民の皆さんとともに研究の成果、新しい知見を共有するために、従来よりこのような国際学会やシンポジウムを開き、広く一般からの参加を募ってまいりました。そして今回、西田幾多郎博士による『善の研究』が刊行され二〇一一年一月で満百年となることを記念し企画したのが、このシンポジウムです。

国内外の様々な世代の研究者が集い、二日間にわたり力のこもった報告と熱気に溢れる討論が繰り広げられました。とくに討論は、専門の研究者だけでなく、一般の参加者の方からも活発な発言があり、私自身、これまで自分の分野で様々な学会や研究会に出席してまいりましたが、これほどまでに白熱した議論が繰り広げられた会議に参加するのは初めての経験でした。哲学の重要性をあらためて認識するとともに、西田の哲学が時間を越えた力をもって現代に生きていることを実感いたしました。

このシンポジウムを主として計画し、運営に当たったのは、日本哲学史専修です。これを思想文化学系の教員が全面的に参加・支援することにより、この会議が成立しました。かつて西田博士が在籍したころの、そしてその後も長く続いた哲・史・文三学科からなる京都大学文学部の構成は、一九九五年から九六年にかけての組織改革、大学院重点化によって東洋文献文化学、西洋文献文化学、思想文化学、歴史文化学、行動文化学、現代文化学という六つの系からなる新しい体制に生まれ変わりました。その際できた新しい専修のひとつが日本哲学史専修です。この新しい専修で、いまこうして若い研究者たちが順調に育ち、今回の会議でも報告者として名を連ね、重要な役割を果たしていること、同時に旧哲学科が思想文化学系と名前を変え、研究の分野を拡大しつつ、その伝統を確固として守り発展させていることを、重点化の大きな成果として喜ばしく思います。

二〇一一年三月十一日、東日本の大震災によって多くの方が尊い命を失われました。多くの方が被災され、家を失い、家族を失い、深い悲しみの中にあります。そして福島県の原子力発電所の事故が今後どのような展開を辿ることになるのか、なお予断を許さないいま、私たちは新しい生き方を求め、不安の中を手探りで進んでいこうとしています。このような時にあって、本書におけるさまざまな議論が、私たちの生についての思索を導き助けるものとなることを願っています。

（二〇一一年四月十一日記）

京都大学大学院文学研究科長

佐藤　昭裕

マラルメ（Mallarmé, S.） 17–19, 38
マルクス（Marx, K.） 239
マルコ・ポーロ（Marco Polo） 371
三木清 96, 103
水野友晴 162
三宅雪嶺 187
務台理作 161, 162
村井則夫 162
メルロ＝ポンティ（Merleau-Ponty, M.） 14, 293, 374, 378, 379, 381
孟子 257, 264, 265
モーツァルト（Mozart, W. A.） 191
モネ（Monet, C.） 373
森哲郎 180

ヤ行

柳宗悦 95
柳田謙十郎 270
山内得立 161, 282
山本良吉 180, 302, 352
熊十力（ゆう・じゅうりき） 10, 14, 268
行安茂 162
遊佐道子 326
余英時（よ・えいじ） 268
余徳慧（よ・とくけい） 184
好並英司 368

ラ行

ライプニッツ（Leibniz G. W.） 177, 221, 370
ラスク（Lask, E.） 24, 39
リーゼンフーバー（Riesenhuber, K.） 102, 162
リッチ（Ricci, Matteo） 370, 372
劉述先（りゅう・じゅつせん） 268
リュプケ（Lubke, W.） 331, 332
梁漱溟（りょう・そうめい） 268
林永強（りん・えいきょう） 290
林鎮国（りん・ちんこく） 269
ルノワール（Renoir, P.-A.） 373
ルブルキュース（Rubruquis, G.） 371
レヴィ＝ブリュール（Lévy-Bruhl, L.） 209
レヴィナス（Lévinas, E.） 19, 38
レッシング（Lessing, G. E.） 331
ロイス（Royce, J.） 50, 51, 59, 65
ロック（Locke, J.） 62, 74

ワ行

ワイルド（Wilde, Oscar） 333

ドーソン（Dawson, R.） 380

ナ行

永井均 64, 65, 74
中村雄二郎 103
中山延二 182
西谷啓治 10, 100, 238–254, 279, 288, 289, 291, 307, 309, 310, 326, 361, 387, 388
ニーダム（Needham, J.） 374, 380
ニーチェ（Nietzsche, F.） 239, 288, 353, 354, 370
野家啓一 75, 217

ハ行

馬一浮（ば・いちふ） 268
バー・ソーマ（Bar Sauma, R.） 371
ハイジック（Heisig, J.） 142, 268, 270
ハイデガー（Heidegger, M.） 17, 18, 22–24, 36, 141, 143, 206, 207, 216, 219, 230–232, 290, 337, 367, 368, 370, 377, 387
バークリー（バークレー Berkeley, G.） 62, 71, 72, 88
パスカル（Pascal, B.） 103
バスコ・ダ・ガマ（Vasco da Gama） 372
バート（Burtt, E.） 379
パニカー（Panikkar, R.） 327, 329, 337
林直道 97
バルト（Barth, K.） 138
檜垣立哉 123, 290
久松真一 101
ビシオ（Bixio, A. L.） 184
ピタゴラス（Pythagoras） 371
ヒューム（Hume, D.） 62, 94
ピュロン（Pyrrhon） 371
平山洋 45, 46, 58, 162
ヒルトン（Hilton, J.） 375
閔仕君（びん・しくん） 270
ファン・ゴッホ（van Gogh, V.） 373
フィヒテ（Fichte, J. G.） 55, 65, 107, 139, 140, 207, 338
馮友蘭（ふう・ゆうらん） 268
フェノロサ（Fenollosa, E.） 187
フォイエルバッハ（Feuerbach, L. A.） 239
フォンガロ（Fongaro, E.） 185
藤岡作太郎 330, 332, 345
藤田正勝 58, 142, 162, 181, 257, 258, 267, 270, 383
フッサール（Husserl, E.） 69, 70, 72, 73, 75, 294, 384
プッチーニ（Puccini, G.） 373
ブーバー（Buber, M.） 370
プラトン（Platon） 371
古田光 98
プロティノス（Plotinos） 167, 176, 177, 245, 246, 346
ヘーゲル（Hegel, G. W. F.） 12, 46, 48, 189, 204, 216, 239, 246–248, 370, 377
ベーコン（Bacon, F.） 66
ヘフディング（ヘフヂング、Høffding, H.） 145, 150, 155–158, 162, 163
ベーメ（Böhme, Jakob） 300
ヘラクレイトス（Herakleitos） 340
ベルクソン（ベルグソン Bergson, H.） 44, 55, 58, 74, 123, 192, 193, 275, 308, 316
ペルトナー（Pörtner, P.） 184
牟宗三（ぼう・そうさん） 256, 260–280, 282, 284, 286–291, 377, 376, 381, 388
方東美（ほう・とうび） 268
北条時敬 295
細谷昌志 216
ホールデン（Haldane, J. S.） 212, 217
ホルベイン（Holbein, H.） 345
ホワイトヘッド（Whitehead, A. N.） 310
ポワーヴル（Poivre, P.） 375

マ行

マイネッケ（Meinecke, F.） 126, 139, 140, 143
マコーミック（McCormick, E. A.） 345
マタイス（Mataix, A.） 100, 184
マッハ（Mach, E.） 74, 241
マラルド（Maraldo, J. C.） 59

呉光輝（ご・こうき） 184
呉汝鈞（ご・じょきん） 268, 269, 290
黄文宏（こう・ぶんこう） 269
高坂史朗 14, 271
高坂正顕 40, 41, 58, 59, 97, 161
孔子 256, 257, 264, 265, 375
高山岩男 102, 277, 281, 282, 285, 288, 289, 291
コーエン（Cohen, H.） 280
小坂国継 58, 93, 123, 181, 182, 235, 236, 269, 270
小林敏明 217
コロンブス（Columbus, C.） 372, 373, 375
近藤洋逸 368

サ行

サヴァラ（Zavala, J.） 184
佐々木慎吾 217
ジェームズ（James, W.） 49, 59, 84-87, 89, 93, 165, 189, 190, 241, 308, 312, 313, 316, 318, 326
シェリング（Schelling, F. W. J.） 132, 216, 217, 370
下村寅太郎 102, 161, 184
シモンズ（Symonds, J. A.） 165, 167
シャルダン（Chardin, P. T. de） 370
寿岳文章 100
シュライアーマッハー（Schleiermacher, F.） 5, 14
荀子 256
徐復観 （じょ・ふくかん） 268, 269, 271
ジョバンニ（Giovanni） 380
ショーペンハウアー（Schopenhauer, A.） 308, 316, 317, 370
ジラール（Girard, F.） 185
親鸞 179, 297-299
菅原潤 268
杉本耕一 142, 216
鈴木大拙 99, 179, 181, 182, 184, 222, 260, 296, 332, 336, 337
ステヴェンス（Stevens, B.） 185
スピノザ（Spinoza） 169, 180
成中英（せい・ちゅうえい） 268
銭穆（せん・ぼく） 268
徐石演（ソ・ソグヨン） 184

タ行

代麗（だい・れい） 184
高橋里美 41, 44, 45-49, 51, 55, 58, 59, 95, 350, 384
滝沢克己 10
竹内良知 98, 123
竹田篤司 267
竹村牧男 182, 236
田辺元 10, 177, 178, 182, 199, 200, 202-211, 213, 215-219, 226-237, 267, 268, 277, 279, 282, 285, 288, 289, 307, 352, 368, 387
ダリシエ（Dalissier, M.） 291
ダルマイヤー（Dallmayr, F.） 337, 338
チャン（Chan, N. S.） 290
張君邁（ちょう・くんまい） 268, 269, 271
綱島梁川 194
坪内逍遥 187
デ・ヴェラ（de Vera, J.） 184
鄭家棟（てい・かとう） 268, 270
鄭発育（てい・はついく） 184
ディルタイ（Dilthey, W.） 21
デカルト（デカート Descartes, R.） 62-64, 66-70, 72, 73, 93, 186, 187, 343, 384
デデキント（Dedekind, R.） 50, 51, 59
テニスン（Tennyson, A.） 165, 167
デービス（Davis, B.） 181
デュルケム（Durkheim, É.） 217
杜維明（と・いめい） 268
唐君毅（とう・くんき） 268-271
道元 24
ドゥルーズ（Deleuze, G.） 123, 275, 290
ドゥンス・スコトゥス（Scotus, J. Duns） 230
ドガ（Degas, E.） 373
戸坂潤 96

人名索引

ア行

アイブス（Ives C.） 184, 344-346
芥川龍之介 96, 333, 335
朝倉友海 269, 290, 292
浅見洋 182
阿部正雄 181, 184, 344-346
荒谷大輔 217
アリストテレス（Aristoteles） 221, 355, 356, 360, 366, 371
アルキメデス（Archimedes） 62, 63, 73
アレクサンドロス（Alexandros） 371
李光来（イ・グァンネ） 14, 381
石神豊 59
石川文康 143
板橋勇仁 216
伊藤邦武 59
猪野謙二 99
井上哲次郎 188, 194
殷小勇（いん・しょうゆう） 270
ヴァルター（Walther, Ingo F.） 380
ヴァン・ブラフト （Van Bragt, Jan） 352, 364, 368
ウィトゲンシュタイン（Wittgenstein, L. J. J.） 273
ヴィリエルモ（Viglielmo, V. H.） 184
上田閑照 4, 6, 64, 74, 93, 101, 235, 290
上山春平 67
ヴォルテール（Voltaire） 370
ヴント（Wundt, W.） 66, 92, 145, 149, 151-153, 155, 157-160, 162, 163, 308, 316
エックハルト（Meister Eckhart） 300, 301
王陽明（おう・ようめい） 256, 269, 303, 381
大嶋仁 185
大橋良介 268
大西祝 194
小川侃 270
小野寺功 182

カ行

何倩（か・せん） 184
賀麟（が・りん） 268
海邉忠治 235
ガダマー（Gadamer, H.-G.） 5, 6, 14, 337
カチャリ（Cacciari, M.） 346
嘉戸一将 142
門脇卓爾 290
金子梅子 98
狩野直喜 39, 302
茅野良男 14
唐木順三 98
カルピニ（Carpini, Giovanni of Plano） 371
顔炳罡（がん・へいこう） 270
カント（Kant, I.） 126, 127, 129, 131, 132, 137, 142, 206, 221, 264, 265, 273, 276-279, 282, 285, 288, 293, 366, 376, 377, 388
魏肇基（ぎ・ちょうき） 183
キェルケゴール（Kierkegaard, S.） 126, 134, 135, 143, 155, 162, 239
北野裕通 162
北森嘉蔵 99
鳩摩羅什（クマーラジーヴァ） 336
雲井龍雄 302
クラウゼ（Krause, K.） 181
クラーク（Clarke, J. J.） 372, 376, 380, 381
倉田百三 95, 99, 309
グリーン（Green, T. H.） 123, 145, 146, 153-155, 157-159, 162, 194-196, 270, 303
クルターマン（Kultermann, U.） 345
クレマー（Kraemer, H.） 372, 380
黒田亘 272, 289
氣多雅子 69, 74, 142, 182, 263, 271, 347

【翻訳者】

李　基原（イ・キウォン）

韓国江原大学校人文大学非常勤講師。

主な業績　『徂徠学と朝鮮儒学』（ぺりかん社）ほか。

主な業績　“Facing the Twenty-first Century” (edited with C. Cheung, Nanzan Institute for Religion and Culture),「生命の学問としての哲学――西田幾多郎と牟宗三」(『理想』第681号) ほか。

朝倉友海（あさくら・ともみ）

東京大学人文社会系研究科助教。

主な業績　「ニヒリズム・絶対批判・教相判釈」(『哲学雑誌』第795号),「思想の伝統の中の哲学」(松永・鈴木編『哲学への誘いⅠ』, 東信堂) ほか。

廖欽彬（りょう・きんひん）

台湾国立中山大学文学部助理教授。

主な業績　「宗教的実践と『偶然』――後期田辺哲学を中心に――」(『比較思想研究』第37号),「後期田辺哲学における偶然性の問題――『懺悔道としての哲学』を中心に――」(『哲学・思想論叢』第29号) ほか。

李光来（イ・グァンネ）

韓国江原大学校人文大学教授。

主な業績　『韓国の西洋思想受容史』(御茶ノ水書房),『韓国の思想100年（우리 사상 100년）』(현암사) ほか。

ジェームズ・ハイジック (James Heisig)

南山宗教文化研究所所員。

主な業績　『日本哲学の国際性』(編著, 世界思想社), “Japanese Philosophy: A Sourcebook” (edited with T. Kasulis and J. Maraldo, University of Hawaii Press) ほか。

遊佐道子（ゆさ・みちこ）

アメリカ合衆国・西ワシントン大学現代語・古典語学部教授。

主な業績　“Zen and Philosophy: An Intellectual Biography of Nishida Kitaro” (University of Hawaii Press),『伝記西田幾多郎』(燈影舎) ほか。

氣多雅子（けた・まさこ）

京都大学文学研究科教授。

主な業績　『ニヒリズムの思索』(創文社),『西田幾多郎『善の研究』』(晃洋書房) ほか。

佐藤昭裕（さとう・あきひろ）

京都大学文学研究科長。主な業績　『中世スラブ語研究――『過ぎし年月の物語』の言語と古教会スラブ語』(京都大学大学院文学研究科) ほか。

義――西田の自己考察を手掛かりとして」（『哲学論叢』第26号）ほか。

中嶋優太（なかじま・ゆうた）

京都大学文学研究科博士課程。

主な業績　「木村素衛の制作の美学――カント美学と制作論」（『日本の哲学』第11号），「『意識の問題』における芸術的経験の位置」（『西田哲学会年報』第８号）ほか。

太田裕信（おおた・ひろのぶ）

京都大学文学研究科博士課程。

主な業績　「西田幾多郎の実践哲学――『哲学論文集第四』を中心として――」（『倫理学年報』第60集），「瞬間と歴史――西田幾多郎の時間論・永遠の今の自己限定――」（『日本の哲学』第12号）ほか。

熊谷征一郎（くまがい・せいいちろう）

京都大学非常勤講師。

主な業績　「西田哲学における他者の隔絶性」（『日本の哲学』第６号），「「存在と無の同一」としての「生成」の意味をめぐって――西田によるヘーゲル生成論批判の妥当性と意義」（『日本哲学史研究』第８号）ほか。

水野友晴（みずの・ともはる）

京都大学文学研究科非常勤講師。

主な業績　「西田幾多郎とT. H. グリーン」（『日本の哲学』第１号），「明治期におけるカント哲学受容」（藤田正勝ほか編『東アジアと哲学』，ナカニシヤ出版）ほか。

満原　健（みつはら・たけし）

京都大学文学研究科博士課程。

主な業績　「西田・西谷における論理」（『西田哲学会年報』第７号），「意味の発生の理論としての井筒俊彦の分節理論」（『日本の哲学』第10号）ほか。

杉本耕一（すぎもと・こういち）

関西大学文学部非常勤講師。

主な業績　「「歴史」と「哲学」との狭間での京都学派の歴史哲学」（『日本思想史学』第40号），「道元の「行」と田辺元の「行為」」（『倫理学年報』第60号）ほか。

竹花洋佑（たけはな・ようすけ）

大谷大学文学部非常勤講師。

主な業績　「ヘーゲル判断論と西田哲学」（『西田哲学会年報』第４号），「田辺哲学における絶対無の問題と「懺悔道」の立場」（『日本の哲学』第７号）ほか。

林　永強（りん・えいきょう）

香港教育学院准教授。

執筆者一覧（執筆順）

赤松明彦（あかまつ・あきひこ）

京都大学理事，副学長。

主な業績　『バガヴァッド・ギーター』（岩波書店），『楼蘭王国』（中公新書）ほか。

井上克人（いのうえ・かつひと）

関西大学文学部教授。

主な業績　『露現と覆蔵――現象学から宗教哲学へ』（関西大学出版部），『西田幾多郎と明治の精神』（関西大学出版部）ほか。

城阪真治（しろさか・しんじ）

大阪大学外国語学部非常勤講師。

主な業績　「「場所の論理」と「基体」概念」（『西田哲学会年報』第 6 号），「「創造的モナドロジー」の世界――後期西田哲学における個物と世界」（『日本の哲学』第 9 号）ほか。

張　政遠（ちょう・せいえん）

香港中文大学文学部講師。

主な業績　“Facing the Twenty-first Century”（edited with W. Lam, Nanzan Institute for Religion and Culture），「中国語圏における日本の哲学」（ハイジック編『日本哲学の国際性』，世界思想社）ほか。

日高　明（ひだか・あきら）

京都大学文学研究科非常勤講師。

主な業績　「中期西田哲学における質料概念の意義」（『日本哲学史研究』第 6 号），「『働くものから見るものへ』における言語の問題」（『西田哲学会年報』第 8 号）ほか。

守津　隆（もりつ・りゅう）

神戸市外国語大学外国語学部非常勤講師。

主な業績　「西田哲学批判としての「種の論理」の意義」（『日本哲学史研究』第 5 号），「西田哲学における種概念の意義――西田幾多郎の田辺批判」（『立命館哲学』第20号）ほか。

アンドレーア・レオナルディ（Andrea Leonardi）

京都外国語大学外国語学部准教授。

主な業績　“Locus and Space : The Concepts of Time and Space in the Evolution of Nishida’s Philosophy”（『西田哲学会年報』第 7 号），「純粋経験の形而上学と主観主

編者紹介

藤田正勝（ふじた・まさかつ）

1949年三重県生まれ。京都大学文学研究科教授。

専攻　日本哲学史

主な業績

『若きヘーゲル』（創文社）、『西田幾多郎――生きることと哲学』（岩波新書）、『西田幾多郎的現代思想』（中国河北人民出版社）、『西田幾多郎の思索世界――純粋経験から世界認識へ』（岩波書店）。『京都学派の哲学』（編著、昭和堂）、『田辺元哲学選』全四冊（編、岩波文庫）ほか。

『善の研究』の百年　世界へ／世界から

平成23（2011）年11月10日　初版第1刷発行

編　者　藤《ふじ》　田《た》　正《まさ》　勝《かつ》

発行人　檜　山　爲　次　郎

発行所　京都大学学術出版会

京都市左京区吉田近衛町69

京都大学吉田南構内（〒606-8315）

電　話（075）761-6082

ＦＡＸ（075）761-6190

ＵＲＬ　http://www.kyoto-up.or.jp

振　替　01000-8-64677

印刷・製本　亜細亜印刷株式会社

ISBN978-4-87698-576-0

Printed in Japan

定価はカバーに表示してあります